U0113766

天津哏儿俗

由国庆 ◎著

中国文史出版社

图书在版编目（CIP）数据

天津哏儿俗 / 由国庆著 . —北京：中国文史出版
社，2023.8
ISBN 978-7-5205-4216-6

Ⅰ . ①天… Ⅱ . ①由… Ⅲ . ①风俗习惯—介绍—天
津 Ⅳ . ①K892.421

中国国家版本馆CIP数据核字（2023）第132752号

责任编辑：金　硕

出版发行：中国文史出版社
地　　址：北京市海淀区西八里庄路69号　　邮编：100142
电　　话：010 - 81136606 / 6602 / 6603 / 6642（发行部）
传　　真：010 - 81136655
印　　装：廊坊市海涛印刷有限公司
经　　销：全国新华书店
开　　本：787mm×1092mm　　1/16
印　　张：22.75
字　　数：265千字
版　　次：2024年1月北京第1版
印　　次：2024年1月第1次印刷
定　　价：78.00元

"天津"美名话沧桑

　　来到天津，如果你站在海河金钢桥上，北可望北洋时期河北新区，风云际会；南可观九国租界，风情万种；西可看六百年旧城遗韵，岁月悠悠；东可见浩瀚渤海，波澜壮阔，而你的脚下正是天津的发祥地——三岔河口，通达京都，市井熙攘。

　　三岔河口、大胡同、北门外，人们亲切地称之为天津的摇篮，天津城的发祥地。时光流水匆匆过往，然历史的述说可以引领我们穿越时空，回溯她的前尘往事……

　　渤海之滨，九河下梢，天津古来便是一方风水宝地。我们且不说远古贝壳堤的演进，仅从金代谈起。贞祐二年（1214年），金宣宗命完颜佐在三岔河口一带建立起了军事设施——直沽寨，派兵驻守。到了元延祐三年（1316年），直沽寨改设海津镇，从此，天津作为京畿门户的重要位置获以确立。

　　明朝开国皇帝朱元璋登基后，定都南京，一统华夏。随后，朱元璋将他的儿子们分别封王，驻守全国各地，巩固疆土。朱元璋的四子朱棣被封为燕王，驻守在北平府（北京）一带。

　　洪武三十一年（1398年）闰五月，71岁的朱元璋驾崩，皇太孙朱允炆继位，改年号为建文，称建文帝。随后，因削藩之举导致了其叔父燕王朱棣发动了名闻中国历史的"靖难之役"。建文二年（1400年），朱棣率军从北平沿着运河南下攻打沧州。途中，朱棣在三岔口南运河渡河，"渡直沽，昼夜兼行"，顺利攻克沧州。朱棣取得了首战胜利。

不久，朱棣大军乘胜南下，于建文四年（1402年）一举打下南京城，朱棣如愿登上了天子宝座。登基后，朱棣改年号为永乐。

明成祖朱棣迁都北京后，天津便成了京城的门户，重要军事地位日趋显著。朱棣是个念旧的人，对当年首战经过的天津三岔河口心怀感念，也十分赞赏此间风土人情。他认为这样的福地一定要有个响亮的名字才对，于是命群臣百官献名，最后，朱棣选中了"天津"二字。

明永乐二年十一月二十一日（1404年12月23日），在小直沽设卫，朱棣亲赐"天津"美名。"天津"是"天子渡津之地"的意思。这里的"津"指渡口，朱棣认为这里是"天子的津梁"，也就是皇帝的渡口，通过这个渡口，眼前便是一片光明。

同时要说到"卫"。"卫"是明朝的一种军事建制，天津共设有三卫，驻军1.6万余人。于是，人们又把天津俗称作天津卫。设卫就要筑城，天津作为一个完整意义上的城市历史由此开始。

据明代人程敏政在《天津重建涌泉寺碑记》中记载："我文皇（即朱棣，笔者注）入靖内难，自小直沽渡跸而南，名其地曰天津。"另一重要佐证是，天津历史博物馆藏有一通《重修天津三官庙记》石碑，上刻："我朝成祖文皇帝入靖内难，圣驾尝由此济渡沧州，因赐名天津。"

三岔口南运河"天子渡津之地"的这一渡口在当年也叫北码头。明代，在此两岸曾建起"龙飞"和"渡跸"两座牌坊。此地虽在城外，但由于得天独厚的地理位置优势，很快形成了最繁华的商业格局，热闹熙攘，驰满津城。进入清代，北码头架起浮桥，因为户部的钞关在桥的北岸，所以这里又俗称钞关浮桥或北大关浮桥。清代的漕运开始衰微，可北大关、大胡同、估衣街经年的商业格局没变，北方水上枢纽的地位没变，商业贸易与此同时更加繁荣。

清末，浮桥改建为开启式铁桥——金华桥。桥梁南北两岸就是今天的北门外北口与河北大街南口。20世纪70年代，铁桥拆除，建成水泥桥。后来，随着河北大街的拓宽，桥面也在加宽，依旧沿用旧名。

那么，明成祖赐名天津是他的独创发明吗？"天津"二字果真仅仅是600余年的历史吗？

其实，"天津"古已有之。公元前200多年，屈原在《离骚》中有歌："朝发轫于天津兮，夕余至乎西极。凤凰翼其承旗兮，高翔翔之翼翼。"另外，《尔雅·释天》《甘石星经》中称"津"乃星名。

明清闻人王夫之对"天津"的解释是："天津，析木之津，在箕斗之间，东北之隅。真铅之所生，气之海也。西极，魄之宫也。东方魂，北方气，魂乘气而游历以映魄，自东徂北而西。"

王夫之（王船山）是中国朴素唯物主义思想之集大成者，与黄宗羲、顾炎武并称为明末清初的三大思想家。他学问渊博，对天文、历法、数学、地理等均有研究，更精于经学、史学、文学。按照王夫之的解释，上文的大意是：清早从天津出发，从东往北，再转向西，像凤凰展翅一样飞翔，到了晚上就可到西极了。那么天津在何处呢？在一条河流把树木分开的地方，在箕星与斗星之间。箕星是主管北风的风神伯强衍化的星宿，位置在东。斗星即北斗，位置在北。所以，天津在东方与北方之间，也就是东北方向。

古代的地心说认为大地是不动的，天上的星宿也固定照在大地上，若按照这一理论，天与地是等同的，那么，天下就是华夏大地。因此,《离骚》中提到的天津,大致就是现在天津城市所在的位置。

再有,唐诗和宋词中也多出现"天津"一词,如李白就曾有"天津三月时,千门桃与李"之云。

接下来我们还要说说天津的几个简称,如"津""沽""卫"等。还有多个别称,如津沽、沽上、海门、津门、三津、海津、海上等。

"沽"就是临水聚落生息的意思。天津地处九河下梢,临水而居的村落众多,如塘沽、汉沽、葛沽、咸水沽、丁字沽、大直沽等,享有"七十二沽"的美誉。其实,"七十二"一称实为泛称,并非确切数目。

明诗《直沽棹歌》中有云:"云帆十里下津门,日落潮平不见痕。"耳熟能详的"津门"之称,如果从自然地理层面上说,是众水汇聚到这里的概念;如果从政治军事角度上说,天津是海防的重镇,漕运的枢纽,当然身负护卫京师的重任。

在天津娘娘宫有一著名的匾额——"三津福主"。这里的"三津"大致有两种解释。其一,北运河、南运河在三岔口交汇为海河,形成"三津"。其二,当年天津卫、天津左卫、天津右卫,三卫合一,也可称之为"三津"。

星宿论也好,明成祖赐名也罢,千百年历史话沧桑,"天子渡津之地"如今繁华依旧,堪称天津城市发祥最重要的见证。

民俗专家由国庆先生的这本新著即将付梓,作为挚友,就以此文作为小礼深表祝贺吧。

天津市档案馆档案编辑研究专家　周利成

目录
CONTENTS

第四辑　爱与希望

第六辑　文昌文脉

第八辑　闲情娱乐

第一辑

衣香鬓影

◆ 长袍马褂男人装

服饰是人类文明的重要标志，作为永恒主题，始终与百姓生活相伴随。老天津是"繁华热闹胜两江"的好地方，市面上做买卖的、跑街的熙熙攘攘，男人们低头不见抬头见，尤其讲究和看重外在仪表，天津话叫"外面儿"，恰如俗话所说"佛要金装，人要衣装"的意思。

清代天津男子服装基本上承袭了满族服饰的遗风并不断发展演化，穿着主要有袍、褂、袄、衫、裤等。不同季节，长袍又有单、夹、棉之分，样式有大襟、对襟、琵琶襟等，颜色以蓝色、紫色为贵。另外，长袍讲究下开衩，一般官员和百姓只能开两衩，

民国时期穿长袍的天津男青年合影

当时只有皇族才允许开四衩。袍袖长至手腕，宽大齐平，平时袖口挽起，行礼时放下。马蹄袖、开衩成为那时最时髦的男装款式。一些生活拮据的普通百姓常穿"一裹圆"袍服。一裹圆的袍子不开衩，马蹄袖也是活扣的，遇到重要场合可随时扣上。

马褂因于满人骑马时穿的短衣而得名，它穿于袍外，又称外褂，颜色以淡蓝、黑色为主，一般情况下马褂的颜色要深于长袍的颜色。天津男子的衣服中还有常穿的坎肩。坎肩也称马甲，式样有大襟、对襟、琵琶襟等。坎肩紧身、轻薄，早先穿在里边，清中叶以后也有坎肩外穿的。天津商界富户多，有钱人的长袍、马褂讲究精工细做上档次。天津南来北往的文人墨客也多，文化人求古雅，即便是穷秀才的衣服也总是整齐干净的。此外，码头上的脚夫苦工、行商小贩等体力劳动者终日奔波，他们看重实用服装，一件半长不短的袄，一条肥肥大大的"丐裆裤"，一副绑腿带子似乎就够了，短打扮干起活来又快又麻利。

天津人爱调侃，说脚上没鞋穷半截。意思是，哪怕你穿一身绫罗绸缎，可脚上穿着一双脏兮兮的破鞋子，这也照样让人瞧不起，有穷人乍富之嫌。鞋在服饰习俗中占有重要地位。

晚清，天津男人脚上的鞋子就如同他们为生活而奔忙的步伐，变化较快。20世纪二三十年代，春秋天穿传统两道脸儿布鞋、缎面鞋，后来逐渐被长脸儿圆口布鞋、短脸儿尖口布鞋代替。买卖人爱穿短脸儿鞋，这类鞋子随后又出现了高档礼服呢面的、皮底的新款式鞋子。干体力活的人爱穿两道脸儿洒鞋。冬天，多数人穿家做的骆驼鞍儿棉鞋，店家、伙计及老年人习惯穿"大云儿"棉鞋，体力劳动者则穿"毡窝儿"或草鞋等。

咸丰十年（1860年）天津开埠通商以来，西方服饰文化随之渐入，身着西装的外国人走在穿长袍、马褂、丐裆裤的天津人中，那"另类"的样子让人瞠目结舌。与此同时，效仿洋派穿西装的人渐渐多起来。

◆男人衣，中西合体混搭

清末，西洋文化对中国社会生活的影响逐渐增加，也包括服饰衣装的变化。辛亥革命以来，官方曾颁令一度将燕尾服列为大礼服，配西式白衬衫、背心、黑领结、白手套、高筒黑礼帽、黑皮鞋。五四运动过后，西装成为新文化的一部分，以浙江奉化师傅为主体的奉帮裁缝让西装加工成为一种朝阳产业。

20世纪20年代以来，中国沿海几个口岸大城市的西装制作已达到较高水平，上海、天津、哈尔滨等城市出现了一些专做高级西装礼服的商店，且流行起海派、罗派（俄国派）等的经典款式。前者柔软合体，如欧美绅士；后者一般要收腰，颇显俄式范。20世纪20年代初，浙江鄞县（今浙江鄞州）人顾天云从日本留学回国，他洞察市场流行，创办了西装裁剪培训班，还在1933年首次编写出《西装裁剪入门》一书，将中国的西装时尚向前推进一步。

西装作为老天津时髦男子的半正式礼服，一般是翻领的样子，左胸开袋，衣身下方左右开袋，单排或双排纽扣，同时与坎肩、西裤形成体面的三件套。仅以日租界为例，区域内经营西装的商行有井筒屋西服店、鹤野西服店、冈田西服店、长船西服店、加藤洋行、木下洋行、小泉商会、小堀商店、西乡西服店、志田西服店、正昌洋行、正隆洋行、铃兰西服店、竹村西服店、富田屋

西装革履的夫君

西服店、平户商店、宫村西服店、山下西服店、山中洋行、横滨商行、六三西服店、和田西服店、渡边西服店等。这么多家店铺的出现，分明折射出了一定的市场需求。

不少天津男子往往把西装与长袍马褂混搭穿戴，于是，一种中西合璧的穿着出现在津城街面上——身穿绸缎长袍、西式长裤，头戴圆形礼帽，手持文明棍，足蹬乌黑油亮的牛皮鞋。其实这等装扮并非一般人，要么是军政要员，要么是富商、买办、银行家。教师与学生们则喜欢阴丹士林布料长袍，再配一条西裤，若出席正式场合有时会穿上类似中山装的西式改良装。

有趣的是，经常可见中西服饰随意搭配的人，上衣西服，下身大裆裤，还绑着腿带子，出门在外照样是很得意的神情。就此，1912年9月8日的《大公报》上就说："西装、东装、汉装、满装应有尽有，庞杂至不可名状。"其实，这一阶段的穿搭市相，与天津码头文化的包容特征是相符合的。

男装长衫与西装并存一直持续到20世纪50年代，天津一些中上层男装穿着仍有点像老舍先生描述的（财政所科员）那样："藏青哔叽袍，花驼绒里，青素缎坎肩，襟前有个小袋，插着金夹子自来水笔……袍子里面不穿小褂，而是一件西装衬衫。"

◆流行中山装

辛亥革命后男人穿西装可谓一种时髦，但很快，中山装便以天时地利人和的态势与西装平分天下。如果问最能体现剪辫易服后的服饰文化成果是什么，最能代表中华民族特点的新式服装是什么，答案是男人的中山装、女人的花旗袍，二者当之无愧。

革命先行者孙中山先生在就职演说时就穿着类似中山装的制服。1923年孙中山有感于西服的流行，他满怀强烈的民族自尊心，本着"适于卫生，便于动作，易于经济，壮于观瞻"的原则，成功改造了西装并亲自主持设计，加之其华侨朋友黄隆生裁缝的帮助，成功创制了中山装。

1923年前后"改良西装"诞生了，孙中山先生很快就穿上它，说"这种服装好看、实用、方便、省钱，不像西装那样，除上衣、衬衣外，还要硬领，这些东西多是进口的，费事费钱"。中山装是根据哪种西装改造的？素来莫衷一是，大致有源于英式猎服、日式学生装、日式铁路服、南洋华侨的"企领文装"等说法。当然

昔日，中山装是重要场合的标配

中山装上满族马褂的元素也是显而易见的。

随即，政府机构通令将中山装定为礼服，修改确定中山装造型，并赋予了它新的含义。前身的四个口袋寓意国之四维（礼义廉耻）；衣袋盖为倒笔架形，象征以文治国；前身的五颗纽扣暗含五权分立原则；袖口的三颗纽扣象征"三民"理念；外翻封闭的衣领表示严谨治国的理念；后背不破缝，代表国家和平统一。如此具有创意的联想，恐怕是孙中山本人在当初设计时也没想到的。

中山装造型美观庄重大方，礼服便服皆宜，特别是它的实用性迅速被当时西风劲吹下的时尚男子所接受、所赞誉，天津男装同样深受影响。北伐胜利后，政府机关颁布公文，规定中山装要用国产材料制作，夏天用白色，其余用黑色。北京作为军事、政治中心，云集了新政府的大批高官显贵，穿中山装的政府文员数量众多，一些教师也穿上了中山装。京津两地近在咫尺，有身份的男人们纷纷遵照、仿效。

20世纪二三十年代，中山装与西装一同被天津人认可，家境好的男人常常是"必备洋服数套，以示维新"，学生或职员的脚上也有锃亮的三接头皮鞋，引人注目，构成了流行生活的一道风景。

中华人民共和国成立后，大小干部皆以穿中山装为正统、为光荣，甚至为标榜，也有普通群众穿上中山装来表达对新时代的热爱。中山装成为天津男装的标志之一，影响了几代人的服饰时尚观。

◆女装五彩缤纷

清代天津女子的服饰基本沿袭前朝旧制，上衣穿袄衫，下配束裙，或在外面再加一件较长的背心。清中叶以来，普通百姓家的女子已不苛求束裙，平日穿着宽松肥大的袄、裤，服装色彩以湖蓝、桃红、大红为主。

清末，随着天津城市经济不断发展，人们对物质生活的追求也逐渐提升，衣裙的式样从对襟、大襟、琵琶襟，到绣花、洋印花等，层出不穷。特别是传统衣裙上的镶滚缝绣可谓百工之巧，五彩绚丽。镶滚的形式从最初只限于襟边、袖端位置，到后来多道繁复，三镶三滚、五镶五滚乃至十八镶十八滚，镶滚的费用有时甚至要高于衣料本身价值很多，通过镶滚的多寡可见服装主人的家境大致。

进入20世纪20年代，女子服装由清末的长可过膝的款式逐渐在缩短，衣袖在加肥，下摆呈弧线形，天津人俗称为"元宝褂"。

天津女子的衣装，还美在她们的裙装上。女裙的花色较多，有鱼鳞百褶裙、凤尾裙、栏杆裙、马面裙等，颜色以红为贵。鱼鳞百褶裙张收自如，展开时如鳞片亮丽，特受青睐。或许是受南方服饰习俗的影响，天津女子穿裙子多套在裤子外边，所以又有人称之为"裤裙"。

西风东渐的影响同样波及女装。从20年代开始，天津时尚生活中风行着一种既传统又西化的服装——旗袍，其款式更多融入了西方服饰文化的理念。旗袍的长短、领子的高低有无等，特别是腰围的收紧和开衩的高低，均表现出空前的改良风，东方女性特有的曲线和丽质被张扬着、展现着。刚刚走出封建专制的天津女子们迅然接受并追逐着旗袍革命所引发的新潮流，并形成了新女装风俗。

女人的东方美也进入商人的视野，天津商人们不失时机地借助旗袍美人的形象大肆宣传自家的商品，市面上不仅有来自上海的美人画广告，天津商家、画家也自行设计海报、商标，无论商

传统的新娘绣裙

品是否与女士有关，广告常常请旗袍美女出镜，博人眼球，此风盛极一时。

阴丹士林色布曾给老天津人留下难忘印象，这种布料与天津服饰习俗发展息息相关，拥有一件阴丹士林布旗袍无疑是女人们最高兴、最自豪的事情，有时也被称为"逛服"。

阴丹士林很注重生活细节上的关爱与亲和，一些招贴广告画面，从不同侧面也反映出女顾客在选购服装面料时的心态。

1935年末，阴丹士林向社会发行一种条幅式的1936年年历广告画。广告分上、中、下三部分，主画面表现了一位身着阴丹士林粉红色布改良旗袍的少妇，仪态大方地坐在一家商号的布料柜台前，站在柜台后的职员与这位女士正交谈着。画面下特别加注了二人的对话，职员问："很奇怪！何以顾客只选购每码布边有金印晴雨商标印记的'阴丹士林'色布，而不买其他各种色布。王夫人要否试试别种花布呢？"王夫人答："不！不！我只信仰'阴丹士林'色布，因为我自小学生时代即已采用，确乎炎日暴晒及经久皂洗颜色绝对不变，不愧是世上驰誉最久的不褪色布。"

看来，王夫人对阴丹士林布深爱已久，是阴丹士林最忠实的顾客，难怪画面上还特别加上了"请仿效王夫人的聪明榜样"等诱导化语言呢。

针对学生服装，阴丹士林还向天津学生们广泛赠送过好看的包书皮纸，书皮纸上就印着广告，画面是学生在课堂上穿着士林蓝校服，整齐划一的样子。

◆吉祥服饰多寓意

　　逢年过节，天津女人爱穿红色绸缎的对襟、大襟的夹服、棉袄，古色古香，成为旧时街市上最时髦的风景，艳丽色彩间折射出人们的审美情趣与一种民俗文化心态。衣服上最亮丽惹人之处当数对襟、领子、袖子上的传统补花、缝绣图案，寓意美好，引人入胜。

吉祥图案人人爱

　　细说起来，中国吉祥图案源远流长，多姿多彩，至唐宋时期已日臻成熟完美，此后也一直流行于明清年间，传统图样约分为神人、动物、植物、器物、符号图形等不同种类。老天津传统服饰图案常以"五福捧寿"，以及"八吉祥"中的盘长、方胜图样为主，且不乏动静、变形、组合等多元变化，令人目不暇接。

　　先说"五福"，具体哪五福，史来素有各种不同解释，有寿、富、康宁、攸好德、考终命一说，有福、禄、寿、喜、财一说，其实这些显然囊括了人生与家庭中最具广泛意义的幸福期盼。

五只灵动的蝙蝠围绕着各种"寿"字纹样，构成典型的五福捧寿图案。古代典籍及传说云，蝙蝠颇神异，是长寿之物，食之可延寿。一般来说，人们看重的往往是"蝠"与"福"的谐音，还不断描画出双福、纳福迎祥（童子仰望蝙蝠并捕捉入缸）、福在眼前（蝙蝠与古钱相配）等其他多种图样。

"五福捧寿"中的"寿"字，寓意早已超出了它作为一般汉字的文化内涵，吉祥万千，充分体现出传统观念中"万事以人为本"的哲学理念。"寿"可作为文字出现在图案中，也能以图画的状态展示，比如仅"寿"字书法就有几百种之多，图案纹饰更丰富。另外，圆形图样叫团寿，长方形的叫长寿。用在服装上的吉祥寓意不言自明。

再说"盘长"，它本为佛家"八宝"之一，又有"八吉祥"之称。"回环贯彻一切通明"的盘长图案，象征连绵不断，万事顺意，福吉世代。老天津人以此来装饰服装，或编结为饰物佩戴。衣服上的盘长相连或并排组合，也产生双盘长、梅花盘长、套盘长等纹饰。不仅如此，盘长还被天津青年男女视为爱情之花永远盛开之意，用盘长造型的各种信物相互赠送，表达情感。

还要说到天津民间服饰花边上常见的"方胜"图案，它是双菱形叠压的图案，在民俗中也被列为"吉祥八宝"之一。"胜"有"优"之寓意，菱形间交互压角相叠，是"同心"的意思。物优则美，心同则盛，福、寿、盘长、方胜等相互组合而成的图案更是层出不穷，比如福寿绵长、万代盘长、同心情结等。

◆海军衫、列宁服、布拉吉

20世纪60年代以来，海军衫风靡天津民间。它又叫海魂衫，流行起来大致得益于1957年上海拍摄的一部电影——黑白故事片《海魂》，这是全明星阵容的大片，根据真实故事改编，讲述了国民党海军某舰艇官兵起义的故事。其中，王丹凤饰演的侍女与赵丹扮演的水兵陈春官上演了凄婉的爱情故事。片中穿着海军衫的陈春官面庞英俊，身影矫健，给观众留下了很深的印象。

《海魂》放映以来，海军衫在天津民众中大热。旧式的海军衫大多以军用100支或120支精纺棉制成，长袖，有翻领的、圆领的。面料正反面有横竖纹理的区分，侧面是没有拼缝的。海军衫再配上蓝军裤，无形中加强了衫子的两色对比，倍觉飒爽英姿。那时候，水兵或海员手中的一件海军衫是非常金贵的、摩登的，很多人愿意用崭新的高级白衬衣来换。后来，随着市场的需求，天津厂商制造的短袖或长袖的海军衫，其面料比军品稍厚些，蓝白色条纹较窄，颜色相对灰暗一点，吸汗性、抗热性也不如军品，但它仍旧被视为模仿海军的最好的代用品。

六七十年代，参军卫国是无数天津少男少女的梦，可绝非易事，更不用说成为一名空军、海军了。所以当年的青少年更喜欢海魂衫，因为它能承托梦想，带来希冀。还有一个原因是，那年月里的不少"摩登"衣裳被视为奇装异服，但海魂衫无可厚非。大街上，放眼望，朝气蓬勃的青年和孩子们几乎都穿海魂衫，就像童谣唱道："海魂衫子大翻领，毛蓝裤子宽裤腿，小白鞋，大背头，军帽一戴就是牛。"

再来说说列宁服。新中国成立之初，最时髦的女装啥模样？看看老电影、老照片便不难发现——双排扣、大翻领、系腰带，这就是以列宁的名字命名的服装"列

电影《海魂》海报

宁服"。当时，苏联对中国的影响很大，加之当时电影《列宁在1918》风靡大江南北，也为列宁服的流行埋下伏笔。

中国民众所谓的列宁服其实与列宁本人关系并不大，其名字的诞生不过是时代的产物。按说，苏联女子多喜欢裙装，列宁服则是男性日常所穿的上衣，基本上仍属于西服的范畴。它被克隆到中国以后，有单衣也有棉衣，常见蓝色、灰色、卡其色的，常用斜纹布面料加工。列宁服有双排纽扣（一边三颗），西装开领，双襟中下方均有一个暗的斜口袋，腰际有同色布的腰带。老式的列宁服不加衬、不加垫肩，朴素大方。冬天，掩住衣领、大襟可抵御风寒，夏天不系扣形成敞领式的，也很漂亮。

其实早在新中国成立前，延安、苏区等革命根据地、解放区的干部就经常穿着类似的衣服。延安女干部们的列宁服大多为统

一制作发放的，形成了制式。20世纪50年代初的服饰风尚是男人戴鸭舌帽（仿苏式工作帽）、穿中山装，女人穿列宁服。那么缘何要用男子的名字命名女装呢？时代大背景因素显而易见：首先是充分体现了"向老大哥学习"的鲜明姿态，再就是表示要同资产阶级的西装决裂，保持斗志与纯洁。

尽管列宁服呈现出中性化的特点，但被当时的审美观认为是最能体现出劳动与进步本色的衣服，它一跃成为政府机关女干部们的标志服饰，也成为最时髦的城市女装，天津干部女装、知识分子女装也大抵如此。列宁服在后来稍经改制，一直流行到70年代。

新中国成立初期，紧随列宁服流行脚步的还有"布拉吉"。布拉吉是俄语的音译，就是连衣裙的意思，样式颇有特色，是苏联女子的日常服装，这种苏式连衣裙传到中国立刻成为一种革命与进步的象征。

天津的布拉吉完全承袭了苏式，是一款短袖圆领的连衣裙，下摆有褶皱，面料图案以碎花、格子、条纹为主，腰间还可以系上一条布带。布拉吉不是无袖或吊带的，大大有别于当时概念上的资产阶级作风的裙子。

布拉吉花裙子备受欢迎的另外一面是它倍显女子的身材美，且便捷、轻盈、活泼、价廉。看举国上下，名人高知、纺织女工，甚至幼儿园的小女孩，都兴穿布拉吉，到处是布拉吉飘舞的风景，好似千万花朵竞相绽放。女人们以最朴素的情感、最昂扬的精神，投入到火热的新中国建设中。当时，在发达城市里也有很正规很同志化的周末舞会，优雅的布拉吉以及花色长裙堪称舞池中最温馨浪漫的色彩。自然，拥有一件布拉吉会令很多年轻人羡慕不已。

那个年代的天津见不到昂贵、暴露、轻佻的服装，女人们很阳光，崇尚刚健清新之美，布拉吉也向人们展示着美好的理想与明天。

20世纪50年代末60年代初，随着国际形势变化，布拉吉的名字逐渐淡出了天津人的生活，但是，布拉吉作为一种文化符号的传播在女人们心中却久久没有散去，连衣裙依旧以柔美的形式打动人、感染人。

◆ 袋色染旧衣

"新三年，旧三年，缝缝补补又三年"，这是20世纪50年代至改革开放前流行于天津的一句俗话，想当年，哪个居家主妇没染过几件衣服呢。也正是在那个年代，天津的放羊牌袋色驰誉大江南北，甚至算得上国人认识这座城市的"一张名片"。

天津染料（颜料）业有一定的生产发展基础，大小店铺纷设街市。民国时期的万义号染料庄位于天津北门外针市街，业内知名，生意兴隆。20年代末30年代初，万义号在自家广告画中独具匠心地引入了播音员的姣美形象，引人视线。万义号的广告"播音员"殷殷道："全国各织染厂、各家庭注意：如用最鲜艳、最坚固、不褪色颜料，就请你用天津万义颜料厂出品'虎鹿'商标各种颜料。因该厂已有十余年之成绩，信用素著，不但颜料鲜而价值又特别惠民。今年为酬谢主顾起见，又将颜料成色特别提高，如蒙赐顾，无任欢迎之至。"这段广告词以电台报告商业新闻实景实录的画面晓知于人，声情并茂，宣传效果事半功倍。

天津洪兴漂染厂则干脆将其纺织产品定名为"电台牌"。洪兴厂商标的画面十分生动，身着改良旗袍、仪态万方的女播音员手持广播稿站在话筒前，另一场景中有一位很斯文的小姐则跷腿坐在沙发上，侧耳倾听着收音机里发出的声音："报告诸位一个好消息，天津洪兴染厂他们用的颜料最高，工师著名，所染各色鲜艳夺目，洗晒不变，研究染色可谓同业之先进，非本台替他们宣传，在津压倒一切是任人皆知，请诸君前往购染试之便知本台报告的不假啦。"

中华人民共和国成立之初，经济与物质生活亟待建设，大兴艰苦朴素作风，穿衣戴帽莫不如此，专供百姓染衣染布所用的放羊牌染料（颜料）诞生了。放羊牌袋色、片色（瓶装）由天津染料化学一厂出品，天津化工原料采供供应站包销，放羊牌袋色以独特的配方、齐全的色种、低廉的价格与上乘的质量很快成为六七十年代家喻户晓的知名日化产品。

天津袋色曾畅销全国，特别享誉华北、西北、东北地区，成为全国染料行业的佼佼者。天津采供站专门印制过《染料样本》，内里色标卡注明色名，如缸靠、杏黄、绛紫、果绿、翠蓝、金驼、栗子棕、雪青、靠灰、耐晒灰、煮绿、煮蓝等。

一张20世纪60年代初印行的放羊牌袋色广告画，尺幅对开大小，画中皆为实景照片，通过六幅图讲述了袋色的染色方法。画中一红衣女子在自己家中染衣服，其屋内中堂画、座钟、青瓷瓶、联三桌、火炉（带烟囱的洋炉）等陈设井井有条，女子依次完成去浆洗净、投放染料、下布、煮染、清洗等环节。最后晾晒步骤被设计成大照片，另一穿湖蓝色褂、驼色裤的主妇出现了，她露出喜悦表情，恰如老天津俗话所形容的样子：炕上一把剪子，灶上一把铲子，真是过日子的好媳妇。广告画所表现的情景，现下看起来显得那么质朴、温馨。

那年月，许多家庭的孩子一茬接一茬，可当时的家庭收入不仅拮据，布票也有限制，孩子们不可能年年穿新衣裳，都是缝缝补补的蓝裤蓝褂。所以一到春节前胡同里、宿舍院里就热闹了，妈妈们一边忙着炖肉、蒸馒头，一边支大锅煮颜色为孩子们染衣裳，无一例外，用的都是名产放羊牌袋色或色片。

袋色是主妇们勤俭持家的好帮手

◆帽子庄命名有寓意

"头戴盛锡福，脚穿内联陞"，这是昔年形容时尚穿戴的一句俗话。毋庸置疑，天津盛锡福帽庄是近现代北方帽业最具代表性的著名商号与品牌，且在其拉动下，津城的同陞和、凤祥号等同样家喻户晓，驰誉八方。

盛锡福的创始人刘锡三，本名占恩，号锡三，是山东掖县沙河镇人。他年少时念过书，后来辍学进入洋行跑业务，到农村收购制作草帽的草帽辫等。一来二去，刘锡三对草帽辫的品种、产地、质量有了充分了解，为日后自主创业打下基础。辛亥革命时风开，1912年他与友人合伙在天津估衣街归贾胡同口开办了一家帽子铺，名叫盛聚福。生意顺风顺水，岂料几年后合伙人之间产生矛盾，只好分道扬镳。

盛聚福改由刘锡三独自经营，他贷到款，1917年在繁华的法租界21号路（天增里）置下新店，更名盛锡福帽庄。盛锡福的取名与刘锡三的名字紧密相关，"盛"字喻生意兴隆，"锡"字取其名中字，"福"字源出刘锡三的乳名"来福"，即福气满满、吉祥如意。

在刘锡三的不懈努力下，盛锡福帽子以款式新颖、品质上乘受到天津父老乡亲的欢迎。盛锡福在时机成熟后迅速拓展市场，老广告信息显示，法租界总号内还设有总批发处、进出口部，另

盛锡福帽厂工人在工作

在附近的天祥市场内设有第一分销处，在梨栈（滨江道）开办了第二分销处，在北马路国货商场内开办了第三分销处。与此同时进军京城，1936年在西单北大街，1937年在前门大街、王府井大街，1938年在沙滩，接连开设了四家分号，轰动一时。又陆续在南京、上海、汉口、济南、青岛、烟台及东北各大城市开办了近20家分号，且让津产帽子远销南洋与欧美。

仅说20世纪20年代中期以来的十年间，盛锡福就获得官方奖项十几个，成为名副其实的响当当的天津名牌。盛锡福帽子自然深得名流青睐，其匾额是吴佩孚题写的，再有，曹锟曾题"国货之光"，宋哲元曾题"名驰中外"，邹泉荪（北平银行公会会长）曾题"冠冕吾华"等。

同陞和的创始人莫荫萱为天津宝坻人，清光绪三十年（1904年）开办了一间制帽小作坊，以经营传统帽子、布鞋起家，因经营有方，资本不断累积，于1912年在估衣街购置门面，前店后厂经营。曾协助袁世凯操练北洋新军的军机大臣穆尔察·铁良为同陞和题写过"同心偕力功成和，升功冠戴财源多"，书法名家杜宝桢等人也为它题写过匾额。另有一说，"同陞和"三字有"同心协力，和气生财"的意思。

笔者手边有一本20世纪30年代中期同陞和推出的广告宣传册，其中的卷首语明确表明了同陞和的开业时间，不同于目下常见的"1902年说"。至30年代中期，同陞和在平津已开五家买卖：老店在估衣街中间，总店在法租界梨栈大街，支店在法租界光明电影院旁，新店在东马路北头路西，北平分店在王府井大街（1932年开业）。同陞和称："时间的悠久，名声的远大，早被誉为同业之冠，这个良好成绩，虽然是由于我们努力的成功，亦实赖各界主顾爱护的所致。"

凤祥号民国初年开业，创始人张誉闻，总号在估衣街万寿宫胡同。前清翰林、天津书法名家华世奎曾题"凤祥鞋帽店"颜体榜书。郑孝胥曾题"凤祥号"三字。20世纪30年代中期，除总店外，凤祥号在东马路东门南路西开了支店，在法租界天增里开了第二家支店。上述地址信息皆据故纸藏品"文献"，相比一般文史资料所云更详细确凿，对"定位"老字号不无价值。

◆ 帽子商标战

盛锡福的品牌曰"三帽"，这"三"字缘何？"三"取自刘锡三名字的尾字，商标图案中画着三顶帽子，分别是四平硬顶草帽、呢制礼帽、皮制三块瓦帽，帽子图案空隙另加"注册商标"字样。三顶帽子以"品"字形排列，象征商家与货品的品格高、品质高。商标图中，三顶帽子又被环形叶穗环围，寓意盛锡福生意兴隆，财货丰收。叶穗上方是"盛锡福"三个大字，这三个字左右还标注着"天津""自制"字样，按现今的话说，其自主创新研发的特色非常突出。最后，双环细线圆形再度将三帽、叶穗、字号等要素合围，象征事业圆满。

同陞和商标图案的原始资料如今已难得一见，笔者收藏的一本20世纪30年代的广告折页册中的印痕恰可拾遗补阙。据小册所示，同陞和的注册商标为钟星牌，图案上画着一口大钟，其下有一颗五角星，"钟"与"星"周围环绕着饱满的叶穗。

笔者见过一个凤祥号的老帽子包装盒，盒面印有"注册丹凤商标"。明黄底色的商标四周装饰着牡丹花，正中有丹凤朝阳图，红日、祥云、叶穗映衬着彩凤，寓意生机与活力。商标图的整体画工与印刷比较精细，哪怕是凤毛麟角也处理得纤毫毕现。

我们不难发现，三家帽庄在商标中都采用了象征丰收富足的叶穗图案，这种"不约而同"也可看作是一种同行竞争。其实，远不止这些。盛锡福开业晚于同陞和，但不甘人后，盛锡福创建之初就提出口号，叫"哪儿有同陞和，哪儿就有盛锡福"。比如在天津，盛锡福专在同陞和店面附近开买卖，为此不惜房价花费，这一点读者在上文的店址信息中也不难管窥。类似的"巷战"，和当今两家汉堡店"短兵相接"开店的路数如出一辙。

坊间传说，有一度同陞和曾在自家商标图中的大钟下又添上了凤凰图案，是大钟压着凤凰的样子。相煎何太急啊，为何？事情原委是，在某路段上，同陞和、凤祥号店面离得很近，免不了唇枪舌剑，比如同陞和的一种毡帽卖一元二角大洋，而同款同质的在凤祥号只卖一元，如此这般，同陞和岂能善罢甘休，得，继续降价……乃至双方在"钟"与"凤"等商标元素上频频搞小动作，一会儿画凤凰脚下踩着大钟，一会儿又是大钟压着凤凰，彼此互不相让。

◆男人四季帽

文武百官要戴官帽，俗称缨帽，材质极为讲究，这也是老帽庄重要的进财之道。民间生活中的男人们在春秋天习惯戴瓜皮帽，它是六瓣合缝的，天津民间也叫"帽翅儿"或"小帽"。该词有趣，"帽翅儿"在俗话中也借喻官职、事由等，老天津人有时说，"啥事你可得办好干稳妥，别回头把帽翅儿丢了"，或说"以免让人摘了你的帽翅儿"。

辛亥革命之后，时风也带来服饰变革，帽子也不例外。首先，有些帽庄的主要产品——缨帽停产了，生产加工必须与时俱进。看男人们，剪掉了长发辫，摘下了瓜皮帽，脱去了长衫，纷纷换上新潮服饰，戴上新帽子，帽子款式追风西式成为不可逆的流行生活。盛锡福随行就市，潜心研究制出美观精巧的英式、法式、美式呢帽等，名曰"时帽"。如"美国帽"是一种细毡礼帽，四周宽檐，格外受到知识分子青睐，持久畅销。又如"三块瓦"皮帽，内软外挺，外形美，戴着比较舒服。

天气稍热，有的津城男子也戴瓜皮小帽，但面料已换成各种纱料，帽里往往衬着精致的藤条胎，便于透气。研究同陞和的一纸老仿单可知，民国时期这样一顶小帽的价格大致在一元大洋左右。炎炎夏日最是草帽的天下，以巴拿马式草帽最时髦。20世纪20年代，日本商人经营的草帽在津畅销，盛锡福老板天性不服输，他是草帽辫业务的行家里手，与技术人员精选宁波细草，研制出四平硬顶草帽。这种草帽的草质细致、有韧性，色泽光亮。所谓"四平"即帽顶平、帽身平、帽檐平、帽箍平，样式很新颖。四平草帽上市后迅速热销，日本草帽很快被冷落了。另外，有些职员、知识分子在夏天爱戴欧式软木胎硬檐浅色凉帽，津人俗称"面斗儿"。

寒冬要御寒，皮帽、棉帽、毡帽、航空帽登场。中老年男子戴的"将军盔"值得一说，其式样，上面为棉小帽（帽顶有小疙瘩结），下接左、右、后三片棉片，可垂到肩，可护颈，好像武将的头盔，缘此得名。将军盔也俗称四喜帽、风帽。火力壮的男人戴帽套，也叫套帽，它无顶，主要为脖子不受冻，领口不进风。

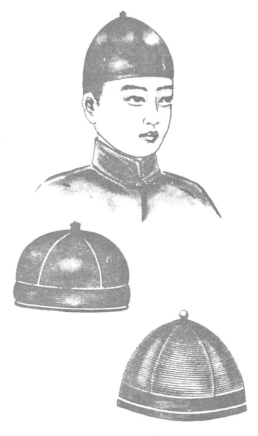

体力劳动者、串胡同的小商贩冬日戴毡帽，曰"毡帽头儿"。戴上它感觉挺严实，除了眼睛之外，其他地方差不多全被捂住，大可抵挡风雪。此类毡帽还有实用特点，假如谁走累了需要歇歇脚，可摘下帽子扣在地上权当板凳，防潮又隔寒，一举两得。

老广告上的男式瓜皮帽

毡帽很受老爷子们喜爱，戏称"老头儿乐"，正像民谣所言："新年到，新年到，闺女要花，小子要炮，老头要顶新毡帽。"

有钱人戴的裘皮棉帽讲究更多，如20世纪三四十年代盛锡福、凤祥号出品的美式海溜水獭海龙皮帽、英式皮棉一体帽、土耳其式皮帽、新式貂皮帽等，每顶价格从几十元到二百多元大洋不等，实属轻奢。

新中国成立后万象更新，男子冬棉帽以蓝色、绿色布料的羊剪绒帽子为主，春秋以八角帽、"列宁帽"为主。后来随时风变化，圆顶的干部帽风光起来，"文革"时期则是绿军帽一统天下的格局。改革开放后，人们再度喜欢上鸭舌帽，市场上的纯毛华达呢圆顶帽、毛涤前进帽、小礼士帽、解放式皮帽、六角女士帽、新款童帽等不断涌现，成为街上流动的风景。

◆女童戴帽爱花俏

老天津的女人们在春秋两季或冬季常戴一种风帽，叫"观音兜"。这种帽子的后檐大，可披至颈肩，好像观音菩萨的装束，故得名。其实，观音兜素有历史与生活基础，《红楼梦》中早有细节描述：宝玉见探春正从秋爽斋出来，见她"围着大红猩猩毡的斗篷，戴着观音兜"。再看《花月痕》，其中写"采秋内衣软甲，外戴顶观音兜，穿件竹叶对襟道袍，手执如意"。戴观音兜不独中老年妇女，旧年有些男子冬日外出，在瓜皮帽外也再戴上观音兜防寒。

时尚女子的新款帽子惹眼，比如20世纪30年代天津大帽庄出品的绒缎百褶女帽、青绒带穗珠花帽、青绒细呢新花女帽、电光绒女帽、水獭美式女帽、银鼠绒海军式女帽、欧式手编镂空女帽等，中西款式花色繁多，不胜枚举。

服务周到贴心，乃至满足个性化需求，是帽业大户的重要特点。比如顾客在盛锡福买不到可心的帽子，可请盛锡福加工定制；有的女子喜欢帽子与衣服搭配一致，也可自带面料加工；假如有人头型特殊，也能专门量尺依型定制；还有好追风的女子拿着画报上的帽样来要求仿制，盛锡福一般会尽量满足。笔者收藏有一张旧图片，情景是时髦女子来到凤祥号，店员正拿着软尺为她量头围大小，准备定制帽子。

童帽最花俏，学龄前小孩帽子常为家庭自制，品种多，式样活泼，绣缝精美，一针一线无不充满了长辈对孩子的爱与温暖，寄托着美好希冀，甚至如同一件手工艺品。

很多小孩戴"百衲帽"，有着类似百家衣的寓意。婴儿出生后，长辈到一众亲戚朋友家讨求一些花花绿绿的布头，拼拼缝缝做出小帽子，认为孩子戴了百家布帽子可百毒不入，健康平安。童帽的吉祥寓意也多，刺绣图案尤具特色，如在帽子上绣"五毒"——蝎子、蜈蚣、蛇、壁虎、蟾蜍，意思是驱除毒虫，保护孩子平安。或绣上花卉、瑞鸟等，寓意富贵美好。还有的帽子依其上的图案来命名，如天官赐福帽、五子登科帽、鲤鱼跳龙门帽、独占鳌头帽、四季平安帽、连生贵子帽等，物质与精神层面的功用、意义兼而有之。天津民间更有各种动物头造型帽，如虎帽、猪帽、狗帽、狮帽、兔帽等。童帽上的饰物照样五花八门，小铃铛、银饰品，让人眼花缭乱。

小孩上学后，往往要到帽庄买帽子戴了。天津帽庄常年经销绸帽、呢绒马（球）帽、绣花风帽、太阳帽、小草帽、学生帽，价廉物美。

◆自由鞋的故事

辛亥革命后大兴"放脚"，天津民间流行的"放足鞋"由此而生，20世纪30年代的时髦女郎和女艺人们纷纷穿上漂亮的高跟鞋，风光在灯红酒绿之中。

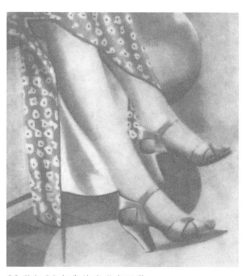

20世纪30年代的摩登高跟鞋

那时候，老字号同陞和的鞋子以用料考究、做工精良、样式新颖著称，门庭若市，同陞和一边扩充门市分店，一边在1935年前后研发增添男女时尚款皮鞋，以高跟鞋最摩登，商家称："一切的宗旨仍是本着原有的精神进行，对于工料的求实，样子的维新，价钱的低廉，处处全以合乎顾主的心理为前提。"据商家当时的宣传品可见，三十多种鞋靴有皮鞋、棉鞋、便鞋、绣花鞋、帆布鞋等，面料采用皮革、棉布、帆布、毡呢、毛葛、软缎等，高中低档适应面很广。至于价格，比如高跟女皮鞋约在三元五角至八元五角大洋之间，最贵的网眼皮鞋要九元五角，最便宜的布底鞋仅需九角。

再来说说风行一时的"自由鞋"。

自20世纪20年代中期以来，天津城市生活愈加凸显时尚风，具体到青少年学生的穿着打扮也同样如此。1932年5月天津出版的《益世报》上的一则消息记录了点滴细节："近三年来，陈嘉庚公司出品之自由鞋等，深为学界及一般士女所乐用。"

陈嘉庚出生于福建集美，是著名的爱国侨领、企业家、教育家、慈善家、社会活动家。早在17岁那年，陈嘉庚就远渡重洋到新加坡随父经商，1905年前后，而立之年的他在马来西亚见到橡胶第一次从巴西移植过来，于是洞见市场前景。当时，橡胶在南洋尚属稀缺资源，亟待开拓，陈嘉庚随即投资购买橡胶种子广为种植，至1925年左右已成为华侨中鼎鼎大名的橡胶垦殖者，享有"橡胶大王"美誉。与此同时，他开办了橡胶制品厂，大力提倡国货，生产橡胶鞋、轮胎、日用品等，畅销中国市场及世界各地。

陈嘉庚公司所产胶底鞋谓"钟"牌，因其舒适轻便，也被俗称为"自由鞋"，它已非常接近后来的学生球鞋。自由鞋的命名紧随时代口号，符合青春生活追求与流行趋势。陈嘉庚公司将自由鞋广告刊登在各大媒体，也传播到天津城。其中一幅画面绘学生上课听讲图，广告文字大致说：早晨，老师进课堂首先会注意学生仪表，看看你们的衣服是不是国产的，有没有抵制洋货。当听到某学生说坚持用国货，所穿鞋子就是从陈嘉庚公司买的时，老师很高兴，同时希望大家都能如此，"诸生一一齐点头，爱国须用国货起"。

胶底鞋缘何深得天津学生喜欢呢？答案或许就在老广告中。三四十年代，陈嘉庚公司的自由鞋在津销路最广，堪称大牌，除此之外尚有其他厂商的太阳牌自由鞋、飞马牌自由鞋等。在鞋盒上，太阳牌宣称："轻便温软适足，举步翩翩若仙，价廉式样大方，物美出色风行。"飞马牌则标榜出十大特色："橡胶鞋底，晴雨咸宜，质料坚固，又堪洗涤，耐用永久，不缺橡皮，不染污秽，不滑不湿，款式雅观，无须粉饰。"

顺便需说到鲁迅与胶底鞋的故事。1927年鲁迅在上海的时候喜欢穿"嘉庚鞋"，不穿皮鞋。他后来在《准风月谈》的《后记》中还将这鞋子"拔高"了，其中写道："我想将来中国的文坛，一定还会进步到有下种情形：穿陈嘉庚橡皮鞋者，方得上文坛，如穿皮鞋，便属贵族阶级，而入于被攻击之列了。"

穿鞋穿袜，生活之必需。明清时期，天津百姓多穿布袜，也还有女人长长的裹脚布。清末年，西洋机织袜与技术传入我国沿海开埠城市，随之影响各地，因其美观舒适，一跃成为时髦物。

◆郭家织出好袜子

清末，来自西洋的现代袜子一度垄断市场，中国商人奋发图强，光绪二十二年（1896年）杭州的吴季英在上海始创我国首家针织厂——云章衫袜厂，进口手摇袜机生产线袜。

时至1912年，天津武清人郭有恒开办袜厂，成为津城第一家。郭有恒是通文墨的精明人，有经济头脑，洞见新式袜的市场前景，于是购买了一台日本手动袜机，与妻子二人忙里忙外自产自销。《天津近代纺织工业发展简史》中表述，郭家工坊的地址初在老城里仓廒街浙江乡祠前的胡同里，产品上市大受欢迎，袜厂接续招工、购机扩大生产。不久，袜厂迁到海河畔望海楼附近，该址在1931年中期的郭有恒袜店广告上有"狮子林"标志……

20世纪30年代初，天津郭有恒袜厂有自动机7台、手织机（笨机）5台，其中的84针、96针袜机等在当年属较先进的设备。郭有恒袜子定名"金表"品牌，种类也不断丰富，如毛线袜、棉线袜、男女童袜等，还实现了自织（缝袜头为民间代工）、自染、自销，且按季节穿用定产。

郭有恒袜子在市场上名气越来越大，顾客竞相购买，郭家陆续在北马路北海楼商场楼下、法租界天祥市场二楼开设了门市部。到了1933年1月新春佳节之际，郭有恒又在天祥市场楼下开办了第三家铺面，货品供不应求。

好货也怕巷子深，郭有恒可谓做广告的高手，且能与弘扬国货结合起来。《社会教育星期报》上曾有一则广告称，近年社会文明开通日盛，人们衣着讲卫生，"无论朝野与上下，提倡国货不绝声，工商借此有进步，一线前途赖以明，即以天津一埠论，机制线袜甚时兴，原料皆系三合股，格外结实价又轻，外至各省皆乐购……货有等差价有定，久蒙各界扬微名，四方贵客能多购，数十百打亦现成"。文案突出了新生活新风尚、袜子"三合股"品质、一分钱一分货的道理、现货充足等要素，也表明郭有恒袜子已驰誉各地，备有价目表，方便外地邮购。

1931年4月郭有恒在广告中用顺口溜说，"天下人，要穿袜，津乐道，是郭家，家袜厂，念余年，为有守，有真传，产恒心，理固然……切民生，技为宝，志竟成，天不负，利兼收，好不好"。1932年10月又在《北洋画报》以"天气冷了"为切入点，提示顾客该穿毛绒线袜子了，促销说，购一双九折优惠，买一打八五折优惠，另售的毛衣、毛裤、围巾、手套等也一律价廉。

至1935年4月，郭有恒在广告中已自诩为"老袜店"，同时有

"宝星"新品牌推出。线袜的弊端是脚趾头、脚后跟处易磨损，郭有恒特备"踵趾特厚，经久耐用"的袜子，并强调"宽边挂口，永不脱线"的品质。广告中有时也讽刺一些鱼目混珠的不良产品，说"往薄来，欠公道，饱世故，变圆滑"；也说为人处世，如"赌之人，无胜家，苦耐劳，真志士，人不当，哗啦啦"。类似广告见诸报端，亦可见郭有恒的人品与文气。

1937年"七七事变"爆发后郭有恒袜厂惨遭重创，导致工厂关闭，传说郭有恒将生意兑给他人后去了北平谋生。顺便一说，郭有恒袜厂的兴起带动了天津同行产业，后来相继出现了义生、崇华等厂，至40年代末天津有袜子厂200多家，整体规模之大在北方屈指可数。

线袜的缺点是不耐磨，脚尖、脚跟处容易破，旧时百姓生活条件有限，于是要经常补袜子，这针线活儿也成为妇女的必修课。天津有俗话"二十五，袜子（衣服）破了没人补"，是说小伙子老大不小还没娶上媳妇，连个给他缝补衣裳的人儿都没有。补袜子需要专门模具——袜楦，木制，由四部分组成：脚底板形薄木板为底，两块半圆木块分别为脚头、脚跟，二者或粘或钉于板底，中间（脚面位置）有木条为连接梁。袜楦表面要光滑，以免挂损袜线。袜子套在楦上挺妥帖，如穿脚上，方便缝补。老天津一般家庭都预备大中小号几个袜楦，在小笸箩里与针头线脑一起放着，邻里互用也是常态。张

金马牌袜子的商标

娘、李婶、刘二姑还常互借合适鞋号的鞋楦、鞋样纸，给家人做鞋、绱鞋用。到了60年代，尼龙丝袜子兴起，线袜逐渐消失，袜楦已无用武之地。

◆梳妆密友

女子梳头用的梳子材质不一，一般为木制，高级的有象牙的、翠玉的、金银的。老年间用水、洗发有局限，绝少能天天洗头，三天五天的假如要清理头发上的灰尘、头屑等用什么呢？老天津女子用篦子。它多为竹制，细齿极密，常见鱼骨式左右两排齿的，也有单侧齿的，可清理头发，让头发更服帖顺滑。梳子、篦子在天津民间都俗称栊子，是女子梳妆必需，即便家境再贫寒，一两把栊子也是预备的。

为使头发平顺光亮，旧年女人们整理头发爱用梳头油。梳头油稀如水，其中含些许香精，以桂花味最受欢迎，百姓俗称桂花头油、桂花油。搽头油有时会倒在手心里一点来抹，讲究人要用油氄。"氄"即氄毶，老年间指一种有好看花纹的细毛毯（毡）。小油氄算得上专用梳妆工具，啥样？正面是丝绸的，上绣"富贵牡丹""青竹翠鸟""鸳鸯戏水"等花样，背面是布的，内里还有稍硬的夹层，起挺括油氄的作用。

过去，天津大春林、广泰兴等洋广货店、百货商场里一定有梳头油卖。可女子往往需守大门不出二门不迈的规矩，她们出门逛街并不容易，所以，能给人们带来便捷的要数串胡同的小贩了。

化妆品老包装盒

大姑娘、小媳妇、老太太闻听货郎的吆喝声，纷纷拿着小瓶小罐来打油，张家媳妇、李家二婶、赵家奶奶见了面顺便连说上几句家常话。小贩常一同捎带雪花膏、香粉、黏刨花售卖，也吆喝"雪花膏哇——黏刨花——"所谓黏刨花实为榆木刨花，它被刨得比纸还薄。榆木胶质多，黏性大，刨花用水泡出的黏汁不乏定型作用。小贩提前将刨花条整理顺溜卷好，一条条地卖。女人买回家放在小罐、小碗里，用之前淋些清水即可。过去大家主的闺女嫁妆中往往有成套的好瓷器，其中就有专用的盛黏刨花的小盆。用黏刨花梳头又亮又有型，且比梳头油便宜，还不太污油枕头。

新中国成立后生活水平提升，百姓日常洗头方便多了，篦子、黏刨花渐次消失（戏曲演员扮相偶尔还用）。改革开放不久，小玻璃瓶里浸着人造小绢花的"一枝花"梳头油风靡大江南北，成为新生活女子的妆奁密友。美妆千树万树梨花开，发乳、发胶、摩丝等迅速成了时尚经济的"蛋糕"。从此，女人的梳妆台乱了。

◆博眼球的"刘海儿"发型

直到清末民初，包括天津女人在内的中国绝大多数女性依旧梳着发髻，或横或竖，"古董"样子。辛亥革命以来，随着新生活的变革与发展，中西文化理念交互，特别以津城时尚青年女子为主流，她们敢为一头乌发标新立异了，刘海儿、短发、波浪发等随着涌现，撩动了流行的潮流……

甩掉封建枷锁的束缚，有的天津时髦姑娘虽然还梳着髻，但在额前悄然多出了一绺短发，这就是后来津人俗称的"前刘海儿"。追根溯源，或许在古代雏发覆额的造型中可找到它的影子。也有人说刘海儿最早流行于江南，肇始于1920年前后的上海，当时的青楼女子为标新立异引人注意，除了脑后的髻之外，特意在额前留出一簇头发，精心梳理。

20世纪二三十年代的天津码头对南来北往的生活新理念吸纳尤快，刘海儿发在本地年轻女子中流传开来。爱美心理又将刘海儿不断美化，于是乎，式样不同的一字式、垂钓式、燕尾式、满天星式等相继出现。

所谓一字式就是在额前留出长约2寸的头发，剪齐，一般长及眉毛，天津小孩多爱留此样，又称"童花头"。垂钓式也叫垂丝

老天津小女孩的"童花"发型

式，额发剪成半个椭圆形，好似新月垂挂眉宇。起初，垂钓刘海儿比较短，后来逐渐加长，尤其受到"求招眼"的女子的青睐。燕尾式呢？额发与鬓发合一，额发从中间分开，然后弯成弧月形，再左右归拢到耳后，两片半月形额发像燕子尾巴。也有人说此发型早先流行于日本，后来传到中国沿海，传到天津，所以类似刘海儿又叫"东洋式刘海儿"。再说满天星式，它较短，若有若无的样子，喜欢的人相对不多。姑娘们额头的刘海儿各呈美韵，天津有人称之为"美人髦"。

◆剪短发与爱司头

辛亥新风吹，男人纷纷剪去辫子，女人头上的发髻也散落了。当时有文人描述女发型："人人发样最难齐，或仿东洋或仿西；还有一般朝后刷，自夸我不落恒蹊。"这里的"不落恒蹊"即不因循守旧、不落俗套。有些天津姑娘在脑后梳起大辫子，旋即引发流行，特别受到女学生的喜欢。进而，简单朴素的辫子也翻花样，比如在辫梢上编入各色丝绸、丝线做的辫穗，长长地垂在身后，既漂亮又灵动。

五四运动至20年代中期，天津知识女性接受着新文化启蒙，活得更加自我，加之受外国电影影响，女界兴起剪发风，全国大城市亦然，率先尝试的是演艺圈，还有必须赶时髦的交际花。那时女子剪短发不同于今天所说的超短，而是相对旧有的长而言，短发一般也要留到肩膀。天津思想进步女学生、女知识分子呢？有些人已不愿每天在梳辫上花费更多时间，所以加入短发阵营中。与此同时，天津小百货头饰也多了起来，短发女子爱用缎带、发箍把头发束起来，显得既精神又漂亮。

然而，封建思想的退去并非一朝一夕之事，在泥古的卫道士眼中，女子剪发被视为失节、反传统，岂能任由发展，于是一些地方相继颁布禁剪短发令。在天津，女子剪发似乎也成为一时的社会问题，坊间议论纷纷，报纸上的相关文章、讨论不断出现，可谓公说公有理，婆说婆有理，甚至针锋相对。但是，生活时尚仍在快步前行。

老天津商标画上的女子梳着"爱司头"

二三十年代津城爱美女子发型的变化还出现了发髻下坠式样，又衍生出S形发髻，俗称"爱司头"。爱司头也是从江浙传来，是将脑后秀发用发夹固定成S状髻，有竖直S形、横式S形，前者也称桃子髻，后者又叫如意髻。爱司头风靡民国时期的江浙沪，在津流行尚且一般，但旗袍配爱司头也必是天津漂亮姐儿最摩登的打扮。

◆时髦女最爱烫波浪

尽管早在20世纪20年代初就有外国人在上海、天津租界里引进了新式西洋电烫发机器，但敢先吃螃蟹的女子毕竟是极少数，一是价格贵，要20元大洋左右；二是需要勇气，几十条电线连到头上好似受刑。

30年代好莱坞电影在我国沿海城市热映，摩登女纷纷效仿片中女星的发型，如此蔓延开来，电烫逐渐风行。翻看七八十年前天津报纸上的广告，抛媚眼的甜笑美女跃然纸上，不消说，她们多有共同的特点——烫着波浪卷发，眉目传情。这是催化流行的又一因素。

位于天津法租界30号路（今哈尔滨道）蓬莱春饭店西侧的一乐也理发厅清雅整洁，特别请来上海"手艺精巧"的名师主理，希望"高尚摩登士女尽兴而来"。当年的时髦电烫分为新式、老式，新式价钱8元大洋，老式的6元大洋，相当于三四袋面粉钱。而老式火烫、水烫只要8角钱，可问津的年轻人寥寥。绿牌电车道（今滨江道）上的中山理发馆是1929年开办的，随后也引进电烫机，1934年店庆时促销大优惠，新式电烫不仅比别人家便宜2元，还承诺保好8个月。法租界25号路（今辽宁路）上的紫罗兰理发店也有电烫业务，标榜的花样可不少，什么长波浪、中长波浪、油条卷、反翘式，让人目不暇接。大法国路（今解放北路）的明星理发店也有趣，比如同行广告上常画个美人图，但明星理发店反其道而为，将自家的"烫发专家张文海"英俊小生肖像展示出来。想必这技师名气不小，不然岂不成以卵击石的下策了。

鉴于胆小女子害怕电线连头发的情况，仙宫理发店在1934年广而告之，说新引进了两台德国"西门子"的先进烫发机，新机有保险功能，可自动开闭电源，并由在海外从业多年的林广韩操作，号称"中外无匹"。

有些天津交际花时常去应酬、去跳舞、去饭店，事先首要便是去做头发，于是有的人买包月，可随时去打理换花样。烫发之于普通女子，更希望波浪发能大方、持久。即便是花不起电烫钱的妇女也在家里烧热老式火钳卷出波浪，再穿上半新不旧的衣服，照样挺漂亮。

其实，女人烫发并非一帆风顺，各地一些军政官员、权贵们对此早就有反感，但考虑当时整体开放的大环境，只是不便站出来公开说罢了。恰在1934年，以礼义廉耻教化为中心思想的新生

少妇喜欢波浪发

活（国民教育）运动在南北掀起，这也犹如朝波浪发上泼了一盆冷水。1935年1月《禁妇女烫发，以重卫生》通电全国，此后不久又有《关于禁止妇女剪发烫发及禁止军人与无发髻女子结婚》的命令，一时间舆论哗然，天津、上海、南京、北平、广州、重庆等地的新女性们纷纷站出来反对。天津人也在《大公报》上读到了宋美龄的答记者问，她说禁止烫发是鉴于"近年来我国妇女生活行为多浪漫不羁，影响国家民族复兴之前途极为巨大，深觉有彻底改革之必要，务使我国妇女能崇尚朴素，保持固有之美德"，并希望妇女要从国家民族复兴的前途考虑，身体力行。

令行禁止，在天津民间也确实起到了一定作用，有的烫发女子想了一些办法弄直头发，甚至就连熨斗也用上了，不免让人啼笑皆非。1937年抗战全面爆发，官方似无更多精力顾及烫发等琐事，禁烫势头大不如昨，波浪发在津卷土重来。

◆理发馆求新趋时

毋庸置疑，女界流行生活为理发馆的开办与生意带来利好空间。据1934年末天津市市志编纂处编《天津市概要》资料显示，当时知名的理发馆有白宫（大经路，后中山路）、乌孚满（特一区，原德租界）、渡边（日租界）、中原（中原公司）、老鸿云（法租界）、一乐也（法租界）、紫罗兰（惠中饭店）、仙宫（基泰大楼）、永记（梨栈）、中山（绿牌电车道）、南京（天增里）、顾林祺（解放北路）等。当时，津地理发馆的设备与技术皆向一流看齐，有不少商号门面装修气派，房间清洁卫生。各家为选聘一流理发师也不惜花费，可为女士们带来国际最新潮的发式。

仙宫理发馆堪称当时津城最时髦的美发场所，其理发用具皆为进口高档货，有座椅12张，还专门为小孩准备了童椅。仙宫使用电推剪（时称电机剪发）理发"在华北实为创见，所用电风干发机亦绝无仅有"。理发、洁面最重卫生，仙宫特备消毒电器，用过的器具、毛巾等都会消毒。店中的理发师多来自沿海大城市，或有海外学习经历，手艺高超。1929年1月报间一则小文介绍，仙宫有个烫发师叫徐省三，能讲英、俄、德、意四国语言，可为中外顾客提供最周到的服务。

时尚理发店广告

除了剪发、烫发，在仙宫还可染发，店中备有各色进口染发剂，自家宣传能将白发、红发染黑，将黑发染金，保证永不褪色且不伤头发与头皮。仙宫曾长期在《北洋画报》发布广告，有时还刊出女子新发型照片吸引读者。

1929年5月，得到溥仪允许，婉容曾到仙宫剪发。1930年10月，黎锦晖夫妇率上海明月社来津演出，王人美、黎莉莉、王润琴、胡笳等明星在演出之余也到仙宫美发。这些随即都成为报纸上的花边新闻。

仙宫的竞争对手来了。天津南派美发业（北派以宝坻、宁河人为主）的代表南京理发公司1934年8月在天增里隆重开业。公司楼宇气派，家具陈设摩登，空气清新，其规模之大称雄于当年华北。开幕之际，多家媒体予以图文并茂的报道，电烫发热潮再度升温。南京理发店引进的电烫机（带安全保险）、卧椅洗头器等都是国外最新式，近20名理发师、12台座椅每天忙个不停。这里的新式电烫价格虽比市价高出2元，但他们手艺一流，绝不逊于海派新样式，还额外赠送一个电动刷头，便于女子们在家打理发型。南京理发店一时间成为天津中上层人士，尤其是名流女子乐往之所。后来，南京理发店一直引领天津理发业先锋。

也算市井趣事，比如有的理发店地处闹市，玻璃窗白色纱帘外常有男看客驻足，里面或忙碌或轻柔的身影若隐若现，男人们不免定睛入迷。

◆美容社促销忙

20世纪二三十年代，天津漂亮姐儿不仅烫发染发好靓衣，对西洋美容术也不陌生，甚至趋之若鹜，如此拉升了相关市场空间，津城美容所接踵开设，不愁她们不来送钱来。

英租界海大道（今大沽北路）有家美容及化妆品研究部，称名利社，笔者曾见名利社故纸，是化妆品试样的包装袋，其上醒目标有"美容术"三个大字，同时附言："本社有美容研究部，系

英租界中街曾有几家现代美容会所

由留学欧西、有该项学识者担任职务，各界女士有欲讲究美容术或化妆品使用方法者，祈驾临本社一谈，概不收费。如用特别优等化妆品等物，也可将意味说明，也可配制，货价低廉。"

名利社也在媒体四处宣传，如1932年4月《北洋画报》广告云，他家聘请留洋归来的高级技师自制化妆品、香皂，还兼售欧美佳货，特别欢迎美女名媛来店做美容并试用化妆品，该社也可按每个人的不同需求进行个性化配制加工化妆品。这服务在当时实属新潮，美女们闻此不免怦然心动——人家很专业，免费讲授啊，还有私人订制服务。

再看背面文字：名利社"制造各种化妆日用品及胰皂等物，精益求精，价廉物美；兼售各大名厂所出化妆日用品及胰皂等物，价格公道"。说到底这才是实举。名利社讲授甜言蜜语，无外乎是铺垫伎俩，因为天下熙熙皆为利来，柔性推销才是真。恰似现在的一些美容沙龙，你到那白喝茶白试用白体验已三五次，可仍一分不花，到时看店家甩脸子不？买卖店铺并非慈善堂。

还有的美容室附设在大药房内，英租界中街（今解放北路）宝耳药房里便有一家。技师毕业于美国旧金山的一所美容学院，可采用最新西式无痛手术为女士消除皱纹、雀斑、痦赘等，用光波、冷敷等手段让皮肤光润，犹如青春不老。

同在英租界中街的顾林祺美容室的主人顾林祺毕业于法国巴黎专业院校，手艺高超，当时在津发布广告说"可保容颜娇嫩美丽超群，专治容颜丑陋及面部一切不雅之疾"，同时专卖巴黎名贵化妆品。1932年仙宫理发馆也附设美容室并聘德国技师主持，且配翻译一名，"摩登女士往试者甚众，咸称赞外国女技师之手术精妙不置"。

利顺德饭店内曾驻美国人开办的好莱坞美容化妆公司，自喻"美国著名电影明星素仰慕"。1931年11月2日至8日，这家公司在利顺德、大华饭店接连进行了7场化妆美容表演，潜台词当然为做口碑推销化妆品。

这信息似乎也被天津名报人冯武越的夫人赵绛雪注意到，1931年12月，她邀请好莱坞公司的美容师到梁姓朋友家专门进行化妆表演，颇似小沙龙。美容师带了三四十种化妆品，油膏粉露一应俱全，点唇、画眉、勾眼各尽其妙，在场女士无不容光焕发，娇艳百般。买卖两厢似乎都意犹未尽，1932年开年迎新春之际，好莱坞公司的西摩太太再到大华饭店表演。此人巧舌如簧，结合各种化妆品（仅胭脂就有七八种）讲解展示美容新技巧、新效果，为女宾们描眉打脸试用，让来宾欲罢不能。这些化妆品当然不便宜，"一容半年之美，须费三四十金也"，真应了"美人一身香，穷汉半年粮"的俗话。

美发、美容与梳妆是流行生活的热点，许多烟草公司为促销，香烟牌子小广告也瞄准了女子时尚美，比如南洋兄弟烟草公司、花旗公司、华成公司、魏氏兄弟公司等发行过"服饰与发型""新潮发型""时装女郎""新潮女性"等题材的香烟牌，其中不乏照片印刷版的高档大画片，也曾发行于天津市场。

◆发型多变三十载

中华人民共和国成立后，广大妇女翻身得解放，津城女子同样欢欣鼓舞，时代潮中的她们从发型方面也向先进看齐，学习来自解放区的女干部、女战士，留起中短发型，俗称"解放头"，它长度适中，或稍落肩膀，显得有活力、有朝气、很利落，重要的是，妇女们纷纷投身新中国火热建设，打理短发更能节省时间。有人在此发式基础上，或会别个好看的发卡，逢年过节也戴朵小绢花。"解放头"堪称50年代天津女界发型的主流。当然，这一时期天津烫发的妇女也不少，式样仍为波浪，但电烫稀少，多为民间火烫，烫发的时间一般在逢年过节或结婚的时候。

年轻姑娘、学生们依旧喜欢发辫。留单辫、长辫者有之，甚至认为越长越好，谁若梳着1米多长的大辫子是足荣耀的，但婚后一般要剪辫，或剪短绾成髻，以示端庄。剪辫那一刻，她们常常含着眼泪。与此同时，留双辫、中短辫也成为趋势，有的短到啥程度？扎起来像两把小炊帚。少数孩子的辫梢扎着好看的头绳，因为当时物质条件有限，供应紧张，大多数姑娘不过是扎橡皮筋，

20世纪60年代初天津师范学校女学生梳着好看的大辫子

好一点的扎塑料绳。有的妈妈手巧，会给闺女攒下一条红绸或花布条，赶上节庆给孩子扎上。

自50年代末，"运动"接踵而至，国民经济越来越困难，现实生活必然影响到女人的发型，天津女人的"解放头"被剪得越来越短，讲究与耳垂齐。自1966年夏天开始，长发辫一律剪短至肩膀以上，烫发更不合形势，只剩灰溜溜的份儿了，烫发者须迅速洗直、剪短，波浪发在震耳欲聋的口号中销声匿迹。不仅如此，天津的一些青年女生在短发的基础上，头上还会梳一个朝向一侧的小刷子，或在脑后梳俩刷子，再穿上绿制服、红袖标，一派飒爽英姿、战天斗地的样子，"标志"凸显。女子发式相对固化、模板化，沧桑岁月，转瞬十年。

◆改革新风吹

改革开放，春风化雨。女人爱美是天经地义的事，单调、呆板的发型已不能满足她们重新被唤醒的芳心，如同沿海地区的趋势，烫发在津城又一次兴起，传统的波浪发、新潮的爆炸式、俏皮的刘海儿卷等日渐流行。那时候女子烫发大多不讲究造型，仅把头发弄卷就觉得很美很时髦了。少数性格外向的女青年烫出爆炸头、蘑菇头等，玩一把"非主流"耍耍酷。

20世纪80年代最淑女的发式当数长披肩发，它自然随意又温柔飘逸。这时期的天津女孩也有了发型偶像，谁呢？以林青霞、张曼玉为代表的影视明星。林青霞的披肩发不知迷倒了多少津城少男少女，效仿，成为女孩追时风最强劲的方式。"穿过你的黑发的我的手，穿过你的心情的我的眼……"那时候的一头披肩发充满浪漫故事。

马尾辫也是姑娘一美，还带点洋气。有女生的小马尾梳得光溜圆润，走起来一摇一摆，特招男生喜欢。80年代天津女子发式还曾流行一种"拱发"，就是在头顶绾一撮头发扎成圆球状，这样会显得身材更高。有的小姑娘干脆在头上左右扎起两个小球球（俗称抓髻），再系上粉的红的绸子或蝴蝶结，可爱俏皮样。时光到了80年代末，传统的大辫子逐渐消失，偶有所见倒显得"土气"了。

化学"冷烫"出现了，它用法相对简单，为天津女子美发带来了更多变化与便捷。值得一提的是，新品喷发胶成就了单独烫染前刘海儿，然后让它高高上翘前额头，好似"鸡冠"，这一度成为许多天津姐姐的最爱，具有典型性。与此同时，发卡、发带、发油、发乳、发卷普及，还有酷女郎把"蛤蟆"墨镜戴在头上一并充当发箍了。烫发的女人洗发后，用发卷自己做头发可谓拿手好戏，于是乎天津街面上常见满头顶着五颜六色塑料发卷的女人，也算一市井。

进入90年代，生活理念日新月异，美发美容业勃兴，中外新

现代发型百花齐放，换了新发型还要拍拍照

潮发型如霓虹变幻袭来，津城女子发式千树万树梨花开，时髦秀发成为个性张扬的外化展现，即便再多的文字描述也会挂一漏万。从"当窗理云鬓"到"没有头型就没有爱情"，及至青年喊出"我的发型我做主"，发型甚至让女人茶饭不思，夜不能寐，最终好梦成真，着实给了她们太多的生活故事，亦如天津女子的半部时尚生活史。

第二辑 ❧ 慢煮生活

◆夏日三餐图便捷

农历小满、端午过后，老天津的天气很快大热起来，"苦夏"让百姓最难挨，甚至热得怵头三餐做饭吃。昔日没有空调一说，大多数普通人家也无法享受豪宅大院里"天棚、鱼缸、石榴树"的纳凉惬意，唯有自己想办法，其中之一便是规避炉火与热源。

夏天，住家户基本上都把行灶、煤炉搬到屋外烧水做饭。行灶即烧柴火或劈柴的简单的小炉子，随用随生火，可省煤钱，用后即熄。使煤炉做饭后一般也会用湿煤灰封住（中间捅小孔）炉火，一省煤，二免热量散发。三伏天做饭最辛苦，大户人家有厨房还好办，普通人家常在屋前的"厦子"口低头猫腰炒菜、蒸饭，一顿饭一身大汗，很辛苦。没有"厦子"的贫苦人只好露天动火，将就熟罢了。

早饭相对好办，多数天津人习惯在外买着吃，豆浆、老豆腐、锅巴菜、面茶、炸糕、馃子、蒸饼等一应俱全。为避开午后的苦热，主妇们往往在清早趁着凉爽就准备午饭、晚饭。家常菜一般有蒸茄子泥、虾皮炒西葫芦、炒丝瓜、西红柿炒鸡蛋、炒豆角（俗称弯子）等。其中的蒜香茄泥可谓津味经典，民间素有"干饭（米饭）、茄泥，嘛也甭提"一说，比喻小子日过得挺舒坦没的说。

除了热菜，夏饭更侧重凉拌菜，比如芥末黄瓜墩、拌豆腐丝、拌西红柿（俗称火柿子）、拌粉皮，也吃咸鸭蛋、咸鸡蛋等成品，皆图省事、凉快。傍晚热浪更甚，常有居民索性不做饭，这时串胡同卖炸鱼、炸虾、炸蚂蚱、炸卷圈、煎豆腐、三鲜馅锅贴、肉馅回头、素包子的小贩接踵而至，吃喝不迭……家常主食以烙饼、馒头、米饭为主，有人清早就烙出一大摞油盐饼，它不易馊，可吃上几顿。晚饭用温热的大饼卷些炸鱼、炸虾等，甚至卷锅贴，吃起来油香有味，还麻利快且不出汗，算老天津夏饭特色之一，亦可谓现今大饼卷一切的"祖师爷"了。

主妇一早备饭的同时经常会熬一大锅绿豆汤，凉凉，一家老小可喝上一天。西红柿鸡蛋汤也常备，用它泡米饭、配大饼挺不错。还有冬瓜丸子汤，也适宜汤饭结合，脍炙人口。另外，天津民间还有

绿豆糕是传统夏令点心

"头伏饺子二伏面，三伏烙饼炒鸡蛋"一说，夏日里人们爱吃过凉（水）的麻酱（加花椒油）面、醋卤面等。

◆晚间纳凉有欢乐

酷夏，苦夏，晚间最难熬。老年间没有空调，电扇也是稀罕物。或谋生辛劳一天，或才忙完家务与晚饭，人们实在太热太累了，但伏天晚间依旧没啥凉风，树上的知了还在没完没了地鸣吵。

此刻的主妇们仍不得闲，需赶紧安排孩子坐大木盆里洗澡。尤其是家有闺女的，当爹的要"有眼眉"，主动端着水盆到外面擦拭擦拭整日下来油乎乎、汗津津的身子。大人孩子都擦洗利落，晚间纳凉才算开始。

老天津普通百姓居住条件差，住三级跳坑的、一间屋子半间炕的、九平方米小房糧老少三代的比比皆是。晚间屋里像闷罐儿待不住人，所以百姓大多到院里、胡同、街口乃至马路边乘凉。这阵子，躺椅、马扎、板凳齐上阵，男人还用大茶缸端着茶水，女人用玻璃罐带着绿豆汤、果子露，孩子拎出西瓜、菜瓜，揣上小人儿书或玩具（以毛号儿、方宝、皮筋为主），老少齐出动。最放开的是扛着一卷旧凉席和塑料布（防潮铺席下），在宽敞地方铺开打地铺，几口人坐卧席上，有吃有喝有说有笑，大可享受丝丝难得的清风。反正回家也是蜗居不方便，且治安尚可，有的男人、男孩索性就在街边过夜，也有人支开行军床，有铺有盖挺正式。待天明睡眼惺忪醒来，他身边也许已是车水马龙了。

户外纳凉防蚊是要事，当然人手不离蒲扇。大家也想尽办法驱蚊，比如在周围燃起一堆艾草、几根蒲棒，或其他不知名的药草，闷灭散

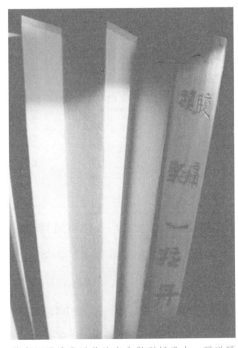

药商把夏季常用药的广告做到折扇上，赠送顾客，意在传播

烟。那时民众保健意识不及今人，有人甚至随手找来木工锯末，加一丁点"敌敌畏""六六粉"来燎熏烟气。日子稍微宽裕些的人家也会点上一盘蚊香，其实户外驱蚊效果不见得比药草好。

小孩们出来纳凉往往能听故事会。街坊四邻的伯伯、大爷常有爱讲故事的，大人半倚在躺椅上，摇着蒲扇，喝着茶水，指间夹着"小白棍儿"，煞有介事乃至口若悬河地讲起来，八仙过海、三国演义、民间传说等各有各的精彩，一群小不点儿围坐，托着腮帮子听得倍儿专注，家长连喊几遍都不想回家睡觉。有个别嘎小子爱在大人堆儿一旁晃荡"偷听"闲谈莫论，有"不学好"之嫌。若故事听腻，赶上日子人们可去看露天电影，20世纪70年代中期笔者就经常跑到城西小园村村口去看，像多数顽童一样，边看边在人群里连跑带颠，有时身影就投在银幕上一晃而过。

◆ 冰块买卖好

旧年无冰箱电器，夏日降温纳凉的传统"利器"之一是冰块。老天津民间所用冰块主要来自冰窖，开冰窖是专门行业，冬日到河里采冰、储冰，到天热生意特别好。早在清道光年间的《津门保甲图说》及《天津卫志》中就已出现冰窖胡同的名称，它位于老城东门里，是大盐商李春城初在此地开发建设而形成，《天津地理买卖杂字》中还有"高台阶，华家门，冰窖胡同李善人"一说。另外，昔日老城四角、金家窑、一宫附近、西北角、三条石关下、西沽等地皆有冰窖及胡同存在，冰窖业之盛可见一斑，至1935年又成立了天津冰业同业公会。

冰块在老年间可谓奢侈品，官府衙门、大户人家的厨房夏季保存食物离不开冰块，他们当然不惜花费。一些富裕宅门有木制"冰箱"，类似半大不

老年间夏天储存冰棍、冰块的保温瓶

小的箱桶，内里挂薄铁皮，似内胆，箱盖上开孔洞，有时还要镂空成铜钱样。冰箱里储冰块，可以冰镇瓜果梨桃、时蔬、饮料等，凉气也能通过孔洞散出。也有人买块冰放在大盆里，置于屋中间，为室内降温。

市面上，夏天用冰较多的是鱼肉行、水果行、餐饮行。街头巷尾卖汽水、卖酸梅汤、卖果子露的摊子常备冰块，玻璃瓶、饮料杯就放在条冰上，一排瓶子卧冰面，不久就会形成一个个凹窝，小贩一边吆喝，一边挨个扒拉冰瓶，连转带响动，很能勾馋路人，尤其是小孩路过几乎就拔不动腿了。另外，梅汤桶、沙冰桶里也有专门的铁皮器具盛碎冰，可镇凉。

普通人家没有闲钱买冰，夏天但凡副食店、饭馆门口卸冰块免不了散落些碎的，谁若抢到真算得上如获至宝了，赶紧往家跑，你摸摸他摸摸，那凉气让人痛快。放暑假的孩子们也有办法，有时会在路边树荫下盯着路过的拉冰的马车、三轮车，在车后尾随，瞅准机会用砖头砸几块碎冰，每有获得，开心至极，用手划拉几下亮晶晶的冰，立马就吸吮起来，真凉爽！一块冰可让他们连吃带玩美上好半天。

新中国成立后技术进步，人造冰逐渐走向市场，有在工厂上班的老大哥下班还能在自行车后支架上绑块人造冰回家，或也分给街坊四邻些许碎冰呢。李大娘刚做好晚饭，浑身是汗，隔壁小伙恰给送块冰来，李大娘太高兴了，连忙说："真是想吃冰下雹子啊！等会儿，正好，给闺女端碗三鲜馅饺子回去尝尝。"

◆茶饮解渴又美味

天津人度夏离不开茶，在家、在戏园茶馆里可慢慢品，在市面上便换了一种喝法——豪饮。老年间街边茶摊随处可见，茶摊其实很简单，支起伞棚，备两把大壶盛开水，备一摞大粗瓷碗而已。大碗茶摊子本小利微，一般用低档茶末，但天津花茶窨香与拼配很出色，茶摊沏出的茶往往照样有香气，有汤色。茶摊能聚人，来来往往的小贩、赶车拉脚的车夫、挖河扛活的劳工们没有大碗茶不解渴，他们边乘凉歇脚边喝茶，或掏出大饼卷果子、饽饽与咸菜，连吃带喝很舒服。另外，家住茶摊附近的老人也爱围坐在桌旁，一碗茶，一袋烟，海阔天空，自得其乐。喝大碗茶图个痛快，一饮而尽，烟火气、亲和力非比寻常。

再说消暑佳饮酸梅汤。梅汤煮好后要滤去渣子，待凉倒入干净的大号青花瓷坛内，再将瓷坛放进盛满碎冰的木桶内盖好，可保持冰凉口感。昔日胡同里巷常有卖梅汤的摊子，小贩习惯在木桶上插个月形幌牌，表示梅汤是天亮时分刚刚煮好的，非常新鲜。卖者不时敲响手中的冰盏（传统招徕响器，铜制，似大号的酒盅）

打着花点儿，为暑热中的人们带来几丝凉意。

果子干汤同样为人津津乐道。它用杏干、桃干、柿饼等慢熬成稠汤，果汁交融，凉凉后冰镇，有时还要撒些鲜藕片、荸荠片。另外，果干汤还衍生出其他饮品，如杏干水、杏干汤。杏干水是用杏干加凉开水泡的，生津爽口。做杏干汤则相对费工夫，慢火熬制过程中杏干逐渐发开，较之杏干水更有滋味。小贩售卖时连同软软的杏干一起给小孩盛到碗里，再加少许白糖，让人馋涎欲滴。

天津不仅有传统土法饮品，也很早就舶来了洋汽水。清末民初，天津是北方最繁华的开埠城市，新生活气息紧随世界潮流。光绪二十六年（1900年）英国商人在英租界怡和道（今大连道）开办山海关汽水厂，新奇的汽水当时还叫"荷兰水"，并迅速进入了大小西餐厅。1917年可口可乐公司将目光投向了中国发达城市，当时天津《大公报》上刊发了一则消息：可口可乐出口贸易公司

夏日里的冷饮摊

董事长访问天津时曾对记者说，天津市民到明年夏季之前便有美国汽水喝了。不久，山海关汽水公司代理销售可乐，促销之势铺天盖地，猜谜、抽奖、广告接二连三，厂商还在一些物美价廉的文具、日用品上加印饮料标志，赠送顾客，意在潜移默化搞推销。新奇刺激的口味及小恩小惠吸引来大量消费者，天津人由此体会到洋饮料带来的前所未有的味觉快感。

新中国成立后，"山海关"堪称全国第一汽水品牌。无巧不成书，相声大师马三立早年在《开粥厂》中有段贯口挺风趣，其中说马善人在端午节时给大家不仅发了粽子，还送每人"黑桑葚儿一盘，白桑葚儿一盘……山海关汽水两打，两打灵丹，两打双妹牌花露水，还有三十五斤大头鱼……"

◆修扇修伞生意好

俗谚说"立了夏，把扇儿架"，老天津人度夏离不开扇子，市民居家常用大蒲扇、六边形的竹编扇。扇子易损，蒲扇、竹扇虽便宜，但也常被勤俭持家的妈妈们用布条裹上扇边，一用又是两年。

稍体面的人用团扇、绢扇，有文化有身份的人用折扇。旧津常见的折扇分素扇、油扇几种，素扇以竹、木、骨料等做扇子骨，扇骨有9根、11根、16根的，以南方过来的苏杭货最讲究。扇面有纸的、布的、绢的，高低贵贱不同，天津本地货扇面以洋纸的居多，南货以宣纸（绵料）的居多，顾客各有所爱。扇骨和扇面需专业师傅来插（俗称镶），折扇坏了也要扇匠修理，一般人搞不好。他们十指利落一阵忙，条条纤细扇骨均匀散开，扇面下弧边上的小口微微张开，对准一插，再粘固、整理，清风便可徐来。另外，用牛角做的扇轴折了也得更换，也是精细活。

夏季多雨、暴晒，雨伞、阳伞离不了。先说高级的油纸伞，南方古法制造的油纸伞大致有70多道手工，伞面绘画也很精致，常由专业画师完成，以国画小品题材见长。清末民初以来，这种轻巧宜人的

手持花伞的漂亮姐儿

奢侈品被南方人少量带到了天津城，当然只是大家闺秀、上流女子的时髦俏物，相形之下打花伞、带坤扇、戴太阳镜、喷香水、戴小金表等，也成为天津交际圈摩登女的标签。

还是说说大众常用的油布雨伞吧，其伞骨是竹篾条的，伞柄是木杆的，伞面为细白布罩，上面刷着几层桐油，色如古铜。风吹雨淋用久了桐油伞面会变脆、滴漏，所以开合时要小心。秋后收起雨伞前要晾晒透，但来年打开时仍会发出"吱吱呀呀"的声音，因为桐油有黏性。油布雨伞坏了可修，往昔夏天胡同里常见修雨伞的手艺人，吆喝"修理雨伞、旱伞——"改革开放后，南方新型面料的雨伞、阳伞进入天津，折叠伞也陆续上市，价格越来越便宜。

20世纪20年代橡皮布雨衣才出现在天津，此前一般人家用什么？自制油布雨衣。巧人会做，如用细布缝成对襟长衫样的，做

成褂子、裤子式的，然后在衣服上刷桐油。能耐人还会做雨靴，鞋子高帮，厚布鞋底，关键要在鞋底上钉若干铁钉，起到隔水作用，做好后整个鞋子刷几遍桐油防水。类似的雨衣、雨靴切忌折叠，最好把它挂在通风处存放。

◆夏季节俗丰富多彩

　　大大小小的节日生活循环往复贯穿岁月，为民生平添色彩。进入初夏的农历四月初一，老天津人迎来城隍庙会，传说是城隍诞辰日。天津城隍庙始建于明永乐初年，几乎与天津设卫筑城同步，清雍正、乾隆年间又扩建为府庙、县庙两部分，风俗久积。庆贺活动大致要进行半月左右，城西庙宇一带张灯结彩，城隍出巡，花会酬神，摊贩云集，热闹程度仅次于老娘娘出皇会。尤其是初八那天正日子，万人空巷，出巡、演艺达到高潮，晚间在西门外厉坛还要举行"赦孤"仪式。

　　四月初八老天津民间另有舍结缘豆习俗。善男信女日常每诵念一句好话善语便放下一粒豆子，攒到这天煮熟分给邻里、路人吃，吃到豆的人也要念好言好语，视为互结善缘。后来此俗与腊八节舍粥整合于一，逐渐消失。四月二十八又是药王诞辰日，市内不少人赶赴城南农村峰山药王庙。庙会数日内百货集聚，人涌如潮，其中以麦秸秆染色编成的小动物玩具最抢手，人们争相购买，俗称带福还家。

　　五月节即端午大节，人们赛龙舟，吃粽子，挂艾草重防疫，

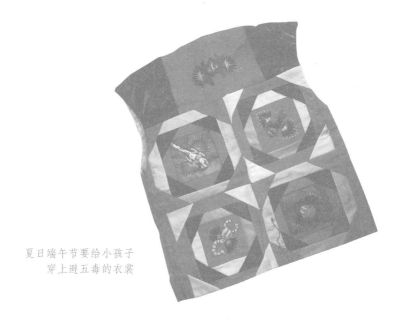

夏日端午节要给小孩子
穿上避五毒的衣裳

乃至全城放假，节俗丰富多彩。道光二十三年（1843年）端午前夕，文人麟庆乘船路过天津三岔口，他在《鸿雪因缘图记》中说："望海楼九楹，正对三岔口，祭卯五月初四日，余过楼下，见龙舟旗帜翱翔，游舫笙歌往来，虽稍逊吴楚之风华，而亦饶存竞渡遗意。"他还专门作画并赋诗，对"恰值津门观竞渡""望海楼前争夺锦"等作了记载。

五月以来雨水渐多，民谚也说"大旱不过五月十三"，相传该日是关公在天宫磨刀的日子，溅落下来的水滴便是雨。津人会到关帝庙祭拜，祈盼风调雨顺粮食丰收年景好。

冬至饺子（馄饨）夏至面，是"卫嘴子"的重要食俗，麻酱配花椒油捞面、醋卤捞面是夏至餐桌上的主角。接下来到了六月初六，旧有"晒古绣"一说，妇人们在这天晾晒衣服，文人墨客晒书籍，以防在伏天潮霉。值得一提的是，铃铛阁早年藏有一些佛经，是元代内府御赐海会寺的宝贝。传说六月初六举办"晒经会"，所藏经典向世人展示，各地有识之士纷至沓来一睹神采，盛况空前。

◆ 盛夏玩虫儿

老天津很多人沿河而居，河边水清草碧林木成荫，是虫儿的天堂，也是小孩们，尤其是嘎小子的乐园。特别是入伏放暑假，下河玩水、岸上捉虫几乎是他们每天的必修课，有时为了逮蝈蝈还得早起。

黎明露水重，是逮蝈蝈的好时间，他们十个八个小伙伴抓紧在乡野的草丛里四下寻觅开来，每人手里拎个破笼子、窗纱做的小袋子、竹条的废暖瓶套等，方便装下捕获的虫儿。"收队"后大家还要集中逐个审视那些虫儿，挑选出最活蹦乱跳的带回家。一些孩子爱养蝈蝈玩，蝈蝈相对好伺候，给它一段大葱，塞一块瓜皮就可以，挂在屋檐下或窗门前，可以给烈日下的燥热日子平添情趣。居民院子里屋门口挂蝈蝈笼子的不算少，可想而知，虫儿"同声大合唱"也煞是悦耳啊！那是豆瓣绿雄蝈蝈在鸣叫。

当然，市面上也有卖蝈蝈的小贩，他们的小笼子更专业更好看，小笼是细条秫秸皮编成的，装入蝈蝈后再收编笼口，百八十笼拴成一堆，卖蝈蝈的挑着挑子，串胡同便宜卖。小贩在胡同口放下挑子，擦汗，抽烟，任由虫儿吵闹，那穿透力能传遍附近几条胡同，堪称最强势的招揽与"叫卖"。小孩们常常闻声跑去看，围着挑子观赏那湛青碧绿的虫儿，盯着哪一只振翅最欢、鸣声最响就买哪一笼。

嘎小子玩着草上跳的虫儿，还不忘那天上飞的。旧年生态环境更好些，常见的各种蜻蜓不算少，比如大青（大蜓）、黄老褐、红辣椒、轱辘钱儿、黑鬼儿、花狸豹等，它们对孩子的吸引力很大，谁若捉到一只色彩斑斓的轱辘钱儿是可以炫耀一通的。

有的小孩擅长逮蜻蜓，常用粘、钓、网抄的方法。长竹竿顶端接一节扫帚苗，扫帚苗上抹黏油，手持竹竿，看准树叶间的蜻蜓，踮起脚屏住气，轻轻一粘，拿下！网捕黄老褐一般要在又潮又闷的傍晚，大量老褐低空飞行盘旋，逢这时候在河边抡起一网总能抄到几个。最好玩的是钓蜻蜓，孩子们用细线拴上老褐，引着它飞，跟着它一起颠跑，嘴里还

嘎小子玩虫儿

不停地喊着"老母儿——老母儿——"这样能招引来青绿色的大蜓（雌碧伟蜓）。逮到后将它在家里收养一宿，第二天还可以用它来诱引雄大蜓。其实，雌大蜓傍晚觅食抓吃黄老褐，白天雌雄交配。引蜻蜓有点像姜太公钓鱼愿者上钩。

◆家家户户防蚊

天津老城地势低洼，直到20世纪二三十年代城内外还有不少水坑，污水积存难免，夏季蚊蝇不算少。那时洋玻璃罕见，一般

家庭木格窗皆糊窗户纸，入夏后陆续撤掉，贴上冷布，同时吊上竹门帘，一为通风，二为防蚊蝇。冷布是啥？一种经纬极稀疏的布，《红楼梦》中就有"小冷布口袋儿"的表述。至于铁窗纱，当时尚属高级货，只有租界小洋楼才用。

夏季要给小儿多洗澡

幼儿皮肉柔嫩，最怕蚊虫叮咬，他们睡觉时往往有大人给扇着蒲扇，清风徐徐也附带赶蚊子。这是母爱最甜美最经典的老画面之一。此外，天津人也爱给小孩做个小罩子防蚊，光滑竹篾条做龙骨架，上糊冷布，俗称"随身倒儿"，娃娃置身其中安睡一宿。冷布不仅可当窗纱，还能当食品罩，竹条或铁丝框架，有半球形的、方形的。罩上饭菜，既能防苍蝇，又不会捂馊饭食，饭馆、家庭皆用。大人们睡觉有蚊帐使，但早年用户不多，原因一是贵，二是老年间居住习俗睡大通炕，若支大蚊帐、同睡其中有不便之处。后来随着床具改良与蚊帐降价，它才渐次普及。

晚饭后、临睡前赶蚊子可谓老天津家家户户的必修课。卧室赶蚊子，老小齐上阵，眼尖的用手拍，家人再可拿蒲扇往门外轰，事毕赶紧熄灯关门窗到胡同乘凉去。较有效的土法还有就是关上门窗，屋内点燃有药味的艾草、蒲草棒、蒿草之类，让烟气熏蚊子，过后开窗通风，再进房睡觉。邻里三五在街边乘凉时也可在不远处点些药草。老年间夏时常有乡人串胡同卖艾草、蒿草，同时也服务了津人过端午节挂艾之用。烟熏污染很大，但也是旧时条件所限没办法的办法，此法此俗约延续至七八十年代。

民国时期清凉油已在津流行，它有一定的驱蚊功效，但抹满全身不现实。男孩们爱到草丛里逮蟋蟀、捉蚂蚱，事前有时会在手臂上、小腿上抹点儿，但回来还是常被叮了不少疙瘩。当时，海派花露水也不难买到，可毕竟"小资"了些，普通人家消费不起。再说蚊子香，早在辛亥革命后就从外国传到天津，孙中山先生还曾为蚊香做过广告，多数家庭会用，像燃药草，先在卧室点燃后闷熏蚊子，待蚊香烧过一半再进屋打开门窗通风、睡觉。进入80年代，蚊香片、灭害灵、电子驱蚊器陆续上市，为津人度夏带来了方便。

◆糊冷布与串门子

老年间的门窗上没有玻璃、窗纱一说，夏日芒种前后已越来越热，天津人纷纷撤去门窗上半部分的窗户纸，改糊冷布。它是一种很稀疏的纱布，透明、通风、降温，还可防蚊蝇。鉴于风雨不定，尤其是卧室窗户，同时需在内侧挂上纸质的卷帘，用"×"形线绳绷固，夜里落下防风，白天卷起换气。有条件的人家也常在窗口屋檐下搭雨厦子，遮阳也挡雨，东照、西照的屋子尤其需要。大户人家不差钱，会专门雇工在院里搭讲究的天棚，四面有可起落的帘子，避暑效果佳。

再说夏日串门儿规矩习俗。昔年没有空调，少有电扇，男人纳凉相对方便，最苦是女人。在老天津，少妇日常需戴齐整忍暑热，

常备清凉油保健康

除署去熟
提神醒腦·

清神丹

只有午后、晚间在自己卧房里才放松些，穿肚兜凉快凉快；中年妇女穿薄布料坎肩、肚兜；老太太有时会赤裸上身，如此，都很忌讳突然来串门儿的，尤其怕男人来，所以她们常把衫子放手边。

津俗夏天尽量少串门儿，若必须去，尤其是男子到人家院门口一定要高声叫门，进院要低头快步，到屋门前需隔门帘再招呼一下，待里面应声才能进。旧津大杂院多，夏天最不方便，邻居女人穿着单薄，老爷们儿在院里出来进去切莫四处乱瞅朝窗里张望，以免让人生厌，甚至闹误会。

◆入冬，从煤球说起

过日子开门七件事——柴米油盐酱醋茶，这"柴"位列于首，其重要性自不待言。老祖先费力钻木是为了火种，小百姓引燃草木是为了生活。毋庸置疑，炊烟袅袅乃世间最生动的画卷之一。

煤炭，可谓大自然与岁月赐予我们的宝贵财富。除了各样柴火，古人很早开始使用煤，比如在辽宁沈阳新石器时代古文化遗址（新乐遗址）就出土有煤制品，河南巩义的考古发现也可见西汉人用煤饼炼铁的遗迹。据宋代考据辨证类笔记《鸡肋编》载，当时的开封百姓生活富庶，煤炭已取代木柴，"京师百万户，尽仰石炭，无一燃薪者"。古人称煤炭为石涅、石墨、石炭等，李时珍在《本草纲目》中较早使用了"煤"这一名称。

老北京在元大都时代就出现了煤市、煤店。明代，京西门头沟煤窑的煤炭由骆驼运往北京城里，并在前门外销售，进而形成大小店铺林立的煤市口、煤市街。在朝阳门外、广渠门外、东便门外等居民区，也有卖煤的商户，生意兴隆。再说到华北，这一地域素来是重要的煤炭产区，清代前期，传统老旧煤矿的出产在一定程度上解决了民众生活燃料不足的问题，贡献颇多。师夷长技以制夷，清末洋务运动轰轰烈烈，光绪三年（1877年），直隶总督李鸿章委派轮船招商局总办唐廷枢在河北唐山创建了官督商办

老年间摇煤球的场地

的开平煤矿（后开滦煤矿，矿务局总部早年常驻天津，驰名近代工业史）。随后，新式煤矿在各地纷纷建立，为中国社会发展提供了强大动力。

清代，宁夏的太西煤是供紫禁城专用的御煤，再制加工出的煤球也曾被慈禧太后早早用上了。德龄在其所著《慈禧太后私生活实录》中披露，慈禧外出有专门的御用火车，车上有四节车厢作为临时御膳房。说到炉灶，德龄描述："它们一共是五十座，匀匀落落地分着两行排列在左右，仿佛是一队端正严肃的禁卫军一样。这些炉灶里所用的燃料便是煤球；可是因为煤球那东西很不容易着火，所以每次都得用废纸或木花来做引火的东西……待到炉内的煤球已生得十分的旺了，就是全部已变了透明的红色（这种煤球是极其耐燃的，一经生旺，便可以用好久的工夫），这才把那短烟囱卸下。"

当年，选煤烧煤也称得上是一种"身份"的象征。皇城脚下的王公贵族们也讲究用太西煤，它乌黑晶亮，但不黑手，燃烧过程中无烟、无味，且含灰含硫量少，火力热度更胜一筹。老北京的富裕人家也要烧山西、京西的煤，价钱自不便宜。当然，那时候烧的主要是原煤煤块（俗称煤砟、大砟），但煤窑、煤店皆会产生大量煤末，俗话说"挑水（卖水）的看大河——都是钱啊"，好端端的煤末怎会白白浪费呢？如此，煤粉再加工手工摇制的煤球诞生了。

辛亥革命以来，随着交通运输的进步，山西大同、阳泉等地的煤炭源源不断地进入京津等地，如民国初年北京城的大小煤铺已有百多家。在20世纪二三十年代的上海，各色人等前往淘金，缘此拉动了十里洋场的房地产业。逐渐，石库门式的弄堂里已不适宜用烟大的柴火烧饭，煤球与煤球炉从此得以普及。在沿海发达城市，最初烧煤球的大多为收入富裕的家庭，有的人家还会将煤块、煤球混搭一起使用。

◆摇煤球与贴煤饼

旧年有不少城里人烧砟块（煤块）取暖做饭，日积月累自然会剩余一些煤末，此其一。其二，后来有了机制煤球，人们在储存使用过程中，煤球被挤压或受潮容易松散，也产生煤末。勤俭持家是本分，煤末经过加工制成煤球照样能烧，因此诞生了胡同里的行当——摇煤球。

每当秋风乍起之时，街巷里就会传来"摇煤球嘞——"的吆喝声，那是近郊的农民伙计走街串巷赚点辛苦钱。往往，他们头戴大棉帽，穿着深色大褂或棉袍，扎腰带，褂袍的下摆掖在腰带间，显得飒利。特别是大棉靴上还系着鞋罩，可多少防止煤末进入鞋里。关于他们的形象，有老俗话比喻：远看像林教头，近看粪叉手，仔细一打听，原来只会摇煤球。为何貌似林冲呢？摇煤球的人大多肩扛长柄大板锹（锨）、剁铲，身后还要背着大花盆和大摇筐。此外，五齿耙、小筛子等也是常备工具。花盆、摇筐最具行业特色，前者又似大瓦盆，直径三四十厘米；后者为柳条编制，直径一米左右。

摇煤球要先将煤末过筛，剔除碎煤块、石块等杂物，再把少量的黄土、白灰过筛，然后将这几样原料按比例（也有不加白灰的）混合拌匀，和成干湿合适的湿灰。接下来，把湿灰摊成厚约

票证年代的购煤本

三四厘米的大煤饼，再用剁铲横向、纵向剁成二三厘米大小的方块。摇煤球的技术娴熟，不用尺不画线也能剁得横平竖直，间距也大致相等。关键一步是将这些小煤块放到架在花盆上的大筛子上，以花盆为中心，伙计来回摇动筛子，就好赛摇圆宵一样，直到把煤块摇成圆煤球。最后，找出一片朝阳的空地，在地上先撒些干煤灰，在此晾晒煤球。

人言，七分煤炭三分摇。为了好烧，加工煤球必须配些灰土，但比例有讲究，一般是七成煤灰、二成黄土、一成白灰。关于黄土，最好选择黏土（胶泥土）。若黄土掺少了，煤球不便成型也易碎，而掺多了又影响煤球火力。串胡同揽活讲究实诚，你摇出的煤球好烧，留下好口碑，到明年秋凉肯定还有人家找你干。

摇煤球不仅看手艺，更需要体力。比如那大筛子再加上湿煤至少几十斤重，没有一定的臂力是不行的。干起活来是蹲姿，需要肩、臂、手、腿、胯、腰协调配合，且一干就是几个小时，着实不容易。每到冬季，学校用煤量大，使用砟块所剩的煤末很多，也需要摇煤球。摇煤球的人若遇上学校雇工，就算几天"肥活"了，定是高兴事。当然，也有的学校会在秋季组织学生参加义务劳动，发动师生手工团制煤球。

雇工摇煤球的以富户人家居多，一般家庭只好将就自己干，一是剩存煤末不多，况且哪有闲钱雇人。自己动手丰衣足食也是一种快乐，秋凉了，腾出半天闲空，买冬煤前先折腾、整理一下煤池子、煤堆，收集煤末，在胡同里、屋檐下找块干净朝阳的地方，和好煤末摊在地上，用瓦刀或破菜刀拉出小方块就得了。还有些家庭习惯在房前屋后的墙面上贴煤饼，或是团煤饽饽，待晾干后用麻袋、箩筐存放在一边，取暖生火时每次取出几个砸成小块来烧，也算苦日子的权宜之计吧。时光荏苒，当老胡同老房子不断消逝，贴煤饼以及那些墙面上的斑驳"污迹"也化作了怀旧的一种画面。

◆ 话说机制煤球

直到清末民初，在一些沿海大城市里虽多设有煤店、煤厂（煤场），但经销品种仍以煤块、木炭，以及少量手工所制的煤球为主。摇煤球的劳力除了服务于里巷居民外，也常常受雇于煤厂。特别是进入民国以后，手工煤球虽然价廉，但其低产量已越来越不能满足城市居民生活的需求了。

近代实业家刘鸿生早在清末已成为开平矿务局（开滦煤矿）上海办事处的买办，他在第一次世界大战期间（1914—1918）以经营开滦煤炭起家，很快发迹，享有"煤炭大王"之誉。20世纪20年代初，手工煤球在上海是很有销路的，刘鸿生洞察市场前景，于是派员出国考察机器制造煤球的技术，随后于1926年11月在上海创办了第一家机制煤球厂——中华煤球公司。从此，机制煤球大为普及。所谓机制煤球一般为扁圆状，似核桃大小。制作过程中，动力带动下的两个滚筒相对旋转，滚筒上有对应的半球状的凹窝模具，当煤粉半干原料（掺有适量黄土）从滚筒上方加入后，被两瓣模具挤压成型。至1932年，上海已有12家机制煤球生产厂，年产煤球11.7万吨，除供应本地外，也有少量剩余分销到周边地区。30年代的中国煤炭市场不乏外商操纵，上海于1933年成立了煤球厂工业同业公会，意在与洋商抗衡。

老北京的情况也所差不多，20年代末30年代初始有机制煤球上市，但煤球个头相对大，不太适宜一般家庭的小火炉使用，因此手摇煤球在当时仍很受欢迎。新中国成立后，随着民众生活水平的提高，对机制煤球的需求大增。与此同时，煤铺、煤厂也在不断变革、改造，研制生产出个头较小的煤球，方便了群众。机制煤球的生产大大改善了工人的劳动强度与工作环境。

旧年的机制煤球是讲究品牌的，直到新中国成立初，以上海的煤球为例，还生存着国华牌、南洋牌、义泰兴牌等。但有一个问题，就是生产厂的散兵游勇格局，煤球生产缺乏统一的原料配制标准，煤球规格不一致，质量也参差不齐。常见的是有的煤球中掺入了过多的劣质煤末、灰土等杂物，导致火力差，燃烧时间不足（俗称不搪时候）。不好烧的煤球是最让人"嘬瘪子"的，这厢一家人等着吃饭，可那一炉子煤却近乎奄奄一息了，真是急人更愁人。忙碌中，只好掏炉子、倒炉灰重新生火，弄得满屋满院烟熏火燎。这样的煤球便要招人骂了。为了规范煤球质量，1950年2月，上海相关合作社在

旧时粮煤副食曾经归口一个公司

王家码头开办了第一合作煤球厂，生产合作牌机制煤球，质优价廉，上市后颇受欢迎。次年9月，各私营厂的品牌被取消，全部改成统一牌（1955年末更名为星牌）煤球，统销供应。

天津也重视相关行业发展，据《天津通志·大事记》载："1949年12月27日天津市零售公司成立，专营粮、布、煤等生活必需品。"值得一提的是，1956年中期，上海的国华煤球厂迁到天津，极大地促进了天津机制煤球业的进步。1958年2月天津改革商业体制，零售商业交由各区领导，各区分别设立百货、煤建、副食品、饮食、粮食等公司，煤球生产得到有效管理。50年代末60年代初，"大跃进"后接连三年困难时期，全国煤炭物资紧俏，各地相继对居民用煤、用柴等，与粮油一起纳入统购统销的行列，计划供应，划片定点，凭证凭本，严格计数。有的地方还因地制宜进行技术革新，效仿民间用煤末成批生产出煤饼，以解燃眉之急。买煤难的情况一直持续到80年代中期。

◆ 卖煤与送煤

每个行业都有相对独特的经营习俗，旧年的煤铺、煤厂也不例外。比如老北京等地的煤铺门前常挂着"乌金墨玉；石火光恒"的楹联，"乌金墨玉"是对煤的形容与赞誉，"石火光恒"喻生意兴旺发达。类似的联语置于户外也具有一定的广告宣传作用。

煤的品种、品质千差万别，行内有焦煤、烟煤、褐煤、肥煤、瘦煤、贫煤之说。最不上档次的大致是煤矸石了，它是与煤层伴生的一种含碳量较低、比煤还坚硬的黑灰色岩石，一般属于采煤、洗煤过程中剩余的废料。昔日民间传云，有的煤铺、煤厂会在背人之处粉碎矸石，然后悄悄掺进煤末里，以便多出煤球、多打煤砖。若是利欲熏心过量掺杂矸石末，那煤球的火力弱且不耐烧。这般伎俩当然属于猫腻，老百姓虽然看不见，但煤球一进炉子就全明白了。赶上难惹的顾客常常会找煤厂理论，逢此，煤老板大抵会一边谎说煤质量差，自己也很倒霉，一边赔不是，连忙打发伙计给白送点劈柴或煤砟块过去，应付一下罢了。即便如此，煤厂也不吃亏，因为找回来的毕竟是极少数。

开煤厂大量存煤需要一定本钱，所以，街面上也有不少只在秋冬营生的小煤铺子，天暖和了，他们就寻找别的生计去了。贫苦百姓人家每次买煤球也就是一二十斤的样子，不像大户人家整车整车地往院子里卸煤。

新中国成立后，特别是公私合营以来，大部分煤商纳入煤建公司统一管理经营。此后不久（20世纪50年代末60年代初），为保证人民基本生活必需品的供给，煤炭供应与粮、油一起被纳入统购统销的行列中。买煤球需计划供应，各地相继实行凭煤本、分片、定量买煤。为满足民众需求，国家在城市居民区着力建设煤厂、煤店。比如在天津甚至达到了"500米一个煤店"的格局，并提出小煤厂要负责周边两千人左右的用煤，大煤厂要解决五六千人的用煤。一名天津的老送煤工自1969年进入煤店工作，2009年8月在接受《城市快报》记者采访时说："当时仅河北区一个区就有煤厂5座、煤店60多个，每个煤店的冬季月销售量都能达到1000吨。"尽管如此，煤厂如果夏天不连续生产，还是不能满足需求，缘此，当时还提出了"冬煤夏储，扩大社会储存"一说。

像卖炭翁一样，旧年的街面上、胡同里有担挑卖煤的伙计，他们吆喝"送煤来啦"吸引居民。他们进居民家里送煤、卸煤时一般会在门口先吆喝一声，得到主人允许后再往院里走。煤放好拿到钱要马上离开，以免招人烦。

煤厂卖煤、伙计送煤也有讲究。大多数居民往往会先到煤厂看看煤球干不干，整齐与否，然后再决定叫（买）多少煤，顺便看着伙计往筐里装，力争心明眼亮。早年，伙计装煤用长柄铁叉子，叉子有九齿，一叉下去，伙计要把煤球撮起来抖几下再往筐里装，目

冬季家家户户离不开炉火

的是尽量筛下煤末，给买主个个匀整、光滑饱满的好煤球。后来，铲煤球多用铁锨了，附带的煤灰相对多。送煤球用的筐是荆条编的，有的地方还要用到带提梁的撮箕。一筐煤球50斤重，一撮箕煤球25斤重。后来送煤的已普遍使用竹篾条编的方筐了。

直到20世纪七八十年代，城市的煤厂、煤店仍是根据居民区按片划分工作，比如天津市内的送煤工每人要负责片内约500户居民。为了不漏掉一户，他们每月必须按既定线路挨家挨户走一遍。天长日久，各家的大致情况就熟悉了，甚至超过了管片的民警。居民也心疼送煤工，见一冬的煤顺利安顿好，大娘赶紧给送煤的小伙子递上热茶、毛巾，好让他们歇歇。

◆蜂窝煤出现

蜂窝煤（有些地方俗称"藕煤"）是由原煤、碳化锯木屑、石灰、胶泥土、木炭粉为基本原料，再添加少许硝酸盐、高锰酸钾（助燃）等制成的，它燃烧充分，可有效节省能源。谈及蜂窝煤在国内的推广，要说到发明家老焱若。老焱若曾供职于北京师范大学，是知名的机械学专家。据刊于1998年第4期《炎黄春秋》中的《折叠伞、三轮车、蜂窝煤的发明者》一文介绍，早年，老焱若见北京市民每天点煤球炉子时烟雾弥漫，也有感于煤球工人劳作辛苦，他决心改变这一状况。经过多年努力，老焱若研制成功了蜂窝煤自动压制机。蜂窝煤的使用不仅让百姓受益，还节约了煤炭、劈柴，更减少了空气污染，后来，当苏联有关人士看到《人民日报》的报道，特致函请教老焱若教授。

进入20世纪60年代，为节省煤炭资源，北京、上海、天津等沿海大城市开始推广蜂窝

炉与煤，百姓生活必备

煤，以替代煤球，但发展相对缓慢。到了改革开放后的80年代中期，随着城市居民生活水平的提高，蜂窝煤凭借干净、省事、省劈柴等优点，逐渐被民众广泛认可，比如它在天津的使用量已占居民用煤总量的三分之二左右，民用煤市场也由此进入了新的发展阶段。

烧煤球的炉子越来越少，家家户户常备蜂窝煤，尤其到了冬季来临时，买蜂窝煤就如同冒严寒排大队买白菜、买山芋一样，成为准备过冬的头等大事，人们请假、借车，甚至老少齐上阵到煤厂买蜂窝煤。

煤厂的送煤工也走街串巷送煤、卖煤。送煤工拉着板车，一车几百块煤分量不轻，他们拉着车，身子用力向前，甚至近乎与地面平行。一路下来，满头是汗，那热气就飘散在寒风中。送煤的伙计常带着一块有提手的木板，把蜂窝煤就整齐地码放在板上，下腰一使劲，像小山高的一组蜂窝煤被端了起来，脚步很重，"噔噔"向前或爬楼，煞是辛劳。

存储一冬用煤是很占地方的，住平房、宿舍院还相对好些，可在房前屋后搭个小煤屋、煤池子来安置。住楼房存煤最是捉襟见肘，见狭窄的楼道里很快被蜂窝煤占得满满当当，上下楼过来过去大多要侧身而行，即便如此也难免弄脏衣裳。邻里们为占地存煤也没少发生过口角。有些家庭迫不得已只好把煤搬进本不宽敞的居室，桌子下、床铺下到处是煤。另外，刚买来的蜂窝煤不能马上就用，因为太潮湿，煤气重，需要逢好天气折腾出来晾一晾。

烧蜂窝煤的炉子里要用特制的炉瓦，土产店、煤厂有售，居民不必像烧煤球炉子那样总要套炉子了。新型的蜂窝煤炉设计有火门，能方便封火，需要做饭或升温时打开火门，蜂窝煤能较快旺燃起来。随后不久，与蜂窝煤配套的引火炭出现了，使生炉子变得简单便捷。有很多家庭与时俱进，索性把烧煤球的铸铁炉改制成烧蜂窝煤的炉子，有的还进一步改造而使用上了土暖气。

很多年，蜂窝煤照样要凭本定量供应，少数家庭日常不够用，于是从市面上买来专门的简易工具，利用煤灰自行手工打制蜂窝煤，也不失为好办法。

◆洋炉子来了

古人用炭火熟食、取暖，甚至治病，早在《韩非子·内储说下》中就有"奉炽炉，炭火尽赤红"的记载。尤其是在北方冬天的寒夜，一盆炭火总会带来热辣的气息，那一股股暖流久已融入人心。

进入民国时期，炭炉依旧在民间流行使用。1912年5月鲁迅到达北平，住在菜市口南半截胡同绍兴会馆。冬天来了，鲁迅也要考虑取暖问题，11月8日的《鲁迅日记》里这样说："是日易竹帘以布幔，又购一小白泥炉，炽炭少许置室中，时时看之，颇忘旅人之苦。"我们从日记中不仅揣摩出鲁迅心中的不如意，也可以读懂寒冬里人对火炉的情感。民国以来，随着城市生活水平的提高，很多居民已开始改用铁制的煤球炉子做饭取暖。通过《鲁迅日记》获知，1917年11月4日鲁迅也新安装了一具铁炉，花费是九元钱（银圆）。有学者分析，它可能是翻砂铸铁的"洋炉子"，且带烟囱，不然不会这么贵。20世纪20年代以来，西式铸铁炉在大城市生活中有所使用，它可以安装烟囱，尤其为室内取暖带来福音，但因价格高所以很难快速普及。

　　因陋就简也不失为普通生活的好办法，用黑铁板或搪瓷铁板打制的烧煤球的炉子就是一例。与洋炉子相比，铁皮炉子简易，大致由炉盘、炉口、炉膛（炉身）、炉腿等构成，炉身通常高50厘米上下，直径30厘米左右，用二三毫米厚的铁皮铆接而成。炉盘呢？要挺括，四边要加粗铅丝。炉膛底需要安四五根铁条，用来漏灰，炉身下部还要留个圆孔，用来搂灰。这种炉子价廉实用，块儿八毛钱，一般人家都买得起。街面上的黑白铁铺、土产杂品店有卖这种炉子的，还有小炉匠（黑白铁匠）串胡同吆喝活打炉子。他们打炉子没有设计图一说，会结合不同材料来制作，完全是日积月累中的一种胸有成竹。若实在不愿花钱，家中有手巧的男人可踅摸些废旧铁皮，再找厂里借来工具，自己打炉子。另可用旧铁桶加工改制，照样好使。

打制炉子的徒工，俗称小炉匠

　　简易煤球炉子比较轻巧，上火也快。百姓家生火、添火时一般是在户外进行的，放劈柴、添煤球点燃后，要用一个一尺多高的拔火罐放在炉口上，待黑烟散尽，火苗上来，就可烧水做饭了。老北京人、老天津人爱喝茶，有人一大早就讲究喝个舒服。早晨点上火，先烧水沏茶，然后再添煤，待火旺，主妇们就可安排做饭了。冬天，煤球炉子放进屋里取暖其实很勉强，因为有浓重的煤气。特别是临睡前必须把火炉搬到屋外，以免煤气中毒，但屋中却冷如冰窖，如此便显现出可安烟囱的洋炉子的优越性。

30年代中期，北京市面上还出现了中西合璧改良的烧煤球的洋炉子，外观似花盆，俗称"花盆炉子"。此炉也是铸铁的，炉膛如鼓形，炉盘厚实，有的上面还带有浮雕花纹，那三条炉腿也好似龙爪、虎爪。洋炉子最大的优点是密封性好，添煤、出灰时烟尘少。有的主妇勤快，常把炉子收拾得干干净净，特别是那炉盘被擦拭得油亮如新。冬天，可以在炉盘上烤馒头、烤包子、温热茶。当美味的复合香气弥散在整个屋内，足以引人馋涎欲滴。

◆套炉子与点炉子

民以食为天，做饭需炉火，无论是简易的铁皮炉子、铸铁"洋炉子"，还是用砖盘的大灶，置办好以后，点火前的首要任务是需为炉膛里均匀抹上一层泥巴，这活计，老天津叫"套炉子"，老北京等地也叫"搪炉子"。套炉子的目的大致有二：一可隔热，不至于短时间内烧坏炉子外皮，也可使炉子相对耐用；二是保温防漏气，这样炉火更旺。

旧年套炉子要用到青灰和缸沙，煤店、土产店、砖瓦铺出售配好料的加工好的这种泥块。另外，市面上卖的黏土质耐火土也很好用。泥料买回家砸碎加水，和成比较硬的泥，再用火筷子（铁通条）用力连抽带打使其均匀熟透。套炉子时要先将炉算取下，保持炉膛通畅。抓一块泥，蘸一点水，一块块有序、用力塞进炉膛里，然后将泥慢慢搪匀搪光滑，并让泥与炉膛贴紧，还要留好炉口、炉眼。套炉子可谓不大不小的技术活，讲究膛肚大，炉口部位的收口要小一点，关于此，民间有"上头伸进手，下面卧条狗"的俗说。这样收拾好的炉子可以多盛煤球，用起来火力十足。有的孤家寡人或贫困户的日子将就过，无一定之规，若临时套炉子用就找来些黄泥和麻丝也能应急。另外，在老年间冬季来临之时，有近郊的农民进城走街串巷吆喝，专门为市民套炉子，挣点辛苦钱。

套一回炉子大致可以用二三年，日子久了炉泥常会开裂脱落，需要重新套一回，毕竟修补修补不是长久之计。再有，炉子套好后要抓紧时间生第一炉火。若不烧，炉泥有可能溜下来。生火时加煤球需轻一点，切忌硌伤炉膛。

点炉子做饭、取暖并不是简单事，除了炉子本身自带的炉盘、炉盖儿、封火盖儿之外，烧煤球的炉子还需一套工具，比如火筷子、火钩子、拔火罐、煤灰铲、煤勺、煤叉子等，零七八碎的缺一样也蹩手蹩脚。铁钎火筷子可以把乏煤捅下去，给煤炉通通气，还能将烧结一起的煤球捅开。火钩

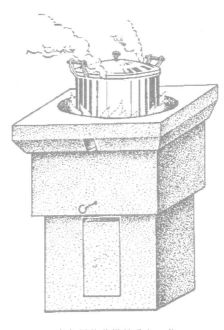

老年间的节煤炉子之一种

子可钩炉盘、炉盖、封火盖，更可拉动炉下的箅子，抖掉乏煤。拔火罐用处大，拔旺炉火全靠它。早先，拔火罐有用矿砂烧制的，常见有锥形的，黑黢黢，其貌不扬。后来有了生铁铸造的或铁皮打制的，一尺多高。也有人勤俭持家，找来废旧灭火器罐改造一下，加上提梁，照样管用。

对于生手来说，煤球炉子从点火到维护是挺难伺候的事，常常被熏被呛被烫一通依旧不得要领点不着火。生炉子要先准备好干劈柴、干煤球，点火前要将炉膛里昨夜烧剩的碎煤、乏煤倒出来，同时拣出十几个较为囫囵的乏煤球，平铺在炉膛内的箅子上，再撒上一层木刨花等。点燃刨花，趁着火苗上来时加一层细碎的劈柴，这阵一定要轻一点，以免砸灭压灭引火。小劈柴引燃后再放大块劈柴，待火再起就可添煤球了。首次加煤球不宜多，十几个即可，也要注意轻放。接着罩上拔火罐，如此会加速炉内的空气对流，使氧气充足，助燃效果显著。浓烟过后，炉子就生着了。

老街巷、老胡同里每天早晨各家各户门前由拔火罐拔出的烟雾腾腾而上，随风飘摇，路过的人若找不准上风头往往会被呛一下。上学的孩子们也都习惯了，走过炉烟时总会屏住呼吸快步跑过。冬天，他们到学校也会赶上值日，要先一步为同学们生好炉子。

◆打烟囱、装风斗、糊卷窗

时进农历十月，北方的天气一天比一天冷，打烟囱、安炉子、存冬煤、买白菜可谓城市居民的头等大事。这阵子，老天津的胡

老年间卖铁皮炉子、烟囱的店铺

同里巷总会传来黑白铁匠"乒乒乓乓"打烟囱的声响，那刺耳又详熟的点儿告诉人们——寒冬即将到来。

黑白铁匠挑担或推车，小工具柜、铁拐针、铁方杠、两三张黑白铁皮与他们形影不离。烟囱以4英寸或3.5英寸的居多，一张1米宽、2米长的铁皮可打制五六节1米长的烟囱。师傅先在铁皮上画线，剪出的料两头宽窄不同，相差约1厘米，以便打出的烟囱有大小头儿，方便安装连接。过程中，第一步先打出烟囱的正反咬口，再大致拍出圆度，两边咬合后套在方杠上，用拍板儿仔细打制出正圆的烟囱。打弯头更能体现手艺，角度要提前计算好，画出板形。夹角的咬口是关键，拐针会在这时派上用场。打一节烟囱需要花费几角钱，相比之下加工一个弯头也不会省多少工钱。

当然，有些家庭存着杂七杂八的铁皮，也可拿出来寻求加工。若是家中男人手巧，借来工具，自己就把活干了，往往会让邻居羡慕的。

前一年有存余烟囱的人家也忙活着把烟囱取出，用硬木棍好好敲打敲打烟囱，内外除尘除灰，准备安装。顺便一说，每年开春停火后拆下烟囱时必须收拾一番，清理烟囱内积存一冬的灰土、焦油，甚至还要刷洗一番。老天津居民沿河而居者多，逢此时节到小河边刷烟囱也成为一大市井（实则不利环保）。里外干净的烟囱要充分晾干，然后在两端堵上报纸、废棉花等，以减少烟囱内的空气流动，防止生锈。然后要打成捆，登梯爬高吊到屋檐下或厨房里，以免遭雨水受潮。

有的新式房舍有烟道，要顺便检查一下是否通畅，掏出日积月累的灰土。早年有俏皮话云："煤灰塞烟囱——不通"，堵人家烟囱、烟道是最遭人骂的龌龊之一，因为弄不好要伤及人命。再就是检查炉具、附属工具是否完好齐全，该换新的换新，省得到时生火取暖不方便。如同套炉子一样，安装烟囱也是技术活。比如，烟囱不能直出伸到窗外，最好在顶端加装一个弯头，还需研究风向，以免戗风，这样更便于笼住热气。有的老人拿出平常积攒的香烟盒内的锡纸，裁成细条，糊在每节烟囱的接缝处，防止漏烟跑气。

老房子的窗户常常不方便打开通风换气，但屋内烧煤炉取暖，防止煤气中毒是要事。昔时，京津等地的居委会届时会挨家挨户提醒居民小心煤气，有时还顺便捎带着简易的风斗（秫秸秆、厚纸糊制，二三角钱一个），供大家装在窗门上。其实，有不少老人都会糊这种风斗。安装卷窗也是防煤气的良策。糊卷窗，要用到冷布（棉织布，似窗纱）、纸、秫秸、线绳等。留一扇小窗口糊上冷布，冷布上再覆一张纸，纸的上端要与冷布粘贴牢，纸的下端粘一根秫秸。用细线绳与冷布、秫秸相连。平常要保温，线绳可以绷紧冷布帘。线绳也能向上拉转秫秸秆，让纸卷到秫秸上，露出冷布，使空气流通。事毕松绳，秫秸秆与纸帘一起落下，卷窗可以调节开启的大小与风量的多少。

诸事停当，北风吹，数九天，人们在屋里一边画着《消寒图》，一边享受着炉火的温暖……细说起来，那时候过上个舒服的冬天真不容易，但辛劳换得的生活不是更有滋味吗？

◆借煤与"倒霉"

老天津、老北京的传统民居以四合院、三合院、筒子院、独门独院、临街门脸儿房为主，内有煤炉、煤球唱主角的厨房虽为附属建筑，但必不可少。四合院或三合院中的厨房一般位于北房与东厢房之间的位置，面积为正式房舍的三分之一，且不能高于北房、厢房。院中的厨房常与厕所位置相对，民间素有"东厨西厕"之说。老式厨房里盘灶垒灶台，烧柴火、苇子、麻秆等点火做饭，后来烧砟块、烧煤球，各家各户的日子火火爆爆。一般，春夏秋三季在厨房做饭，到了天寒地冻的时节，很多人家便转移到堂屋生火做饭（堂屋进门也常见灶台），顺便也可以烧火炕取暖。

住筒子院、门脸儿房的居民多在房前屋后盖个小煤池子、小煤屋，以及简易小厨房，好歹将就也能弄熟饭。老天津的平民百姓生活不富裕，加之住房狭窄，往往要到九十点钟才生火，如此一可省煤，二也免得总是乌烟瘴气。所以，天津人习惯早晨到街上早点铺去吃早点，或买回家吃，方便、省时，较少有一大早就开火的习俗。即便是后来用上了煤球炉子，晚饭吃罢烧开一壶水后就不再续煤了。

老北京人、老天津人见面问候，爱说"您吃了吗?"关心友邻的温饱。饿肚子揭不开锅，也许是没米面了，也许是没煤球了。老街旧邻讲究彼此关照，比如某二哥吧，是个没工作的光棍汉，他可能就不见外了，见隔壁赵大爷家的炉子闲下来，于是提着一壶凉水就过去了。"赵爷，我在炉子上烧壶水行吗?"再看赵大爷，赶紧给添上一铲煤球，这让二哥心里倍儿热乎。比如，三嫂子家来了客人，又赶上煤球炉子"犯脾气"，一时手忙脚乱。邻居五婶

冬日里街边的小吃摊离不开炉火

子见状主动让孩子把自家的旺炉子给抬了过来，顿解燃眉之急。

远亲不如近邻。有的年轻人刚开始自己过日子，缺乏经验生不着炉子，弄一鼻子灰满头大汗还是玩不转，对门的老妈妈热心肠，常会跑过来亲自示范，一边点火续煤，一边讲说咋样引火、咋样添煤、咋样调节炉门等一系列笼火的要领。说话的空儿，再看那火苗已蹿老高了，真是难者不会，会者不难。三九天，更有刚下班心急火燎的小夫妻索性到邻居大娘家直接在炉子里取出些红煤球，或夹一块正旺的蜂窝煤，回去直接就用上了。

再说煤厂卖煤、百姓用煤紧贴生活，长期以来民间自然而然形成了一些与之相关的歇后语（俏皮话），诙谐幽默，言简意赅。

商人无不以趋利为本，但赚钱的同时更应讲信誉，万不可以次充好，坑人害人，干出黑心肝的事。采煤、卖煤、用煤会剩下煤面、煤末并不是黄泥，更非捏泥人的材料，若用煤面子捏的人，那真可叫"黑心肝"了，恰恰可用来比喻奸商之流。百姓对此类买卖人深恶痛绝，常说他们好似李逵卖煤——人黑货也黑，更像煤铺的掌柜——赚黑钱。再比如，张三明知是假货，偏偏要蒙人，待顾客返回头来说理退货，他却满嘴雌黄，混淆是非，如同把煤块当汉玉——颠倒黑白；好赛煤堆里长野谷子——无（中）生有（莠）。如此这般伤了顾客，砸了饭碗，纯属自找倒霉。煤厂储存的煤一垛一垛像小山，有时也需挪移，"煤厂移垛——倒霉（煤）"就源于此。老话说：不是不报，时辰未到。张三的生意本来就很差，有一天店里又莫名其妙地着了一把大火，损失惨重，待张三缓过神来，他说，真像是屋子里开煤铺——倒（捣）霉（煤）到家了，简直就是一头栽进煤堆里——霉（煤）到顶（头）了。

◆从小炭炉到土暖气

唐代诗人白居易的《问刘十九》有云："绿蚁新醅酒，红泥小火炉。晚来天欲雪，能饮一杯无?"诗中的"红泥小火炉"或许与旧年百姓所用的小木炭炉有异曲同工之处吧。

笼火烧水做饭乃生活必需，但点炉子是不大不小的麻烦事，尤其对小青年、孤老户、光棍汉来说特别费劲。再说，三伏天里除了三两顿饭外，家家整日守着火炉子实在太热。缘此，传统的廉价小炭炉在民间一直很有市场。比如，天津人好喝热茶，落开的乌涂水泡茶有些不是滋味。过去很多人都到水铺买开水，回来用炭炉火稍微烧开一下，正方便沏茶。胡同里常有吆喝卖炭炉的小贩。炭炉是陶土制品，尺高上下，盆状，炉口微敞，放上些木炭，易燃，无烟，火旺，用起来很方便。卖者挑箩筐，筐内的小炭炉用草绳等相互垫好，以免磕碰。他们多来自近郊，自行烧制或从窑场趸来。

再有，好炭比原煤烟气少，一些家庭图方便也会使用炭火取暖。或产销一体，或趸货零售，卖炭是旧市相中的重要行当。入冬，寒风乍起，街巷里卖零炭的吆喝声飘然而至。卖炭翁以担挑居多，兼或摇响手中的大货郎鼓招徕。木炭廉价，满满一挑子也卖不了几个钱。雪夜，卖炭人迎着风向胡同的尽头慢慢走，期待着买主的出现。若遇上经济萧条的年头，进城卖炭的人增多，炭价更是直线下滑。大户人家取暖用炭，往往早在秋后就与炭厂约定好了数量，到节气时一大车炭直接就送到了院里。窗纸映着暖屋里红炯炯的光亮，此刻会有人记起卖炭翁吗？

老年间的"炕炉子"也是一种家用炉具。炕炉子与煤球炉子的构造大同小异，只是炉盘小、炉腔细，它仅有尺余高，炉腿加装有小轱辘。炕炉子适宜睡土炕的家庭，炕前朝屋内一侧留有小门洞，炕炉子可以进出。冬日晚间点燃小炉，待火旺了，将它推进炕洞，一会儿炕就暖和起来了，一家人可以舒舒服服睡个好觉。为了睡热炕，有条件的家庭也会在堂屋盘灶（俗称地炉子）。

说到用砖盘的大灶，它可是厨师烹饪美食的必备。老话说：好厨师上要好汤，下要好灶，没汤没灶瞎胡闹。炒菜做饭，火很关键，火不顶用，厨子有天大的本事也无济于事。过去，百姓家逢婚丧嫁娶做寿总要摆几桌酒席，请来的"跑棚"的厨师首要解决的便是炉灶和碟子碗筷的问题。

好厨子大多会盘临时灶。他们来到主家先道喜，然后就在院子一角选好位置，找来几十块砖，很快就砌好了一盘炉灶，立马点火做饭，此灶又俗称"快灶"。据说，内行厨子盘快灶只用五十三块砖，所以有的地方又将跑棚的厨子叫"五十三块砖厨子"。其实这是对他们的夸赞，加上煎炒烹炸好手艺，自然会被人高看的。

20世纪80年代以来，很多城市家庭都用上了蜂窝煤炉，

民国时期天津租界内使用的进口铸铁暖气片，上面还有花纹

双眼（火）土暖气炉随后也出现了。以住平房的市民多，他们大兴土木，为几间屋子都装上暖气片。土暖气让住四合院或平房的人们有了一种住单元楼房的感觉。现代城市生活日新月异，暖气集中供热迅速普及，煤块、煤球、煤灰、炉具与那一段段岁月往事，悄然成为怀旧的温暖记忆。

第三辑 ❧ 年年有余

◆迎年进行曲

说过大年，一般概念是从正月初一到初五的欢乐生活，可老天津人迎年、忙年、过年的日子有滋有味花样多，从腊月初八到正月十六遛百病，要热闹三四十天。天津人过年的许多习俗经久沿袭，进而形成了一种独特的民风。

天津人性格慷慨、直率又争强，日子再紧也得富个年，即便倾其所有也认为值得，以免让人瞧不起。天津卫老少爷们儿好热闹，春节前后一定要到闹市走走，买点东西，就算只去感受一下那份喧闹，也是高兴的事。

在迎年的忙碌中，腊月二十三祭灶的日子到了（清嘉庆年以前天津人腊月二十四祭灶）。老年间，家家户户厨房灶头常设有灶王神龛或贴有灶君神像，老百姓供奉这位守灶之神。因为灶王"察一家善恶，奏一家功过"，被尊为"一家之主"。

传说在这一天，灶王要上天向玉皇大帝报告这人家一年来的好与坏，所以人们在当天晚间要祭灶。其实，此习俗很大程度上是犒劳犒劳灶君，供品有糖瓜、年糕等，象征着甜甜灶君的嘴，之于灶君呢？不免有"吃人家嘴短"的意思。另外，灶王爷骑的马儿也不能怠慢，一并要供上草料和一碗清水。家中的男子需在长辈引领下在灶君像前燃香施礼，用供品轻轻粘粘灶君的嘴，请其在天上为一家人多说好话。接下来，焚化灶君像为其送行，余下的纸灰要收入灶中，俗称"接元宝"。更有趣的是，有人还用

糖瓜供奉灶王爷、灶王奶奶

酒、酒糟抹在灶门上，意思是让灶君酒醉，见到玉皇大帝时昏昏沉沉的，也就忘了说家中的不是。

糖瓜是祭灶的必需品，用量大，制售糖瓜的糖坊自进腊月就忙活起来。做糖瓜用的是传统麦芽糖，天津人俗称为"糖稀"，热糖稀中加入熟江米粉，可制成瓜形的、元宝形的、条棍形的。有时，糖瓜外还要撒些熟黄豆面，浓浓的豆香味契合天津老少的口味。

腊月二十三也叫"小年"或"小除夕"，天真活泼的小孩们已耐不住喜庆欢乐的诱惑，天刚擦黑便点燃了小鞭炮、小烟花，笑着、闹着、追逐着，迎年也随之进入倒计时。

特别是到了腊月二十四，生活的细节更是约定俗成甚至刻板起来，泥古的老例儿似乎让人不得有偏差，比如二十四扫房子，二十五糊窗户，二十六炖锅肉，二十七宰公鸡，二十八把面发，二十九贴倒西，大年三十阖家欢乐闹（坐）一宿，等等不胜枚举。

辞旧迎新当然要干干净净的。天津人打扫房子从里到外不惜体力，翻箱倒柜，清扫四壁，哪怕一点点"遢灰"也不能落下，细致到被阁子的抽屉里、穿衣镜背后的衬纸都要换新的。门窗、家具、炊具、碗筷等统统要过水，甚至连铜合页、铜拉手也擦得锃光瓦亮。第二天腊月二十五，人们用粉连纸糊窗户，留出新气孔，又忙得脚不沾地。

过年，从某种程度上讲是吃的节日，老百姓风里来雨里去辛辛苦苦整一年，谁都想富富裕裕、痛痛快快地吃上几天，津人俗称"大吃八喝"。接下来是备年饭、年菜的日子，过年期间要吃的鸡鸭鱼肉、青菜、腊豆等菜肴都提前准备好，有荤有素，甚至是用缸、用盆来盛储。那精米、白面也吃不够，一锅锅馒头一屉顶一屉，再加上馅的、枣的、糖的、油盐的，真可谓面点大会了。最有年味的是那些面食上都要特别打上红点，期盼日子红火，全家有吃有喝。

◆换筷子与添新粮

辞旧迎新过大年，人们不仅穿新衣戴新帽且把新桃换旧符，还要将生活中的许许多多换新、饰新求吉利。其中，老天津民生有个年俗细节挺有趣——换筷子。

一进腊月，老辈人见用了一年筷子有的弯了、旧了、掉漆了，于是早早惦记起换新筷子的事，需提前准备好。天津人过年特别要添红漆新筷子，显得倍儿喜庆，且讲究整股换新，少有小气零揪只换一副或几副的。其实，有些筷子不见得不能用了，此举无非寄托人们心向未来的好心气儿。缘何换筷子？食为天啊，吃饭乃头等大事，自然离不开筷子，过新年当然要人丁齐整，诸事顺意。说到添丁进口，尤其对尚未得子嗣的家庭而言，筷子还承载了"快子"的寓意，人们希望新年快快得子传宗接代。

过年换筷子的同时，条件稍有允许的家庭还讲究添新或更换新碟子碗，也喜欢成套（昔日论"堂"，如说"成堂的景德镇细瓷"）地换。崭新的碟子碗筷与鸡鸭鱼肉摆上新年餐桌，顺眼、喜庆，有气派。如此这般也带来不大不小的问题，旧碗筷往往舍不得扔，一来二去便积攒下来，橱柜里碗筷过剩的情况挺常见。

庆丰年当然要包饺子、吃面条，这要用到排盖儿（盖帘儿、盖板儿），天津人过年也要将它换新。排盖儿是快销的年货，腊月里串胡同的小贩吆喝声此起彼伏，笔者曾在《津沽旧市相》中专门说到，不赘。即便不换新，老妈妈们也会把旧排盖儿连洗带烫刷干净，或重新缝紧松条，留待除夕摆过年的饺子。一排盖儿一排盖儿白生生的饺子摆好，上面还要插朵红石榴花（纸花），如此才算过年，也成为长久以来年的重要符号。

喝过腊八粥就意味着大年在眼前了

大年三十，天津家庭还有一项重要习俗，就是要把家里的油瓶（壶、罐，也延伸至灯油、蜡烛等）、米面袋（缸）、盐碗等打满、添足。年夜饭前，有的奶奶、有的妈妈叮嘱儿孙："快看看咱家的油瓶子、米缸添满了吗？大过年的咱可得富富有余的。"

◆馒头打红点儿

到了农历腊月"二十八把（白）面发"的日子，老天津家家户户做面点、蒸馒头忙得不亦乐乎，除了常规的大馒头，什么枣的、馅的（豆馅、山楂馅、白糖馅为主）、花色的一屉顶一屉，再加上熬鱼炖肉，里里外外热气腾腾，迎年的氛围接近沸点。

过年吃的馒头要好好装饰一下

为突出新春特色，老天津人有个习俗，就是待馒头稍凉时给它打上好看的红点儿。打点儿需用食红颜色，年前要到杂货店、化工店去买一小包。食色需小碟、小杯里加几滴水溶开。打点儿有专门的小工具，竹制的、木制的都有，比如它的前端均匀开出六个叉尖（中间一个，周边五个），轻蘸红色往馒头顶一戳，那花点红红的煞是耀眼，民间传说类似点法（或单纯五个红点儿）有"鸿运当头"的寓意。别看打点儿工具不起眼，可家家过年离不了，也算年货一种。昔日一到腊月十五买卖"上全街（音 gāi）"的日子，老天津宫南宫北、北门外年货集上就有卖土产杂货的摊子，这小工具往往与面食模子、排盖儿（盖帘儿）等炊具一起卖。

不买或家里暂时没有这打点儿小戳头也难不倒人——自制，比如用一筷子头为中心点，在其周围绑上几根火柴梗，打出来的点儿照样好看。还有人灵机一动想到大料瓣（调味料八角），选个周正好看的，捏着它蘸色给馒头打花点儿，那小花也很好看。图省事的干脆就用筷子头儿蘸色一打，或用打几个点儿来区分不同馅料的面食。后来，市面上出现专门刻出"福""喜""寿"字的高档小戳子，专供打点儿用。

为什么大家都争先恐后发面蒸馒头呢？其一，当然是图吉利，"发"寓意新春有钱花，且俗信面发得越大越好，寓意发大财。其二，旧年天津人家有正月或元宵节前不动火的习俗（简单热饭，稍稍熥饭另当别论），目的无非是平日辛苦，尤其是迎年忙年更劳累，而过大年这些天需要充分休息休息，尽情享受一下快活日子。过去普通人家没有冰箱冷冻一说，人们在年根底下蒸好的馒头像小山一样，放哪？一般家庭都有几个面口袋，这时需提前把它洗净，那些红点儿馒头就统统装进袋子，再放到水缸或竹篮子里，于厨房或屋外阴凉处存储，户外天寒地冻，面食十天八天坏不了。

过年的面食白透亮，再一打红点儿，红白互衬，转瞬为普普通通的馒头赋予了灵性，喜庆吉祥的氛围也"唰"地一下上来了。这风俗传承至今，与此同时花戳（木印章）也增添了许多样式，除了老传统的五点花、六点花的之外，还有桃花、梅花、樱花、六瓣花、阳光花，以及"旺""财""发"字的，为新春美食生活更平添了参与乐趣。

◆蜜供、年糕是必备

天津人讲礼仪、重亲情，准备蜜供敬天地祭祖先是过年的要事，不可怠慢。蜜供是什么？晚清《道咸以来朝野杂记》中说："蜜供，素食也，为岁终供佛之用。以面条为砖，砌成浮屠形，或方或圆，或八角式。大者高数尺，小者数寸，外以蜜罩匀，大都摆样子者，不可食。"

提起蜜供（蜜贡）这美味面点，天津的"果仁张"可称得上鼻祖。果仁张创始人张明纯早在满人入关后就在清宫西膳房专做小吃，张家祖传的蜜供特别受到皇上的赏识，御赐美名"蜜贡张"。辛亥革命后，果仁张的第三代传人张惠山一家来到天津，御膳蜜供以及口味丰富果仁小食品让"卫嘴子"大饱口福。

蜜供是用油和半发面，然后切成长寸余的面条，油炸后蘸上蜜，叠搭起来。这种造型面点有方形的，有圆塔状的，高度从几寸到三尺有余。蜜供讲究五碗（份）为一堂，俗称"成堂蜜供"。蜜供的大小、堂数要根据家庭、佛堂、寺庙等不同场合的用途来定。传统蜜供有红白之分，小面条中间带红线的叫红供，用来敬神礼佛；没有红线的叫白供，常用来祭祖。其实，蜜供并非仅为摆设，只是旧时生活水平有限，人们舍不得吃罢了。后来，天津巧手人也用从大到小的面饼一层层夹满金丝小枣，再叠码成尖塔状，形成供品面点。

老年间，上好的成堂蜜供一般要到蒸食铺、糕点店提前预订。

腊月里蒸食铺忙得乐不可支，各种面食一应俱全。民国时期的《天津过年歌》中说："蒸食铺，居然可观，平日买卖有其限，到这时门外堆成了花糕馒头山。"

我们再来说说象征步步高、年年高的年糕。俗话说，老婆老婆你别馋，过了腊八就是年。过大年必不可少的年糕是汉族百姓的传统时令糕点，最早源于春秋战国时期，新春佳节吃年糕的风俗早在明代的《帝京景物略》中就不乏记载。清末，年糕已发展成为街市上一种常年供应的糕点了。

年糕实为黏糕，以糯米或黄米为主要原料，浸泡后磨成粉，加水蒸制而成。老天津店铺里卖的年糕品种丰富，有百果年糕、夹馅年糕、水晶年糕、红枣年糕、红白年糕、条头年糕、元宝年糕、顺风年糕等，口味各具特点。

枣糕花糕年年高

在除夕之夜要按照皇历上标明的时辰，举行迎神、送神、燃香、上供等仪式，年糕为重要供品之一。敬神明、祭祖宗供年糕充满吉祥美好意味。

吃年糕，步步高，步步顺。天津人吃年糕以淡甜味为主，或蒸或炸。天津妈妈蒸的年糕一般是窝头状的小枣年糕，由于面软，年糕的外观也许差了点，但味道很好。这里不免有个麻烦，年糕蒸熟后黏黏糊糊粘在屉布上，清洗起来挺麻烦，有人说蒸前可在年糕下垫片菜叶，这也许影响口味，因此买现成年糕的人着实不少。自腊月十五前后，小贩们便携篮挎盒走街串巷，一边哼唱着吉庆词儿一边卖年糕。有时，他们蒸的年糕会加入少许籼米粉，此举一为成形好，二为撑个显大。掺籼米粉要适量，这样蒸出的年糕味道才有保证。或许有不谙此事的小贩刚蒸熟一锅年糕就上街了。揭开盖布，吃主儿一看心里就明白了，比如年糕的形倒是规整，小枣个个顶在表面，可这分明是籼米粉掺多了。其实，规规矩矩蒸年糕、卖年糕，生意不会太差，待腊月二十三小年一到，老主顾们提前订货是常有的事。

◆ 卖年画与唱喜词

天津杨柳青年画历史悠久，画工精湛，百姓喜闻乐见。过年图吉庆，家家户户都会买几张贴贴。昔年，一进腊月，背包袱串胡同卖年画的吆喝声就不绝于耳了。

串胡同卖画的小贩一进胡同就来了口彩儿："白胖小子抱鲤鱼，鱼跃龙门，五福捧寿啦，贴去吧——"这嗓子吆喝很快就引来买主儿，小贩赶紧找处干净地方打开包袱，亮出花花绿绿的年画，还不时报出画名来，什么《连年有余》《竹抱平安》《幽王烽火戏诸侯》《精忠传》《加官进禄》《双美图》《琴棋书画》等，数

杨柳青年画《金玉满堂》

不胜数。

自腊月十五，北门外、宫南与宫北大街商贩上全街（音gāi）后，卖年画的店铺与摊位间便是五彩缤纷的样子了，年画厚厚地一沓沓铺满柜台，墙上的样画也一直贴挂到屋顶，每张画的一角都贴着号码条，方便买者挑选。柜台前的顾客里三层外三层，仿佛手慢了那画就要被别人抢走似的。

春节前的女人们大都忙着做针线，绣花用的花样子必不可少。过年穿戴用的女服、童装、肚兜、鞋面儿、手帕、荷包等常需绣花，买来花样子用五彩线缝绣，活灵活现。再说，布置屋子，窗花、吊钱儿哪家都不可少。

津地民间剪纸艺术久负盛名，除近郊农户作坊之外，剪纸花样铺也有售卖，他们多在店门外摆镜框展示样品招徕顾客。其实，最能方便妇人们选购的是串胡同的小贩，一进腊月，"花样子哎——窗户花呀——"的吆喝声便此起彼伏了。小贩背布包袱，包袱里的花样子夹在纸页、书本中，也有放在扁盒里的。绣花样子花色繁多，举凡长命百岁、喜鹊登梅、龙凤呈祥、岁寒三友、五子登科、福禄寿喜等图案应有尽有。顺便一说，小贩讲究应时到节，端午节前卖"五毒"和老虎图样，中秋节前卖玉兔花样。后来，油印画稿花样（需用复写纸描摹）出现了，但比以前的剪纸花样在制作情趣方面差了。

再来说说老天津春节期间店前唱喜歌的市井。作为北方大都市，老天津商业极为发达，买卖铺面林立街巷。特别是在新春前后，市面上常见有所谓的乞丐，他们专到商店门前唱数喜词儿，恭维生意，为了讨赏钱。唱者并不太邋遢，他们手持一大片牛胯骨，骨边缀挂着许多小铃铛，权当一种响器。

这些人头脑机灵，能触景生情，见物道词，脱口即出合辙押韵的顺口溜，一边唱一边击打或摇动牛胯骨，发出有节奏的声响。连篇的好话，极尽美言，让店家听着心里痛快。遇上不给赏钱或给得少的买卖家，唱喜儿的就站在门口没完没了地唱，是引来了围观者，还是影响了屋里的生意，很难说清。遇到这种情况，店主一般都会"识路子"赶紧掏点儿小钱打发他们走就是了。其实，买卖家也很无奈，这伙人有时一天来好几趟，实难应付。

老年间，商铺里习惯把各地来的名特产称作"来宝"。说唱者一进店门，上眼环顾一圈就能数落、唱出商品名称，他们还不时抓哏、抖包袱，引得众人发笑。所以，这唱喜儿的行当后来又被称为唱"数来宝"的。后来，牛胯骨逐渐被竹板取代，"数来宝"也慢慢成为一种表演艺术，不断创新发展。

市面上还有倒提溜钱串儿唱喜儿的人。他们手提一挂用红绳穿编而成的铜钱串儿，冲着屋里唱"门前栽棵摇钱树"或"富贵荣华把财发"之类的吉祥话，一套一套的，唱罢一曲便将手中的钱串撒在地上，随着"哗啦啦"的声响又向屋里高声喊一嗓子："给您全家老小进财啦——拜年喽——"人们听着美滋滋挺吉利，自然得给人家一点儿零钱。

人们过春节都图喜庆，这期间也常见聪明的小贩蔫些财神画像，走街串巷挨门送。他们举着财神像往商铺、客栈、住户门口一站，满面春风地亮开嗓子道："给您送财神来啦——"也许人家早已挂好了财神像，但这时候又有谁会拒绝吉意呢？假如生硬甩出一句"不要财神"，这恐怕连自己心里都觉得不安稳吧。得，掏俩钱儿将财神爷请进屋便是了。

◆ 新春花市竞飘香

天津人爱花，特别是过大年期间用鲜花扮美家居素具传统。"小园相与大园邻，相逢都是卖花人。"古来，津西南运河畔的小园、大园、曹庄一带地沃水美，鲜花种植业兴盛闻名。一方水土养一方人，以北马路为代表的老天津新春花市姹紫嫣红，熙攘异常。

旧时，新春家中摆花赏花有"清供"的美称，就是这份生活雅意，成就了20世纪二三十年代北马路一冬一次的年集。北马路西连芥园与近郊花乡，东达估衣街、大胡同、天后宫北，风水宝地，熙攘繁华。一进腊月初八买卖家"上全街"的日子，花农们也忘却了一年育花的辛劳，纷纷进城来到北马路卖花，此间的花市很快热闹起来。这里的鲜花品种繁多，草本木本皆备，五颜六色。最为畅销的是迎春、梅花、桃花、水仙、兰草、海棠等，另外，牡丹、丁香、绒绣球、万年青、玫瑰、碧桃、茶花、杜鹃、天竹、石榴，以及一时叫不上名来的小花小草都不乏顾客。

寒冬中的花儿需要悉心呵护才会争奇斗艳。比较娇贵的牡丹、海棠常常被花农蒙在大筐里，筐子四周包着毛头纸，筐盖上覆着小棉被。冷风无情，缘此，每个花朵还要再单独包裹好。以1931年的花市为例，像牡丹这样的金贵品每株

天津习俗过年家里要摆一盆水仙花

上的1朵花大致需要1元大洋。好事成双图吉利，当时的新春清供大多按对按组出售，比如一尺多高的蜡梅与石榴配组一般要价2元，紫色的丁香两株要3元，好养活的绣球两盆只要1元左右。还有，晚香玉售价三四角钱，而桃枝等插花仅需1角钱就买两束。新春要花香也要意趣，有的花农还把松枝扎成小猴子等造型来卖，索价极廉，颇受小孩子欢迎。有参考不妨比对，当时的1元大致可以买三四斤鲜肉，每袋中高档面粉的价格是2元左右。

花农往返城郊花场花窖仅靠肩挑，煞是辛苦，所以开价高一些也不足为怪，买者大可划价，你来我往，算个热闹。有好花的人在晨曦的雾气中就急急赶来，为了买到最好最中意的花儿，他们往往不惜价钱。下午，花市客流最盛，一眼望去，商贩大多占据了街面朝阳的一边，这半边拥挤不堪，而从此路过的行人也自觉地走到了对面一侧。天津人过日子讲究心气儿，逛花市的男女老少无论花三元两元、一角两角，没有人愿意空手而归，人们在阵阵花香中期盼着顺意美好的年景。

过年，鲜花也可以租摆。老天津人喜欢养花、摆花，装点家居，特别是过大年期间尤甚。津人在此时节一般会在屋里摆迎春、蜡梅、水仙、万年青等，但前两种花本就不太好养，且正值寒冬，所以民间早有租摆鲜花的生意。

昔日津西有不少花厂苗圃，加之地近老城厢，假如谁家租了花，花农大致会在腊月二十八、二十九给主顾送到家中，只要不差钱，就连含苞待放的盆栽牡丹也能租到。另外，北马路是旧年的迎春花市，有些高档花也可买可租。此刻，住家户已窗明几净，收拾停当，再摆上几盆花那真叫画龙点睛了。盆花摆二十多天，欢欢喜喜过了年，到正月二十五"填仓"前后花农再收回。除了春节租摆，平日里的婚庆（花车）、寿诞等也可到花厂、花店租花。民国时期东门南的玉芳号就很出名，店家姓周，在邵公庄、大觉庵一带自有花圃基地，小盆花、大盆花品种全、档次高，备受市民欢迎。

万年青颇得天津人喜好，寓意人不老、业不衰，很吉祥，除了租摆，不少人家也常年养万年青。为了保持花大叶绿油油四季常青，人们经常用干净湿布擦拭它，或用喷壶冲洗它，尤其是在瓦盆外再套个瓷盆，便更显贵气了。

◆绒绢花也艳

绒绢花又称人造花、象生花，是用丝绒或绢制作的手工艺品，其制法大致是用丝绒包缠的铁丝或铜丝做筋骨，按所需花样，由艺人盘绕塑造而成。天津素有绒绢花之乡的美誉，绒绢花制作已有百余年的历史。

"称体衣裁一色红，满头花插颤绫绒；手提新买金鱼缸，知是来从天后宫。"早在清末民初，天津妇女就喜欢佩戴绒绢花，春节、端午节、中秋节之时无论老幼都要戴绒绢花图喜庆求吉利。特别是过大年期间，"姑娘要花，小子要炮"，自岁末腊八开始，天津的街头巷尾随处可见卖绒绢花儿的艺人。当然，最热闹的地方还是天后宫一带，卖绒绢花的商贩纷纷"上全街"，拿出自家最漂亮的、最新款的花朵插在草靶子上面，让顾客挑选。

春节时，女孩子们戴的多是牡丹花、月季花、梅花等绒绢花儿，老太太们则多戴聚宝盆、宝相花、双鱼花等。旧时不仅仅在节日期间，姑娘出嫁时更要戴绒绢花，新娘头上不仅要戴红色的龙凤花、双喜字，还要戴粉色月季花、牡丹花、梅花儿作为点缀，加之珍珠、光片、丝线等镶嵌其中，好不热闹。参加婚礼的女性不分老幼也都要戴上红绒双喜字花以示祝贺。另外，谁家遇上白喜事（80岁以上的老人正常死亡，俗称"老喜丧"）等也要让女士戴红绒喜字花，寓意老人修行圆满了。

清末，天津绒绢花以武清最为盛产，这里制花高手云集，其中以"花儿刘""花儿王"等名气最大。当时清宫内用花量很大，所以许多武清绒绢花艺人纷纷到北京开办花庄，一展才华，其产品备受青睐，当时又有"京花"之称。王家还开创了纸拉花和花纸灯笼的制作，并发展到十里洋场的大上海，广得赞誉。

天津绒绢花的种类繁多，大凡花卉、聚宝盆、小动物、喜字等无一不全，常用红丝绒制作，也有用粉色、紫色绢纱制成的。20世纪50年代开始，绒绢花艺人制作出仿生鸟兽制品并出口到海外。改革开放以来，绒绢昆虫、绒制人物、滑稽动物、盆花等相

天津武清的老艺人在制作绢花

继问世，品种更加丰富。

早在1905年，武清的制花艺人卢玉山等就合伙在天后宫开设了三义厚绒绢花作坊，1927年该号迁出天后宫，在宫前重新选址开张，同时更名为玉丰泰京花铺。1946年卢玉山告老还乡后，店铺由王锡传等人经营。玉丰泰绒绢花在制作技巧上保持传统工艺，在造型上不断翻新，受到天津乃至三北顾客的广泛赞誉，畅销不衰。玉丰泰绒绢花在演艺界中也享有盛名，许多演员的"头面"也慕名请他们制作。

◆喜庆热闹迎年到

农历腊月二十九这天，人们把春联、福字、吊钱儿、窗花、门神、年画、缸鱼画等全部贴挂好，"四季平安""聚宝盆""金马驹""金玉满堂""财子叫门"等，不胜枚举的内容与图案承托着美好，讲究贴得越多越红火才越够年味。再有，窗外贴好的吊钱儿在两三天内尽量不要让风给刮跑了，但冬日天气无常，吊钱儿如果真的被风吹跑了，天津人俗信这是"吊着钱了"，寓意发财。

再说，喜庆日子最能激发人们创造美好的灵感。在大红春联、斗方或吊钱儿上，常常可见一些传统的、似单字又似多字拼合的吉祥词，比如"黄金万两""招财进宝"（均为繁字）之类的合体字（重构字），看起来饶有意趣。"黄金万两"采用纵向组合的笔画搭接，犹如财富累积。"日进斗金"与"招财进宝"的"斗"和"进"字有些笔画形似车载的样子，象征财源滚滚来。另外还有"日日有财""双喜""大吉"等。

连续几天下来，家家四壁生辉满堂红，人们衣食无忧，只待除夕吃年饭、包饺子、守岁过大年了。

年三十清早人们便梳洗齐整，换上新衣服，本命年的人更要穿红、饰红求吉利。午饭一般吃丰盛菜肴与稻米饭，晚饭吃荤馅饺子，或再备些酒菜。即便是远在千里之外的儿女也一定要赶回家吃这顿团圆饭，老辈人素来极看重这顿寓意阖家美满的团圆饭。

旧俗，出嫁的闺女在年三十这一天要在天黑掌灯前带亮回到婆家或自己家，因为老民俗说若是看了娘家的灯不吉利，会死婆婆等。晚饭后，一家老少衣冠整齐，净手，依次向神明、祖宗供奉香火、年糕、年饭、鲜果，供饭上要插一朵红石榴花。祭祖后必须保持灯火通明，香火不断，直到天亮。

老天津民俗画《黄大门》中的欢喜年

子夜12时辞旧迎新，也是民间俗信的"全神下界"之时，各家各户大放鞭炮，祈吉求顺。同时，晚辈要给长辈拜年，长辈给小辈压岁钱。诸事停当，孩子们出去放花放炮玩去了，而这阵最忙的是家中的女人，她们装扮一新，头戴绒绢花，里外一身红，高高兴兴地包留待初一吃的素馅饺子，意思是新年生活素素净净、平安顺利。这顿素饺子在午夜或凌晨吃一些，五更时分还要在全神像前供奉一些。然后焚化神纸，意思是送神明回天界，再迎接新灶王爷回来，顺势还要在厨房重新供好灶君的位置。还有，院子或屋里的地上要放些秫秸来踩碎（岁），全家放鞭炮"崩邪气"求吉祥。

大人们在除夕夜如没有特殊情况要坚持守岁，打牌、游戏、唠家常、吃干鲜果，其乐融融。但热闹中也不能忘了忌讳，老例儿禁忌多，比如地上的果皮不能扫，俗称留财；别说"死了""少了""没了""完了"之类的字眼；碟子、碗不慎摔碎了也得马上说"碎碎（岁岁）平安"等。

◆ 除夕缘何吃粽子

众所周知五月端午吃粽子，但在20世纪二三十年代的天津有民生细节——除夕吃粽子。难道大家吃饺子的同时还要"反季节"吃粽子？非也，只是婚后一两年仍无小孩的妇女吃。

大过年忙着包饺子、做年夜饭，自家包粽子的当然极少，主要等串胡同的小贩来卖。未孕妇人缘何要吃呢？当然是图吉利。

粽子谐音"中子"，中状元、中大奖的"中"，更谐音"种子"，寓意在新年能得孕孩儿，传宗接代续香火。包粽子的"包"字在此民俗中自然也有了"包中"或"保有"等美好含义。女人可以买俩江米粽子，也可自制面粽。旧年粽叶、江米并不像如今垂手可获，类似面食糖三角样的包糖馅的面粽，可谓不错的变通。

除夕妇人吃粽子可非常规托着粽叶吃，而是把江米粽或面粽放到碗里用筷子夹着吃，谐音"快中子"或"快种子"，希望有求必应早日如愿。说到筷子谐音，在老天津的除夕夜，炕上要放刚包好的饺子、苹果、筷子，取"快子平安"的意思。饭锅里也不能空着，讲究放银锭、鲙鱼（俗称快鱼，盐腌咸鱼）、筷子等，寓意"快快有余"。

1928年新春的《庸报》上刊有杨通学的《天津新年风俗考》一文，除夕吃粽子一说虽仅提及寥寥数字，但无疑为这"小众"习俗曾存天津提供了重要依据。其实，过大年吃粽子并不是老天津独有，在广东信宜，浙江温岭、乐清以及广西许多地方至今还有此民风。粽子的包裹食量较大，人们认为它装满福气"年年中"，象征丰收富裕、幸福美满。

顺便一说，大年夜胡同里的小贩除了卖粽子的，还有卖财神画的、卖糖堆儿的、卖糕干的、卖带子的，后者也与求子相关。带子，即昔日的

传统年画《金鱼多子》

绦带，如衣饰花边、好看的绳子、腰带等，"带子"谐音寓意给家中带来孩子，与除夕吃粽子、到娘娘庙拴娃娃如出一辙。

◆ 压锅鱼与压桌菜

过大年，天津人讲究吃鱼，不仅除夕饭必备鱼菜，在正月二十五"填仓"这天"打粮囤""打钱囤"的同时，还要吃干饭（米饭）、喝鱼汤，这一切皆寓意新春富足有余、财源广进。鲫鱼汤是普通家庭较一般的饭食，条件稍好的富足人家额外讲究吃一顿清蒸咸鲙鱼，也叫"压锅鲙鱼"。

先说鱼，鲙鱼在"卫嘴子"餐桌上是好饭食，素有"一平（平鱼或鲆鱼）二鲙（鱼）三鳎目（鱼）"之说。鲙鱼也有快鱼、巨罗鱼等别名，因在藤萝花开季节最肥美，所以又叫藤萝鱼，乃天津渤海特产之一，古来就有"南鲥（鱼）北鲙"的美誉，且早在清代《畿辅通志》及本地方志中也不乏记载。旧时，品质最佳的鲙鱼当然需呈进皇城或流入非富即贵的人家，稍次些的销往鱼市，尽管如此，照样属俏货。过去能有"冰桶"四季保鲜吃食的家庭毕竟少之又少，所以民间有"一卤盐"的存储料理方法。所谓一卤盐鱼就是假如秋冬买到鱼后，用半粗不细的"二盐"稍微腌上它，基本可待到过年时吃。

津人吃鲙鱼偏好清蒸，鱼处理干净，要加脂油丁、木耳、冬菇、冬笋、鲜豌豆等辅料蒸，滋味极鲜美。清代诗人蒋诗在《沽河杂咏》中写下赞誉，也写下"烦恼"，曰："春网家家荐巨罗，鲥鱼风味可同科。樽前也有渊材叹，纵说藤香恨刺多。"鲚鱼刺多并未影响人们对它的珍视，似乎反倒应了津人的食俗口语——刺多肉香，以至成为新春席面上的"压锅"美味。

所谓"压锅"非指现代炊具压力锅，也不是时下东北人烹饪中用压力锅做的压锅菜，天津民俗中是指重要宴席上的压轴好菜，比如压锅鲚鱼。其实，天津人除夕年夜饭中也必有一盘压锅鱼，不论鲤鱼、鳜鱼、平鱼、鳎目鱼、黄花鱼，或红烧，或浇汁，或清蒸，其寓意一定美好无比。

津地日常食俗中的压锅菜也是宴席最

老商标画大鱼图

后端上来的"压桌菜"，是定调这一席档次的大菜、主菜。老天津的压桌菜可不是上海老百姓冰箱里常备的那稍好的压桌菜（吃饭时取出一点，与现炒的小青菜搭配），更不是传统相声《报菜名》里说的刚开席时的"压桌碟"，那是四干果、四鲜果、四蜜饯、四点心、四冷荤等小菜，仅算得上是"开口甜"序曲罢了。当然，我们从中也不难管窥昔日用餐、上席面、摆席面的礼仪与规矩。

昔日天津宴席讲究开胃小吃、凉菜、酒菜（头菜）、饭菜、汤

113

粥、茶水等有秩序、有节奏循序渐进端上，酒过三巡、菜过五味后该吃主食（米饭、银丝卷）了，这时配上饭菜，即压桌菜，也有"定盘星"的意思。常见的、必上的压桌菜往往有红烧鱼（清蒸鱼）、扒肘子、扣肉、四喜丸子等，特别是丸子菜又有"丸子盖盖儿——压压酒"一说。这些"硬菜"也表明主家的态度，意思是让客人吃好、吃足、吃舒服。压桌菜档次不能太低，要够"硬"，主人生怕落下"不管饱吃"之嫌。

压桌菜虽是一种物化的"俗"，但之于儿女，堪称家庭、老妈妈最温暖一面的展现；之于新春宴席，更可谓主人热情最真挚的表达。

◆正月里来是新春

正月初一，老天津人讲究吃素馅饺子，象征新的一年生活素素净净、顺顺当当，没有杂七杂八烦心事。饺子的话题为人喜闻乐见，老话说，没有饺子不过年。许多天津人在除夕晚间吃荤馅饺子，馅中要特别加入鸡蛋、虾仁或海参、蟹黄、韭菜等，象征富裕、团圆。一家人餐后还要再包一顿素饺子，留待初一吃，象征新年生活素素净净、顺顺当当。

有时在饺子中特别放入一粒果仁之类的吉祥物（旧时也有放铜钱的），俗信谁吃到这个饺子会在新年交好运。大馅饺子形似元宝，人们更俗信有招财进宝的意思。过年的饺子一定要捏严实，煮时也不能煮破，如果破了则避免说"破""烂"等不吉利话，称饺子"挣"了。大年初五又要剁馅包饺子。剁馅、捏合饺子等习俗隐喻对胡乱说坏话的人的蔑视与回避，是人们向善与追求和谐的心理使然。

初一这天，老天津人一家老小在家自娱自乐，极少外出。后来出现了到鼓楼、玉皇阁登高求吉利的习俗活动。人们初一相互拜年是20世纪40年代才逐渐形成的"新"年俗。

过大年敬财神

正月初二清晨，人们洗漱干净后敬拜财神，同时，水夫送来一捆干干净净的新柴火（或白生生的麻秆），挑来一担清水，俗称"进财水"。笔者收藏有一张老天津的小画片，名字就叫《进财水》，画上描绘了俩水夫取水归来正准备给用户送水的情景，颇具生活气息，民俗内涵浓厚。他们从哪儿取来的水？南运河。

话说南运河历史悠久，水质清透，历代帝王常途经往来，赴京漕运亦忙，故古有"御河"美誉。旧津黎民日常用水主要来自周边河水，然其他河流多为咸水，口感不佳。天津城厢百姓平日饮水以南运河甜水为佳，这也为水夫行带来生意。"一根扁担两木桶，装满河水肩上挑，送水到缸进各户，换回工钱买菜肴"，水夫担水到城中售卖赚个辛苦钱。日久天长，老主顾相对固定下来，出现了类似如今的送水入户"专属服务"。有的送水后在门口墙上做个记号，后来小水牌儿应运而生。带各自标记的水牌儿批量售给老顾主，水夫每次送水后取走一枚，方便省事，待逢年过节时一并结账。卖水人为增加供水量多赚钱，也用独轮车、畜力车运水，车上载大木桶，此与"进财水"故纸上的描画如出一辙。

冬日风大雪滑，取水送水更难，所以水价比往日高一些。雪后向主家讨点酒钱，春节或吉庆日讨点节礼、喜钱、祝寿钱等渐渐成为民俗市相。大年初二清早便有送柴人（更夫居多）到来，他们一边给主家拜年，一边为主家添柴进水。后来，此行逐渐被水夫代替，初二所送御河水依旧是一担二挑，水夫捎带新柴，柴火上有写着"真正大金条"或"财"字的红纸条，意"送财"。与此同时，甜水"哗啦"入缸，朝屋内亮嗓："给您全家老少进财进水啦！"有柴有水，岁岁富贵安康。主家喜上眉梢，赶紧拿赏钱给挑水人。

旧俗是从大年初二开始，亲朋好友才互相拜年，长辈要给晚辈压岁钱。大致到了40年代中后期至中华人民共和国成立前后，天津形成出嫁的女子和女婿回娘家的风俗，后来又称"姑爷节"。

初二这一天是吃捞面的日子。天津人过年讲究吃"四碟捞面"。打卤面的卤当然是核心。炝锅后，五花肉的肉片、撕成块的面筋、香干丁、花菜、木耳、香菇等一样不能少，加高汤烧开再勾芡，外加鸡蛋飞花，这滋味不让人叫好才怪呢。卤中如果加入虾仁、虾肉、蟹黄等时令河鲜、海鲜，真可谓鲜上加鲜过肥年了。

除了引人垂涎的卤以外，还要有4碟配菜，必须有2碟炒菜、1碟炒鸡蛋和1碟菜码。先说炒菜，一般要保证1碟河海水鲜和1

碟酸甜口儿的菜，最叫座的是清炒虾仁、肉丝炒香干、糖醋面筋丝。清炒虾仁要用游水活虾现剥出的虾仁，饱满肉甜。炒香干的香干要吃北大关老字号的"孟"字香干，口感咸香、劲道。这道菜出锅前还需撒上少许鲜韭黄或嫩韭菜。面筋丝讲究用新油炸的面筋，糖醋汁里要加点焯过的绿豆菜，然后一并浇在炸酥脆的面筋丝上。当然，美食是不言其精的，来碟熘鱼片、樱桃肉、金银丝（里脊丝和鸡丝）、官烧鱼条、熘蟹黄、烩海参等，那同样是你的口福。

天津人吃捞面特别注重蔬菜码，绿豆菜、菠菜、胡萝卜丝、白菜丝、黄瓜丝、豆角丝等，抢着季节吃鲜。四碟捞面中的一碟菜码不仅包括几样蔬菜，要再配上煮青豆、黄豆，这才够档次。重要的是，过大年的捞面码还必须配上红粉皮装饰，图喜庆吉利。

俗话说，初三的合子往家转。天津人爱吃合子，圆圆的合子实际上是饺子的变体，有时还要捏一圈花边，预示家庭和美圆满。因为"转"与"赚"同音，合子又寓意财源不断。"能赚钱"的合子还要给财神供上一份。

从大年初一到初五这几天，天津风俗尽量少做饭，一般吃节前准备好的年饭。正月初五叫"破五"，人们剁馅包饺子吃，与此同时，妇女还要找出几件旧衣服拆掉。剁馅、捏合饺子口、拆旧衣等均暗喻在新的一年里对胡乱说坏话的人的蔑视与回避，是向善与追求和谐美好民俗心理的表现。"破五"在老年间也称"泼污"，这天简单做卫生，前几天积存的垃圾现在可以处理掉了，俗称"送穷土"求富足。

◆"忌人"与"开市"

昔日，老天津人春节拜年并非在正月初一，而是在初二一早举行仪式迎接财神后才开始。比如大年三十除夕，家家给神明、祖先供上香烛后，到初二清晨之前，是阖家欢乐独享幸福的时间，这段时日忌讳外姓妇人进院、进屋，更别来串门。同时，也不欢迎已嫁出去的闺女来，因为旧俗女子婚后随夫姓，又因重男轻女的封建观念作祟。即便除夕那天闺女来娘家了，也要在日落前赶回自家、婆家。类似民俗曰"忌人"。缘何？

妈妈例儿"忌人"实与民众聚财、守财之念有关。老天津民情，特别是从除夕晚间开始，一家人吃的花生壳、瓜子皮等都不要扫出屋，俗信此举为"留财"，孩子们过来过去踩得啪啪响才好，谐音谓之"踩岁"，若扫，也须朝屋里扫，暂时堆一处，等到初五"泼污"那天才清理出去。忌讳人来的潜台词也是唯恐别人沾走自家的财气，且打扰本该独享的满堂喜乐氛围。这倒事出有因，人们连续多日筹备过年忙得不可开交，再加上除夕守岁熬夜，很是疲惫，"闲人免进"恰可休息调整一番更好过年。所以，在往昔"忌人"日里，有的老太太真会拉下脸来往外撵外姓人，貌似"不通情理"，但情有可原。

初二到，老天津家庭讲究"开市"，此后"忌人"解禁。这一"开市"仪式与商人们初六开市纳客营业是两码事。初二一早，不少人家要花钱请"全人"到家操持"开市"仪式。所谓"全人"

民俗画《新年吉庆》，描绘开市大吉风俗

即有公婆、丈夫、儿子、女儿的中年女人。"全人"进院喜笑颜开，嘴里念叨着"开市大吉，吉庆有余"之类的吉祥话，然后先到上房，一边给老辈人拜年，一边坐到炕沿，一边唱念"开市坐炕，人财两旺"，顺便与老人闲聊几句。接下来要分别到其他各屋走一圈，边走边说"开市走走，越过越有"，最后也是在这吉祥话中走出院子，仪式至此圆满结束，就能让外姓人来家串门了。

昔日津人喜欢看皇历（黄历、时宪书），假如本年历书上注明此日不宜"开市"，那人们一般会选稍后的一两天，"全人"也是按皇历行事的。这几天"全人"挺忙，仪式后虽然各家都表示留下吃饭，但"全人"绝对顾不上，麻利快多跑几家多挣些钱才是。

日子接着到了正月初六，这一天是商家开市的日子，大小店铺营业纳客，店员们在门前放鞭炮庆新春，掌柜的特别希望今天赶上大买卖，俗称"开门红"。

正月初八，天津食俗也要吃合子，人称合子加八，越吃越发。正月十一，老天津还是吃合子，俗称"合子拐弯"。《津门竹枝词》中就说："愿郎今岁丰财货，合子拐弯得利多。"

◆礼尚往来走人家

春节相互拜年免不了串亲戚、串门子，谓之"走人家"。天津人有礼有节好脸面，走人家忌讳"空手儿"，要带些礼品。俗说"送礼蒲包点心匣儿，亲是咱两家"，常规礼品讲究应时到节，如点心、元宵、切面（条）等。此外，有时还要同时捎水果，以苹果为主，寓意四季平安。忌讳送鸭梨，俗信"离"，不吉利。点心装在好看的木匣子里（纸盒纸包是

走亲访友，点心盒里包裹着甜蜜与喜庆

后来的事），水果、鲜肉、面条等用蒲草片包裹。更讲究的人用捧盒装水果。捧盒为何物？

捧盒是一种老式盛具，无提梁扣环等，主要是手捧，流行于清代、民国时期。捧盒有木制的、竹编的、瓷的、金属的，木捧盒更不厌其精，红木花梨、大漆雕漆、螺钿镶嵌等工艺颇美，圆的、方的、六角的、桃形的造型各异。捧盒一般宽三四十厘米、高二十厘米上下，或大或小。木捧盒内常设有间格，每格可装不同食物。有的捧盒成组成套，有底座，平时可摆放观赏。如今藏市有见遗存老物件，不难管窥旧津人细致生活。

过年期间再赶上老辈人做寿，实乃喜上加喜。逢喜寿大事走人家，天津人送上述礼品的同时，还会送帐子（粉色、红色的绸缎），或礼金，或银盾（笔者曾撰专文）。红帐子也装在好看的包装盒里，笔者见过一个20世纪40年代谦祥益辰记的礼盒，是橘黄色的，中间为月季花图，上写"礼品"及"馈赠佳礼"字样，且有英文相随，风格中西合璧显时尚。

尤其是老人家的生日，晚辈一定要记得。旧年上班的妇女少，届时要带孩子、捎礼品去拜寿。若是自己娘家，还可趁机小住几天，更何况过春节热热闹闹呢，俗称"住家儿"。女婿若白天忙，如无特殊原因，晚饭前一定要赶到岳父岳母家，以免引亲友非议。赶上父母六十六岁寿辰，出嫁的闺女要给老人买六斤六两鲜肉，象征性地在寿星腋下比划比划，俗说"添块肉"。走人家看望产妇，要买鸡蛋、红糖、芝麻、稻米、小米、挂面等，鸡蛋个数以尾数"九"最佳，有祝福新生命、新年长久之意。

◆热情好客讲究多

　　过年礼尚往来串门子，津沽旧俗有不少讲究。由于天津建城之始本为屯兵重镇，民情行侠仗义素有传习，也自然形成热情好客的民风。比如，要出门迎接客人，俗话"远接高迎"正是此意。客人落座，主家递上茶水、花生、瓜子、干鲜果，关系近的也可让人家洗把脸去去风尘。不要等茶喝净，要勤给客人续茶，斟七八分满即可。斟茶后，壶嘴别对着人，否则失敬。

　　客人若是突然来拜年，即便家里没啥特殊准备也要尽量留客吃饭，大致得凑足四菜一汤。若提前知晓有准备，那待客饭一定是丰盛的，免怠慢之嫌。开饭，先上直沽高粱酒、下酒菜，主人一般先动筷子夹菜，端杯邀客人一起时，客人方可随之。主人敬酒一杯到三杯不等，斟酒时须斟满，民间曰"茶半酒满"。后来，酒桌上还有"不自满"一说，即别自己给自己倒满酒。老天津有劝酒习俗，彰显热情，但一般不划拳行酒令。

　　酒过三巡菜过五味，当客人表示再无酒量时，主人常客气一声："您喝好了？那咱上饭？"老天津平日请客、过年摆席，酒菜、饭菜是分开上的，有先有后。端上第一碗饭给客人，吃饭时也尽量请客人吃饱。客人若吃好了，要朝同桌人说"老几位慢用，我偏（向自己）过了"，同时向主家表示谢意。待最后一位客人撂筷子时主人才能离席，起身前还要说"没嘛可口饭菜，您多担待，也不知道吃好没吃好"之类的客气话。若如前文所说勉强凑的饭菜，主家会表示歉意说"好歹就乎一口，委屈您了"。客人这时候需再次道谢。

饭后，还要请客人擦手、喝茶。过去，家里来客人吃饭，一般都是长辈或同辈陪，孩子们很少上桌，以免影响大人谈话聊事。餐毕撤下饭菜，孩子到另一桌吃。

送客时，如果客人带礼品来了，主人会让客人捎一

过年，茶壶也要套上漂亮的茶壶套

点什么回家，俗称"别空手""别空着篮子"。主人若辈分高，送客只需起身说"以后常来"或"给家里人带好儿、拜年"即可，由平辈、晚辈送出门，送得越远越显难舍难别，分手时还要说"您得空儿常来"或"您慢走"。客人请主人留步，一并邀请主人择机去串门儿，说"家里人也想您了""老姑奶奶总念叨您"等，也是新一年礼尚往来的接续。

◆初八初九拜星拜天公

天上日月星辰，人间五谷杂粮，皆关乎民生。天津百姓过大年，正月初五"破五"后初六开市买卖，接续民情仍有许多讲究

民俗画《共乐年丰》

与老例儿。比如正月初七人日，即人类共同的生日，也需要庆贺。古来民间又传初八为谷日，也就是稻谷的生日，且早有"七人八谷"的说法。人们习惯在此时看看天气，如果天晴，预示新一年五谷丰登，反之则俗信会歉收。也有人在初八"放生"，把家里养的一些鱼、鸟放归野外，以示尊重自然并与之和谐相处，期盼新春生灵兴旺。

　　旧人又称初八为顺星日，诸星下界。老年间祭星也叫迎顺星、接星，一般人家要专门拜一拜，寺庙道观则设祭坛举行仪式。清乾隆年间汪启淑的《水曹清暇录》中说："正月八日，俗传诸星下界，京城内外……为坛而禳，冀得香仪，亦有本家庭院，燃灯自祭，灯数以百零八为度，间亦用四十九盏，习以为常。"1930年铅印版《天津志略》中有记："薄暮，祭星神，供元宵（即汤圆，亦有兼供面饺者）。"昔日这天，天津老城厢有些民众会到水月庵、药王庙去祭星，纷纷在祭星簿上填写自己名字，然后拜拜。晚上，寺庙方把祭星簿焚化，表示仪式完成。缘何？民间素有"男怕罗侯（星），女怕计都（星）"一说，人们为规避二星带来的干扰，要拜求吉利。祭星民俗实则也是祈福新岁美好顺意的心理表现。

初九、初十又称"九天十地"，《清嘉录》中称"俗以七日为人日，八日为谷日，九日为天日，十日为地日"。相传初九为玉皇大帝诞辰日，俗称天公生日、玉皇诞、天日节等。为迎接天公到来，昔日民间有沐浴、吃素习俗，比如在天公来临之前禁止晾晒衣服，尤其是女子的内衣裤等，也不可随处丢垃圾，以示干净与尊敬。初九民间要举办祭天仪式，人们可仰天拜祷，向天公祝寿，祈求赐福新年风调雨顺，健康平安。

初十逢整日，俗称地日，又称石头日，老百姓俗信这天需"十不动"，即"石不动"，但凡石磨、石碾、石臼等皆不要动，且要拜拜它们。有些地方此日饭食讲究吃烤烙面食，如馍、饼等，寓意"石落"，取与"实日"谐音。

◆正月十五闹元宵

俗话说，正月十四争（蒸）财神，正月十五闹元宵。过大年的幸福日子接二连三，香香的面食总是吃不完，正月十四天津城的大街小巷早已挂满彩灯，人们翘首以盼灯节的到来。这一天，家家户户要发面蒸面刺猬、面老鼠。蒸时先捏出形状，再剪出小动物的鼻子、耳朵、嘴巴、爪子、尾巴或刺猬身上的刺，最后用豆类点出眼睛，老鼠用绿豆，刺猬用红豆。有的主妇还要在刺猬、老鼠背上放上一个面制的小元宝，为正月十五招财做准备。

过去，刺猬、老鼠在民众民俗心理层面挺神气，缘何？原来它们在民间一直被俗信为"财神"，因为仓鼠有掘穴储食的习性，有人说此习性代表积财。老太太们也说五谷丰登的年景才会有老鼠，遇上灾年，人都要饿肚子，哪会有老鼠吃的。小老鼠驾到，意味着家有余粮。20世纪二三十年代，天津文人冯文洵在《丙寅天津竹枝词》中说："俗尚原无理可推，人情大半为求财；谷糠未引钱龙至（农历二月初二天津民俗），鼠猬先驮宝藏来。"

到了正月十五一大早，人们先把面刺猬、面老鼠供于神像前，然后在屋门口、窗台、灶台角放一些，让它们头朝外。中午过后让它们头朝里，意思是刺猬、老鼠能把金元宝驮回家。

这一天也称上元节、灯节、元宵节，是农历新年的第一个圆月日，天津家家户户吃元宵、闹花灯，到处一派热闹和美市井。

元宵又叫汤圆、汤团、圆子，各地称呼不同，作为经典美食，很难界定它到底是小吃还是点心。天津传统糕点铺习惯在腊月末、正月初就开始做元宵，讲究现打（摇）现卖，广有销路。南方售卖汤圆的食摊也遍布街巷，更形成了四季皆宜的大众汤食点心的态势。每逢正月十五，元宵总能将大江南北所有人的口味统一起来、凝聚起来，团团圆圆，和和美美。

唐朝的时候，虽然还没出现"元宵"一词，不过当时已经有了"煮糯为丸，糖为臛，谓之圆子"的记载。北宋年间的元宵是实心无馅的，煮的时候在汤水中佐以白糖、蜜枣、桂花等，口味出众。南宋时期，包糖馅的乳糖圆子流行，此后还发展出素甜、荤咸等多种口味。甜馅选用红糖、白糖、桂花、果仁、芝麻，咸馅有纯肉的，也有菜肉搭配的。

"元宵"一词的出现约始于明代，制作手法日渐精细，口味更加丰富。清康熙年间，御膳房出品的八宝元宵驰誉朝野，而在京城民间马思远精制的滴粉元宵也是大名鼎鼎。清代天津的元宵有江米面的、黏高粱面的、黄米面的，至于吃法，有煮的、炸的、炒的、油余的，口味繁多。

张灯结彩闹元宵

元宵的制作方法南北也各不相同。南方人常常是手工包湿粉汤团，而天津多是把半干的什锦糖馅块蘸水，然后倒进船形、圆形笸箩里，伙计前后推拉摇晃笸箩，让糖馅滚上江米面形成毛坯，毛坯再浸水捞出，再滚面摇制，反复几遍才成，俗称"打元宵"。岁末年初，天津糕点铺争相在店门前搭起彩牌坊或席棚子，设摊位打元宵，为节日市井平添了喜庆氛围。有趣的是，平日糕点铺的买卖一般不会吆喝，可过大年卖元宵的时候伙计们放开嗓子吆喝个痛快："桂花味的元宵呀——个大馅好咧——"他们给顾客数个数时也像唱歌一样："一个来呀，两个来，三个来呀，让您老大发财啊……"保证让顾客乐得合不拢嘴。

值得一提的是，老字号祥德斋、桂顺斋、稻香村的元宵都是脍炙人口的好吃食。以稻香村元宵为例，它选料上乘，工艺严格，磨制糯米粉必须用石碾，以确保粉质细腻，煮时才不至于浑汤。纯手工制作的元宵大小、形状、色泽、重量都要达到标准，元宵成品还要经过人工再次筛选。稻香村的元宵个大糯香，开锅即熟，人们赞不绝口。另外，天津家庭也喜欢自己包糖馅元宵，一般用高粱面包，味道也不错。

◆银花火树庆佳节

元宵节又是灯节，举国欢庆，人们观灯会，猜灯谜，好不快乐。天津有个老例儿，灯节之际当舅舅的一定要送盏花灯给小外甥，最好是鸭子灯。"鸭子"谐音"押子"，祝福孩子健康平安。还有"外甥打灯——照舅"的说法，此话中的"舅"通"旧"，寓意吉祥好日子一切照旧。

正月十五天刚一擦黑，孩子们吃过元宵就打着灯笼跑到胡同里闹开了，一帮一伙地招呼着玩伴，"打灯笼，烤手啦，你不出来我走了……"聚到一起的孩子们围成圆圈，跳着，笑着，哼唱着迎春曲："有打灯笼的快出来呀，没打灯笼的抱小孩呀，金鱼、拐子（鲤鱼）、大花篮呀。一大（大子，铜钱）一个灯，两儿大一个灯呀，三大买个提拎灯啊。"

"年年灯闹上元春，曼衍鱼龙百戏陈。男女老少街上走，一轮皓月照行人。"天津的大街小巷、民宅商铺无不张灯结彩，火树银花，万人空巷，正月十五前后三天的逛灯、赏灯、射虎、猜灯谜活动欢乐无尽。各处庙会的宫灯、纱灯、鱼灯、龙灯、鸭子灯、楼船灯、走马灯、蒺藜灯，光彩耀眼；静的，动的，跑画面的，目不暇接。特别是娘娘宫一带的元宵灯会更为热闹，经久成习。

老天津经典的鸭子灯，寓意保佑孩子健康

老城内外的各路花会也来此出会献演，踩高跷、跑旱船、舞狮子，争奇斗巧，鼓乐喧天。

娘娘宫宫南宫北、北门外估衣街的商家在灯节之际往往不惜重金请名师高手制作出许多造型各异的花灯供人们观赏，除传统的宫灯、龙灯之外，还有"西施莲花""嫦娥奔月""哪吒闹海""八仙庆寿""连年有余"等造型灯，再有以《红楼梦》《西厢记》《水浒传》《三国演义》为画面内容的走马灯、灯山、灯牌、京剧脸谱灯等，花色繁多，异彩纷呈。

天津近邻胜芳古镇的灯笼制作早在清代中后期已闻名华北，其中尤以"灯笼王"闻名，民间高手很多。他们扎制的花灯不但品种多、做工细、形体真，而且富于时代特色与审美情趣。好货自有人欣赏，也就是从这时起（甚至更早）胜芳的花灯已俏销老城厢了。

遵旧俗，正月十六是"走百病儿"的好日子，一家老少结伴外出游玩，逛庙会，赏花灯。走百病俗称遛百病、游百病、散百病等，是民间传统的消疾苦、祈健康的活动，明朝时已盛行华北民间。明弘治年间进士周用的《走百病》诗中言："都城灯市由来盛，大家小家同节令；诸姨新妇及小姑，相约梳妆走百病。"

为什么在这一天走走可消减疾病呢？周用也揭示了谜底："俗言此夜鬼穴空，百病尽归尘土中；不然今年且多病，臂枯眼暗偏头风。"天津现存最早的志书、清康熙《天津卫志》中的"岁时民俗"说："上元日，通衢张灯结彩，放花炬。妇女群游，曰走百病。"

进入民国时期风俗依旧，女人更成为遛百病民俗生活中的主角。1926年文人冯文洵编撰了《丙寅天津竹枝词》，其中又称："窄窄弓鞋步步娇，银花火树过元宵；出门不为寻亲友，一走能将百病消。"

相传，女人们在当日可抛开家务，或回娘家看望，或带着孩子逛庙会赏花灯，或结伴外出游玩。1929年的天津《益世报》上说："俗传正月十五日妇女出门游逛可祛百病，相沿成风，牢不可破，故每年是日，红颜绿鬓，三五成群，联袂游于街上，晚间观灯者尤多。"如此，怎能不说是一幅动人的市井风情画卷呢。

◆元宵节要烤手

老天津小孩儿过大年期间，尤其是在元宵节之际，晚间特别爱打灯笼玩，胡同里、马路边的娃娃成群结队，有时还对着别家院子高唱"打灯笼，烤手喽，你不出来我走啦……"歌谣声声，煞是温暖年景。

烤手，驱寒是小，吉利保平安是大，或许源于民间"烤百病"的传说。

话说老年间有个三品官告老还乡回到天津蓟北，一年正月十五忽然得了怪病，周身冰冷寒战不停，急得家人团

打灯笼，烤手喽

团转。村里有神医，但不愿为其诊治，原因是大家都知道此人贪腐成性、谎话连篇，为官前、下野后从不把村民放在眼里，比如百姓贫苦缺衣少食，甚至连柴火也没得烧，而他家却锦衣玉食，浪费无数。官爷家人一再央求郎中，许诺只要能给治好病，要啥条件都答应。如此，一言为定。

郎中望闻问切，然后故意叹了口气："这是'亏心病'啊，大概以前在朝堂上没少说亏心话吧？你家官爷可能得罪了火神，所以才阴虚畏寒，哆嗦不止。"官家人虽知这是挨骂，但为瞧病只好忍，忙问："有救吗？"郎中说："有，按我说的试试看——今晚把你家那一大垛柴火撒到村里，供火神用，你家要关紧门不许偷看，这样方可赎罪。"说罢，郎中留下点儿普通小药便走了。官家人遵医嘱做了，第二天官爷的病果然见好，而撒在村里的柴火也确实不见了。

其实，郎中除了在官家门口烧了几根柴火之外，就即刻通知百姓把各处的柴火赶紧收到各家，不用再发愁没柴烧了。此举后来渐成风俗，人们纷纷在正月十五晚间捡拾或拿出点儿柴火烧一烧、烤烤火，俗信可以防百病，保平安，谓之"烤百病"。

天津津南有东泥沽村、西泥沽村，旧时当地有《元夜烤火谣》，其中道："烤烤手，斗牌赢一斗（老式量具，如粮斗）；烤烤脚，摔不倒，摔倒也能捡个大元宝；烤烤脸，福禄寿喜都来到，一年四季保平安；烤烤腚，一年到头不长病。"

◆ 走掉百病祈健康

正月十六老天津女子外出遛百病，她们在游玩的路上（最好是远走郊外），讲究过三条河，过三座桥，俗称"度厄"，意思是将百病统统丢掉。九河下梢天津卫大小桥梁多，有人见桥必过，更有甚者在过河过桥时还要燃香持香前行，目的是让他人避开，俗信这样更能祛病延年，又叫"走桥"。此俗不唯津沽独有，山东、江南等地亦颇为流行。封建生活对女子存在诸多不公与禁锢，女人们深居闺阁，平常大门不出二门不迈，尤其是儿媳妇在过年期间的家务活更是忙个不停，那么这一天外出遛百病真可谓放松身心的良机，从某种意义上说也算得上是"女人日"或"自由节"了。

旧时有民间俗曲唱道："元宵雪衬一灯红，走百病后摸门钉，但愿来年生贵子，不枉今番寒夜行。"遛百病时若来到城门、庙门前，已婚但没有孩子或尚未怀孕的妇女还要悄悄地摸摸大门上的门钉，也可再到庙中上香祈福。

门钉也称"浮钉"，意思是说装饰在门扇上的门钉好似浮在水面的泡。摸门钉习俗透射着古代生殖崇拜的遗风。"钉"谐音"丁"，人们借此期望家族人丁兴旺，后继有人。明人沈榜在《宛署杂记》中说："正月十六，或六月十六，妇女群游，祈免灾咎。暗中举手摸城门钉，摸中者，以为吉兆。"清乾隆《宁河县志》中记，"十六日，妇女相携走桥摸钉，以消灾"。

蒋芷侪于宣统三年（1911年）编撰的《都门识小录摘录》中也描述了老北京人摸门钉的旧俗："夜分必至正阳门下，暗摸门钉乃回，相传为走百病，又云为求子之谶。"寒风中，红粉袖管中伸出的纤纤玉手抚摸在冰冷的金属门钉上，瑟瑟着，祈福着，这似乎也是文人眼里的一种风韵，恰如"丹楼云淡，金门霜冷，纤手

庙门上的门钉有寓意

摩挲怯"的妙词所云。

当然，过大年万民出游难免会出现些小插曲。据20世纪20年代末的新闻报道，由于天津街面上观灯游玩的人多，地痞流氓也趁机起哄，以致笑柄百出，而拥挤造成丢失物品，甚至走丢鞋子的事也时有耳闻。

传统民俗必定与现代生活产生交融，俗随时变，如今遛百病的民俗依旧盛行天津，但已不再是以女人为主的活动，而成为举家出行游玩，享受户外低碳健康生活的重要休闲方式。和谐、团圆，还有浓浓的亲情，全都交融在旧俗新风的生活中。

转眼到了正月二十四，老天津人过年祈福的活动还在继续。这天晚间，人们要在宅院或屋里的地上用石灰、炭灰画一个两三尺直径的铜钱形，方孔中写上"囤"字，四边外写上"余粮满囤"或"金银满仓"等字样，然后还要在此囤朝门的方向画上梯子，意思是粮米顺利归仓，步步登高。同时，摘下吊钱儿包上少许五谷，用砖头压在囤中，俗称"打囤"。

正月二十五是填仓节。这天清晨，人们要将前一天打囤时包的那个粮食包或者一个钱包压在自家炕褥下面，讨个钱粮到家的吉利。"填仓填仓，干饭鱼汤。"人们在这一天要吃米饭和鱼汤，象征富足美满。为什么要喝鱼汤呢？旧俗此日也是祭仓神的日子，民间传说人们在今晚只能喝鱼汤，而把鱼留给小猫吃，意思是让猫捉老鼠，让粮仓不被老鼠咬。

◆二月二"龙抬头"

正月二十五填仓节，天津传统食俗要喝鱼汤、吃米饭。"卫嘴子"熬鱼汤讲究用不大不小的鲜活鲫鱼，把鱼鳞、内脏全部料理干净，以免汤有腥味。煎鱼用文火，两面煎金黄。熬汤时用凉水，加姜片、香葱、盐、味精等作料，慢慢熬到汤呈奶白色才叫好，汤浓清香。此饭食传承至今，鱼汤、米饭一直是天津人幸福小日子的象征之一。

除此食俗之外，老天津有的农户人家在填仓节这天特别讲究包一顿肉馅饺子，俗称填仓；或包一些合子，俗称盖仓。仓内装满肉馅，比喻富富有余，再加上圆片状的盖子，真可谓颗粒归仓了。

时间进入农历二月，初一这天旧俗吃太阳鸡糕，关于这种小吃也是说来话长。

中国是传统的农业文明国度，阳光哺育万物生灵，直接影响农作物耕作与收获，国人自古就对太阳充满无限崇拜。清代，北京、天津等地百姓用白米面加糖做成太阳鸡糕，在二月初一这天祭祀太阳，祈求风调雨顺，农作物丰收。清代的《春明岁时琐记》中说，相传二月初一是太阳真君生辰，人们要向太阳焚香叩拜，供奉糕干样子的夹糖糕，糕面上有小鸡的图案，称作太阳糕。

在古人的思想中，鸡是象征阳气和生命力的神鸟，所以在太阳糕上印上鸡的图案，是人们珍重阳光、热爱生命的心理使然。

民俗画上描绘"龙抬头"

直至20世纪30年代，京津市面上还有卖太阳糕的，以后才逐渐消失。

二月初二"龙抬头"，即将春暖花开、百虫苏醒。清晨，老天津家家户户要举行"引龙"仪式，就是用灰末、谷糠或黄土，由家里撒到河边，然后再撒回来，叫作"引钱龙"。以此表示把"懒龙"引出去，把"勤龙"引回来，一年之中勤劳致富，勤俭持家，风调雨顺，五谷丰登，财源不断。

这天要吃饼（或煎饼），同时煎糕粉（焖子）。何谓"焖子"？有人说焖子原为山东临清的特色小吃。运河文化对天津民俗影响很深，历史上的天津与临清交往颇多，吃焖子的习俗也许与此有一定的关联。民间还有一种传说，说很久以前有兄弟俩开粉坊做粉条，一次赶上连雨天，粉条滞销，情急之下的兄弟二人只好用油煎粉坨拌着蒜泥吃。没想到那香气引来了邻居，大家一尝不由得交口称赞。于是兄弟俩便卖起了这种吃食。人们问这小吃叫啥名字，兄弟俩一想用油又煎又焖，就叫"焖子"吧。

天津焖子讲究用极细的绿豆淀粉，口感最好。煎好的焖子油光透亮，柔滑爽嫩，趁热浇上麻酱、蒜泥、虾油、老醋、酱油、辣椒油等，真是唇齿留香，回味无穷。这时正是冷热不定的早春时节，热食凉性的焖子，从而达到一种平衡。

银白色的焖子片排在一起像龙鳞，又被煎成金黄色，民间俗说这表示对"懒龙"的惩罚，希望它尽快起身，保佑丰收。此一日吃的饼又叫龙鳞饼，意思是保护龙身。吃的面条叫龙须面。

吃焖子、吃烙饼的同时，人们还要吃炒鸡蛋、炒豆芽菜、拌春菠菜等清淡菜品，对消除一个正月的油腻大有益处。

这天，有的妇女会坐在炕上敲炕沿，念叨着"二月二龙抬头，蝎子蜈蚣不露头；二月二敲炕沿，蝎子蜈蚣不露面"之类的吉祥话。

旧时，有正月不剃头的习俗，所以到了龙抬头这天也成为剃头理发的好日子，干干净净、清清爽爽开始新一年的生活。这天妇女一律不做针线活，怕针扎了"龙眼"。

◆老太太爱"瓶口儿"

天增岁月人增寿，老太太过大年喜笑颜开，她们总会颤颤巍巍从钱袋里掏出些银钱给儿孙们长岁儿"压腰"图吉利。老太太的绣花钱袋子花花绿绿的非常好看，老辈人也俗称它"瓶口儿"。缘何得此趣名呢？

类似的钱袋子乃传统绣荷包的一种，也叫腰带荷包、腰包，就是系在腰带上的小钱袋子，于是也有了"穿绳钱袋""穿绳荷包"等俗名，其外形常见方形的、椭圆形的、圆形的。

按旧制，这钱袋大致由上、下两部分组成，下半拉为带盖的钱兜，多数是前面带兜的，也有前后双兜的。面料选上好绸缎，颜色有红的、粉绿的、牙黄的、湖蓝的，最耀眼还得看那绣工，图案如富贵牡丹、百鸟朝凤、喜鹊登梅、金鱼戏水、五福捧寿、榴开百子、翠鸟鸣春、八仙吉物、狮子滚绣球等不胜枚举，针法丝丝入扣，无不精美绝伦。背后靠身的一面常为素面，前后两面合在一起还有漂亮的包边，窄窄的包边条上也有绣花，以吉祥纹样几何图案为主。

传统荷包

钱袋的上半部分是夹层，左右两端不缝合，可穿腰带或拴绳佩戴在腰间。夹层一般做成八字形的，与下半部分的钱兜连接，上下整体看特别像个胖乎乎的瓶子，而上半截夹层像瓶口。钱袋虽然不大，但精致程度实可谓一件让人赏心悦目的手工艺术品。

过年了，老太太们特意拿出压箱底的、平常舍不得用的大红色的"瓶口"，天津话叫"鲜乎"，凸显红红火火之气。它除了给儿孙们备装压岁钱，还能装些零碎首饰，另外，合家欢聚打打小牌时也离不了。岁月荏苒，一些旧俗与老手艺、老物件离现代生活渐行渐远，相形之下很多老太太也改用手绢包钱了。

◆年俗展览"反节俗"

辛亥革命以来移风易俗，除旧布新，官方宣布以公历为国历，以公元纪年，规定每年1月1日至4日为新年假期，同时废除具有悠久历史的传统农历春节。但相关规定的实施在民间始终起起伏伏，莫衷一是，民怨不迭。袁世凯就任大总统后，存新年元旦的同时又准正月初一为春节，各地放假。好景不长，北伐战争胜利不久的1929年元旦，官方再度以革命的名义强调用公历，废农历，禁止过春节。

为了更好推行新政，官方各级上行下效，利用媒体、宣讲、告示等大力倡导，且不断派员四处检查督导，比如查封制售旧历书、老皇历的商家，比如历数过春节的弊端等，不一而足。进入1934年，新生活运动很快掀起，朴素节俭也是其中倡导的方向。

风潮中，春节之际，天津有关方面自1934年2月5日起，在市立民众教育馆（西门里大栅栏胡同，市教育局管辖）举办了为期15天的年俗展览会，旨在教育民众破除迷信，杜绝浪费，免过春节，进而追求新风尚，走向进步生活。

展览占据两个展厅，分为六组，以图文并茂、实物模型等多样形式直观展示天津过大年的民风民俗。第一组反映熬腊八粥、施舍结缘豆，比如用玻璃瓶装各样粮米五谷，附带的说明牌上说，若以当时天津28万户家庭中有五分之一的人家熬腊八粥来计算，则共需花费69928.88元；第二组是扫房子、糊窗户、换新的神佛

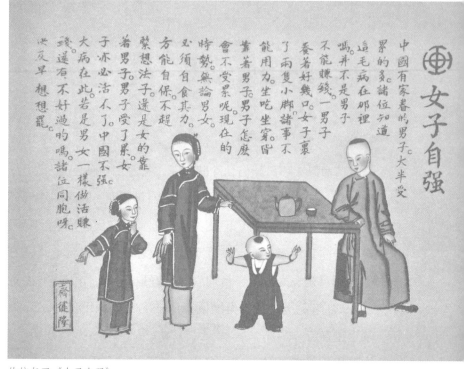

传统年画《女子自强》

圣像等情景；第三组讲糖瓜祭灶、礼尚往来串亲戚；第四组展现迎送全神大纸、祭拜祖先、准备各样年货等诸多细节；第五组是大年初二敬财神、进财水、念喜歌的画面；第六组涉及元宵灯会、放花放炮等。如此，每组皆列出所花费多少钱财，最后累计津人津俗过大年一次竟耗资近600万元。

面对"巨额"消费数据，主办方特别提醒民众：假如将这些钱"移作正用"，将会是社会受益、百姓受益的大好事。具体何为正用？是投资、储蓄，还是另有指向？说明词未明确表明。展览期间，各界观众络绎不绝，据《益世报》报道达万人以上，并说通过观展，不见得人人能觉醒，希望它种下移风易俗的种子，期待来日见成效。展览结束后，主办方还印发了《年俗展览会专号》

一册，同时派出一些小分队到周边远郊举办"实拍"幻灯讲演。

　　然而，中国百姓的民族传统文化理念、民俗民风传承是根深蒂固的，当时官方一刀切倡推新历的做法未免有片面或过于西化之嫌，不仅在天津，乃至全国各地，禁过春节始终未能得到民间响应与支持。后来，官方见禁令无效，只好转回头顺民意，过大年照旧一派欢天喜地。

第四辑

爱与希望

◆"大冰"做媒及号头与偷相

老天津人谈婚论嫁多由媒婆介绍，若双方皆觉得有意，可各写一帖，上书姓氏、年龄、籍贯、职业，以及家长、主要亲属的情况等，俗称互开"号头"。媒人向双方进一步了解情况后，双方与双方家长可会面初步认识一下，倘有不便，也可在暗中相看，民间曰"偷相"，接下来才进入写生辰八字"合婚"等阶段。

关于媒人，老天津民间也有不同说法。大户人家的儿女谈婚论嫁多以亲戚之间介绍、搭桥为主，俗曰"亲上做亲"，保媒的亲属被称为"大冰"。相对而言，为普通人家保媒拉纤的一般媒人则叫"小媒"。

媒人，古来素有"冰人"俗称，缘何？《诗经》有云："士如归妻，迨冰未泮"，意思是男子娶妻最好选择在冰凌尚未融化的时节。比如仲春二月，古人认为阳气开始上扬，阴冷正在消退，万物即将萌发，此阶段成婚合乎阴阳之道，

也符合自然生长规律。再有，开春后就要迎来大忙时节，谈婚论嫁与迎娶是有所不便的。

再来说说与时俱进的婚书。

旨在重视婚姻制度，1933年12月天津社会局印制了新版订婚书，并于当月10日正式下发，每份售价一元大洋。婚书为浅粉底色，四周装饰着五颜六色的鲜花，右侧显著位置印有"天津市社会局官制婚书"字样，且具编号。婚书突出传统文化气息，其上还节选有《史记》《列女传》中的文字，如"夫妇之好，终身不离"等。该版婚书延续时间不算短，笔者曾见一对1942年的天津婚书仍是类似的样子。

◆龙凤帖与龙凤帘

老天津闺女出嫁前要过嫁妆，嫁妆备好，婚礼前几天要专门送一份龙凤帖到男方家。高级正规的龙凤帖在喜货铺有售，是竖长的红纸折子，上面画着龙凤图案，且写明二人良缘，并标示过嫁妆的日期。与此同时，女方家准备的大红龙凤门帘也要送来，送门帘、挂门帘的

恩恩爱爱的结婚照

角色一般是新娘的侄子或弟弟，其目的主要是提前看看男方家是否准备停当，以免让自家亲人受委屈。

天津嫁妆琳琅满目，常备镜子、帽筒、茶具、衣服、化妆品、龙凤蜡等。还有两样必需的，一是喜桶（老式木制大红便桶，后改为搪瓷的），二是灯（锡制烛台，后改为台灯），寓意子嗣绵延，幸福美满。

◆嫁妆桶子

老天津大户人家千金小姐的嫁妆常常无尽无休，完全看爹妈的财力与心气儿，俗说"陪不尽的闺女，办不尽的年"就是这个道理。嫁妆中最重要的物件有两样——木制（便）桶子、锡制烛台，寓意"桶子摆锡灯，养个孩子叫连生"。即便女方家境再贫寒，这两样也是必备的。灯火万年，福寿绵长（新婚之夜洞房不灭灯同理），此其一；其二，便桶关乎重要切身，吉意不言而喻。

旧时天津民间有制售嫁妆马桶的作坊，一年四季闲不住。制木马桶与老式箍筲、箍盆是一行，嫁妆马桶更讲究里外油大红色、枣红色大漆，油光锃亮。其样式有鼓（肚）形的，有直身的，桶外有金箍。马桶一般有盖子，盖子上也要装饰金色吉祥纹样。有的马桶加铜提梁，有的带竖起的一个把手，有的在上腰处安装扣环。

重要说嫁妆马桶里，要放朵天津特色大红绒花，花的图案以"榴开百子""喜鹊登梅""百鸟朝凤"等为最佳。再放"福"字、

大红喜字绒花

"喜"字津味"八件儿"点心，以及红冰糖（实为黄冰糖）等，寓意甜甜蜜蜜好日子。喜物放好，用一大块红布将桶子包好，让一个干净漂亮的小童子背着送到新郎家。"背桶子的"进门，要由专门请来的"全乎人"（妇女，父母、丈夫、儿女皆有）接过红包袱，然后放在炕梢，如此一切才算停当圆满。童子、全人的角色选择皆与早生贵子、人丁兴旺的美好期盼相关，因为嫁妆马桶又称"子孙桶"。

后来，电灯普及，陪嫁锡灯消失；搪瓷马桶流行，陪嫁随了时风；再进步，抽水马桶普及，相关民俗自然渐行渐远。

◆ 闭闭性

新娘子坐在大花轿里一路吹吹打打热热闹闹，眼看就来到了男方家。随着一声"落轿——"鞭炮齐鸣，见怀里抱着花瓶（寓意平平安安，也表示不空手来）的小媳妇羞羞答答扭扭捏捏走到门前……

按老天津习俗，这时门是关着或虚掩着的，婆家妈在门里等着呢。新娘想进去，需轻叩门环或敲门，一并高声喊"妈！开门！"若喊一声一遍不成，就多喊几遍。音儿要柔要甜，不可大声大气真叫嚷。待门里的婆婆满脸笑着、答应着给开了门才能进去。

此俗曰"闭闭性"，怎讲？意思是进一家门新生活前需规矩规矩新媳妇的心性，希望日后孝敬公婆、相夫教子、恪守妇道等。这婚俗沿袭至今，可有时难免遇到个别性子烈的女子，眼瞅叫了十声八声"开

接新娘仪式热热闹闹

门"，可防盗门里的婆婆还是拿劲摆谱不给开，再看新娘一赌气扔下头纱与手捧花，"这婚！姑奶奶（津俗称，往往是女子自诩显强示大）我不结了！"其实小性子万万使不得，有些民俗仅是一种形式或象征"摆设"，目的不过是为以后大家和睦、小家幸福罢了。

◆结婚办席就到天和玉

老天津有句俗话：要结婚，天和玉。到南市天和玉办婚宴，既经济实惠又不失体面，皆大欢喜。早年，马三立、王凤山合说的相声《起名字的艺术》中便是以"结婚，天和玉"来攒底的，让人百听不厌。天和玉缘何叫座？名厨多，手艺好，饭菜馋人。

话说鲁菜传入天津较早，天津的鲁菜兼容并蓄了福山派（包括青岛、胶东在内）、济南派（包括德州、泰安在内）、孔府派等不同菜系的风格，具有良好的民众基础。天和玉饭庄的创办人王

1962年在天和玉饭庄办婚礼的合影照

钦宾便是山东福山人。1915年，14岁的王钦宾开始在天津松竹楼、致美楼、登瀛楼等饭店学徒，业精于勤，后来成长为较为知名的堂头。特别是到了南市泰华楼以后，更是名闻八面，为泰华楼带来了好生意。后来，王钦宾借此运势在南市开设了自己的买卖——天和玉饭庄，也很快成了名店。

　　当时，天和玉饭庄集聚了多位山东、天津两地的名厨，有多人更成为独当一面的高手。面点师李文旭也是福山人，他自幼在天和玉拜于学寿为师，后来曾在东亚楼、中原酒楼、天瑞居、都一处、西来香、川苏、宏业等饭店主持白案或担纲主厨。1978年，李文旭创办了永庆楼烧麦馆。再有，福山人臧镜也曾是天和玉的主厨，他擅鲁菜，新中国成立后参加过抗美援朝，又赴我国驻英国、黎巴嫩、越南的大使馆担任主灶，他的拿手菜是金毛狮子鱼，曾博得一些国外政要的赞誉。再有，天津武清人韩世文早年在天和玉工作，后来服务于宏业食堂、玉华台饭庄、桃李园饭庄等。在职期间，韩世文接待过多位北京重要客人，也服务过时任美国总统尼克松。

不仅如此，王钦宾晚年还不忘将多年的经验与技法留给明天，他编写的《山东菜系菜点制做选编》刊登在《天津工商史料丛刊》上，成为天津烹饪与美食文化的宝贵资料。

◆撒帐求吉利

中国人特别关注婚姻大事，汉族传统婚俗中有"撒帐"一节，这礼仪约始于汉武帝时代，汉武帝与李夫人共坐帐中，床前有宫人朝二人撒五彩同心果，他们用衣裙接受，图吉利。到了唐宋两朝，此习俗慢慢蔚然成风，内容与内涵也被进一步扩充，再经民间百姓不断演绎，至明清时期有关撒帐的喜词大量出现，民俗活

一把栗子一把枣，来年生个大胖小儿

151

动更加丰富多彩。

1931 年版《天津志略》中有记，津人婚庆"礼毕，新郎与新妇坐于新房吃扁食，曰'坐帐'。且撒果于帐中，曰'撒帐'"。洞房花烛之夜，老天津风俗讲究请"全合人"为新人铺炕，同时向婚床上、新人身上抛撒红枣、栗子、糖果等，边撒边念叨："一把栗子一把枣，来年生个大胖小儿"；"一把栗子一把枣，闺女小子满地跑"。有的喜词唱到某些内容时，还需看热闹的亲属配合，比如唱"姑拿盆儿，先抱侄儿"的时候，新郎官的妹妹或姐姐需将这对新人在当晚用的便盆（桶）送进洞房。更讲究的还要在崭新的便桶里放一对新的锡制烛台，以应老话"桶子摆锡灯，养个孩子叫连生"。当然不能白代劳，喜钱红包必不可少。

唱颂状元郎是老天津撒帐词的热门主题。双喜临门乃世人向往，新婚一刻往往顺势联想到大魁天下中状元；金榜题名之日又期盼未来的好生活，所以民间俗称结婚为"小登科"，中状元为"大登科"。这类撒帐词主题欢快，语言诙谐，最能为闹洞房添喜庆。昔日津人所唱"再撒南方丙丁火，养的孩儿恰似我，状元走入房中去，赶得新人没处躲"之类，与元代戏曲《裴度还带》里的撒帐歌如出一辙。另外还有更活泼的"顺十撒"与"倒十撒"，举例倒十撒："十年寒窗，九载苦读，八月科场，七篇文章，六国丞相，五堂魁首，四时如意，三元及第，两朵金花，头名状元在你家"，倒计数的嵌入，引人入胜。婚俗礼仪中一再提及科举、状元，可见津人对文化、及第、仕途的重视与祈福。

撒帐实乃为婚礼添趣助兴、祈福求吉的礼仪，有文化内涵，也颇具市井气息。现代生活日新月异，撒帐习俗虽已少见，甚或消逝，但它传承衍生的基本礼仪还在，如将喜糖、鲜花、彩带等撒向新人，类似新民俗与撒帐如出一辙，让人喜闻乐见。

◆婚后认亲与"回四"

老年间天津新人新婚后有"三天不下炕"的习俗，也俗称"坐福"。实则到第三天午后就可自由活动了，谓"下地"，因为此日还有一重要婚俗需新人完成，即认亲，又叫"分大小"。

新娘梳洗打扮披红挂绿着盛装，先是在男方长辈的引导下，庄重地向祖宗、神明牌位行礼。再由新郎引领新娘，依次介绍并向全家长辈行礼，长辈要给新娘见面礼钱，俗曰"改口钱"。接着，家中晚辈向新娘、新郎行礼，新娘要给小辈们见面礼，如用红纸包好的铜钱银圆等，民间叫"赏封"或"喜封"。值得一提的是，新娘给出的见面礼也可以是提前准备好的，自己做闺女时亲手缝的绣的香包、荷包、手帕等女红小物件，可送长辈或小辈，送这类东西意在表明自己心灵手巧，完全能胜任家务。言此，有的新娘还会到厨房象征性地往锅里添些粮米和水，也应了形容女子勤劳贤惠"炕上一把剪子，地上一把铲子"的美誉说。

新中国成立后，民众居住格局有了很大变化，家族在一所大院里群居的状态越来越少，这也为新郎、新娘婚后认亲带来不便，加之参加工作的人婚假有限，"三天不下炕"被逐渐打破，为尽快完成认亲任务，有不少新人在婚后次日就带着糕点、水果等四处奔波了（那是少有私家车的时代），往往跑上好几天，简直筋疲力尽，若不去或缓到，唯恐长辈"挑礼儿"。尊老爱幼是美德，认亲也是旧俗硬任务。

改革开放后时风日新，民间逐渐形成婚礼、认亲二合一的模式。婚宴中双方老少齐聚一堂，二位新人分别给对方长辈敬酒，长辈给"改口钱"。同时，一众小辈儿们也要改称呼，新人再给小的们见面礼。男方家、女方家还需各备糕点若干（最好是双数份），彼此问候、互送，以示认亲。婚典、认亲同期完成，皆大欢喜。当然有些乡村地区还沿袭着婚后次日一早新娘到厨房做一锅粥饭之类的风俗，有的婆婆也会按老例儿给儿媳煮些半生不熟的鸡蛋或饺子，还要问问"生不生"，新娘羞笑答话"生"。

新人新婚三日内，按天津旧风俗，小两口的三餐皆由新娘家送来，表示疼爱闺女、女婿。如今多沿袭"回四"的老例儿，即婚后第四天小夫妻回娘家看看。其实旧年还有回六、回九、回双六（十二）的说法，这几天也要到娘家，但皆需在日落前"带亮儿"回自家。再往后到娘家小住，头一趟一般住十天，第二趟住九天，俗称"先十后九，不赚自有"。

◆娶媳妇论"房"

这"房"字不是指现今娶媳妇的婚房，而是老天津民俗生活中曾经的一个量词。赵婶与钱娘在胡同南墙根下边晒太阳边唠嗑，赵婶说："我这半辈子操持家省吃俭用不容易，如今娶得了三房儿媳妇，算没白忙活。"钱娘接茬："您这多好啊，瞧我那儿子老大不小了还不着调呢，啥时给他娶房媳妇，我也就心满意足了。"

民间言谈话语中的"房"专指家中娶进了媳妇，一儿婚配一

老婆婆喜笑颜开，给刚到家的新娘儿媳开门啦

次为一房，假如一家有三个儿子都结婚了，俗称三房媳妇。假如某儿媳早逝，儿再娶，即又为一房。或有儿纳妾，也算一房。所以，假如有人聊到"四房媳妇"，那不见得她家有四个儿子。家中大儿子谓长子、长房，相随的是长房长媳。如《红楼梦》第一一○回中写："况且老太太的事原是长房作主。"小说里的邢夫人便是长房长媳。再有，津人俗说的"房"也类似南方民俗中的"门"，如长门、二门之说等。

　　"房"说缘何？出自小两口婚后居住的那间屋，天津人又俗称"房头儿"。大户人家房舍多，夫妻二人也许拥有数间，但这小家庭仍为"一房"，而不以房间多少论"房"数。岁月不饶人，孙奶奶的老伴故去了，即便仅剩孙奶奶一人，那这一房仍是存在的。

又说孙奶奶、李奶奶拉家常，前者问："您老有几个房头儿在身边？"后者所答数目还可能也包括孙子、孙媳妇一家，同算一房头儿。

◆ 天津文明婚礼之始

　　中国传统的婚恋理念是"父母之命，媒妁之言"，封建礼教下的饮食男女是禁爱的，爱与淫时常被生生地画上了等号，如此束缚在清末已遭到进步思想家的抨击。随着社会的变革和女权运动的兴起，女人们旧有的人生观、道德观和价值观均受到了不同程度的挑战，城市男女对婚姻与家庭的认识与行为自然发生了相应的变化。婚姻变革的另一重要现象是文明婚礼、集体婚礼的出现。据《清稗类钞》所记："光、宣之交，盛行文明结婚，倡于都会商埠，内地亦渐行之。"时至20世纪30年代，新式婚礼已盛极一时。

　　天津泰丰机器染厂紧随时代，推出了新婚牌衣着面料，旋即受到顾客特别是即将结婚的青年人的欢迎。画面中的新娘穿着粉色旗袍，戴西式婚纱，新郎则是西装打扮。天津民间还曾流行一幅烟草广告画，是参照上海集体婚礼的情景绘制的。画中的童男童女引领下，对对新人款款而来，新娘穿着拖地的浅粉色的西式婚纱，而男子则穿着长袍马褂。中式、西式、中西合璧的婚礼形式简洁、简朴、文明，成为热恋中女子的期待。

　　天津人历来重视婚嫁，旧式婚礼从相士批生辰八字"和婚"、"换帖"、入洞房到"回四"，等等礼仪、程序繁复，真是筋疲力尽，劳民伤财。清末民初，随着西方文明的东进，天津的开明人士已开始厌弃这种旧式婚礼，近代爱国教育家、社会活动家马千里开风气之先，举办了天津历史上第一个文明婚礼。

马千里毕业于北洋大学，曾在南开中学、直隶女子师范学校任教，是周

新人结婚的纪念印章也算新风之一斑

恩来、邓颖超的老师。马千里19岁那年从父母之命，听媒妁之言，娶高氏女为妻，次年高氏病逝。具有新思想的他反对家中再次包办婚姻，力排众议，自己提出了5条择偶标准：在学堂求学5年以上；必须是天足；订婚时男女家换帖，由本人收藏；订婚后男女可随时见面，交流思想；婚礼免去旧习。

经张伯苓介绍，1909年4月与张妹张冠时订婚，订婚后，两人通信20余封，联络感情，增进了解。马千里根据自己的经验，在1911年6月亲自制定了一套新式婚礼办法，主要礼仪有：迎娶时，翁婿相见，只行揖礼，然后与新娘携手登车；新娘到男家，也依前例。在礼堂举行婚典时，夫妇相互三揖，证婚人读结婚证书，男女新人签字；向双方家长行叩拜礼，礼毕演说，奏乐唱歌。婚前一日，亲友不贺喜，也不招待客人；俟行婚礼后，始备酒庆贺，新郎陪男宾，新娘陪女宾，散席时夫妇送亲朋至门外，谢之以一揖。1910年9月两人在普育女学堂举行新式婚礼，天津《醒华画报》特别刊登了他们的婚礼照片，轰动一时。

◆集体婚礼在宁园发端

谈婚论嫁乃人生大事，几千年来，相对烦琐且奢侈的中国传统婚礼形式根深蒂固。清末，西风东渐，不乏思想开明的人士开始参酌中西礼法，始倡中式文明婚礼，此举在《清稗类钞》中便有记载。进入民国后，此风得以发展，1928年，蔡元培先生还主持制定了《婚礼草案》。但对一般百姓家庭而言，新式文明婚礼仍有费时费钱费力之憾，于是，在进步人士的改革努力下，集团（集体）婚礼应运而生，仪式隆重、热烈、简洁，率先出现在30年代中期的上海、天津、北平等地，逐渐受到民众欢迎。津地首届集体婚礼的地点就在景色宜人的北宁公园。

当时，津城风气日新，自1935年春，东马路天津青年会便在紧张筹备这次婚礼，4月公布了详细的章程与议程，并经严格审查限定10对新人参加。青年会还组织了数次彩排演练，确保仪式成功。

1935年6月15日，9对新人的婚典如期在北宁公园盛大举行（原定一对因病缺席）。当天下午2时，新人在青年会内梳妆完毕待发。新郎皆穿天蓝色长袍、黑色马褂，稳重大气；新娘则穿米色礼服旗袍，披西式白色婚纱，娇柔浪漫。每对新人各乘一辆轿车前往宁园。车身布置比较简洁，仅在车顶设置了红绸带。出发之时，恰微雨渐沥而至，可谓天赐甘露。途经的东马路、大经路（今中山路）上早已熙攘非凡，市民沿街争睹为快。抵达宁园大门

1935年6月在天津举办的集体婚礼

后，新郎新娘分别被引至园内大客厅、球房小憩。这会儿，即将举行典礼的大礼堂内也已布置完毕，双喜字、红灯笼高挂在迎面礼台正中及两侧，台口上楣还特别装饰了9颗心形，寓意永结同心。礼堂外、游廊边的小树上贴满了喜字，围观的众多游客无不翘首以盼，好不热闹。

　　虽有观礼证限制，又有门卫把守，但礼堂内楼上楼下的千余来宾还是大大超出了主办方的预期，人声鼎沸之势一度难以控制。下午3时，钟鸣三声，时任代市长商震与前市长张廷谔莅临，青年会的章以吴出任司仪。伴着悠扬的乐曲，新人们款款入场登台。商震作为证婚人率先致辞，对此次集体婚礼的简单朴素、团体作用、砥砺作用等优点大加赞许，并提倡发扬。社会局、青年会的人士也先后道贺，认为这是从精神层面的升华，较比以往专重物质的婚礼形式是一大进步，符合新时代的要求。在司仪宣布新人的姓名和履历之后，双方交换了戒指，全场以热烈的掌声向他们表示着祝福。商震将婚书一一授予新人，夫妻双方后退一步向证婚人行鞠躬礼。至此，万众瞩目下的9对新人在宁园情牵爱河……

对于这荡漾在津城，凝聚在宁园的婚礼新风，当时的《益世报》《北洋画报》等大小媒体均给予了足够的关注，商震在宁园的致辞随即也被全文刊发。自此，集体婚礼在津发端并连年兴办（1939年天津水灾之年停办），如1936年有14对新人参加，1942年春、秋两届分别有30对、33对新人参加。历史文化积淀丰厚的北宁公园又是一座爱恋的圣殿、时尚的乐园。

◆初二回娘家

如今天津卫过大年，初二小两口欢欢喜喜回娘家，实为新民俗，只是改革开放后才逐渐兴起的。从天津最早的志书康熙《天津卫志》，到20世纪30年代的《天津志略》等地方文献中，查遍皆无初二回娘家一说。

封建社会对女子多存不公与禁锢。其一，平日礼教森严，除了上学的学生，女人们深居闺阁，讲究大门不出二门不迈，在正月节期间也大抵如此。其二，尤其是媳妇们自进腊月开始迎年忙年几十天，家务活不歇闲，她们最近一次回娘家也许是在农历十一月里。其三，男主外，女主内，老年间出门拜年、走亲访友都是男人的事，女守家中。

说起来，天津人闹元宵正月十六"遛百病"的日子则是例外，"通衢张灯结彩，放花炬。妇女群游，曰'走百病'"，习俗早在《天津卫志》中就有记载。近代此风更盛，似乎成了天津女人的"自由欢乐节"。

这一天大致是许多天津妇人春节后首次外出，借游玩之机常会回娘家看望双亲，亦可谓正月回娘家的好日子。此谓常俗，并未形成似现代意义的固定日期。到了40年代，天津中青年女子逐渐走上社会做工，因上班时间关系，正月十六以前不回娘家的情况有所松动，到天津解放后、新中国成立以来，随着职业化不断发展，该习俗被打破。也有人云，后来春节只放三天假，初一串男方家亲戚，初三准备次日上班，所以初二回娘家。此说未免牵强。

民俗学家顾道馨曾说，后来津人"择定正月初二"回娘家"那是冀中一些农村正月初二请女婿习俗传播的结果"。笔者认为此说有道理。冀中泛指河北省中部平原地区，天津、河北两地素来地缘相接，人缘相亲，历史渊源深厚，许多民俗相通相近相互影响。河北多地皆有初二回娘家的习惯，人称"迎婿日"。据《安国县志》载："俗定初二新婚夫妇回女家省亲，婿向女方长辈拜年。"《灵寿县志》记述："正月初二，新媳妇回娘家，女婿拜丈人。不管天多晚，必须当天赶回。"旧年石家庄妇

回娘家前一定要到糕点店（旧称时馃局）买些点心带着

女、女婿同行也在初二回娘家，女儿要带礼品、红包，分给娘家的小孩们。娘家备丰盛午餐款待，众人还要拍一张全家福，象征团团圆圆。再有，《雄县新志》《满城县志略》中也有初一、初二"婿至，以物酬之"或"尤以婿往岳家为多，婿往妇随，携带子女，其礼物以馒头、油果等类，名曰食盒"之类的记载。

也有文称，天津伉俪正月初六回娘家，因上班工作，属忙里偷闲。笔者经多方查考，暂未见佐证史料或更详尽的民俗谈说，存疑。新俗初二回娘家，天津人也叫"回姥姥家"，是站在自家孩儿角度称呼。

至于当今天津耳熟能详的"姑爷节"一说，不过是进入90年代才逐渐兴起。1990年1月26日、27日是除夕、大年初一，天津大雪，初二清早大家照例"艰苦跋涉"回娘家，当日《今晚报》新闻中首次出现"姑爷节"三字，后来成为全国"独有"之词。"姑爷节"一说也不乏潜台词：天津俗话说女婿好比"一个姑爷半个儿"，专为你们设个节，实为娘家尊敬你这"门前贵客"，为闺女提气撑腰——愿姑爷对她好，小家和和美美度春秋。

◆娘娘宫求子，水阁生孩儿

芸芸众生无不看重人杰地灵的水土，海河水、天后宫、观音阁，天津老城东门外便是这样一方宝地。始建于1902年的水阁医院是响当当的中国"头号"妇产专科，原址就在天后宫宫南街口，西边是文庙，东边滨海河，面朝水阁大街，此地的灵性在整个天津卫恐怕打着灯笼也难找。

妈祖（天后）民俗信仰在天津人的心中根深蒂固。在老天津，才过了门的新媳妇常常要到天后老娘娘面前"拴娃娃"，祈愿早得贵子。婆媳二人三叩九拜过后搂着红布包里的"娃娃大哥"，心里默念着"好孩子跟妈妈回家"之类的吉祥话，高高兴兴回家转。人们途经的第一站往往便是水阁大街和水阁医院。重传统的天津人不断将天后俗信向生活的不同层面延展，觉得天后娘娘身边的哪怕是一草一木也有灵性，比如历史上小金鱼的热销，比如"年年在此"的宫前年货。当然，近在咫尺的一条街、一座医院也顺理成章地被人们视为上风上水之地了。

其实，宫南的水阁大街本非俗处。比天津城还年长的老街正对城东门，一直是城厢官署、居民到海河取水的必由之路。早在清乾隆二十八年（1763年）的时候，这条街的中段建起了一座过街楼阁，供奉观音菩萨，名叫观音阁。观音主水，来来往往的人们深得菩萨护佑，此阁逐渐被俗称为"水阁"，也就有了"水阁大街"的命名。观音送子，家喻户晓，长芦育婴堂创建于此地的个中缘由，不言自明。后来，北洋女医院（水阁医院前身）落户这里，尽享四面福风。

早年尚无高大楼宇，育婴堂、水阁医院的这片房舍在东门外海河边异常醒目，从天后宫出来路过于此的老妈妈、小媳妇抬眼即可望见。想当妈妈心思重，看见了水阁医院自然想到了日后孩子降生的事宜。产子育儿当然还是回到天后娘娘身边最吉利，孩子有天后老娘娘的垂佑，再加上观音菩萨的呵护与海河水的滋润，小生命从根上就机灵、就富贵。有时，她们嘴上不说，可心里也是这么寻思的。朴素的民俗心态与愿望使然，为新生命赋予了幸福美好的祝愿。如此这般，天后娘娘眼皮底下的水阁医院便成了

老年画《大姐拴娃娃》描绘娘娘宫里的风俗

老辈人、孕妇们如意的选择，谁不愿意让自家的孩子诞生在这块福地呢？

产房传喜讯，天后娘娘赐子，一家老小皆大欢喜，新生儿的奶奶、姥姥又急忙转身到天后宫还愿"谢奶奶"。另外，在老天津的生育习俗中，人们常常在产妇所在的房门上挂一小块红布条，同时在新生儿的枕头下面再压一块红布，意思是镇惊驱晦求吉利。因为在天后宫抱过"娃娃大哥"，所以在水阁医院的新生儿也就排行老二了，那块裹过"大哥"的红布会接茬压在小二的枕头下面，让小弟小妹秉承"大哥"的灵气。有位水阁医院的老大夫介绍说，一直以来她在病房见到过不少类似的生活细节，获知那块红布大多来自天后宫。

风习相传，很多天津孕妇慕名前往水阁医院生小孩，赶上生育高峰甚至不得不加设临时病床。据院方不完全统计，百余年间大约有10万名婴儿在水阁医院降生。到"水阁"生孩子似乎已成为天津人的一种情缘，一家数口、老少四代都是在水阁医院出生的大有人在，有的老大夫还同是父一辈、子一辈的接生者，而这些也成为"水阁人"的一种自豪。有不少"水阁娃娃"后来成为名人，其中的故事想必动听。

多少年来，互为邻里的天后宫与水阁医院也亲如一家，和谐往来不断。那里的不少医生同样敬仰妈祖娘娘，每逢吉日年节，在宫中经常会看到她们的身影。

2004年海河改造，医院搬迁，但"水阁摇篮"的品牌号召力丝毫未减，老天津人的情愫经年未改。据说，在搬家的那几天，医院曾动员孕妇们到其他医院去就诊，可怎么也说服不了那些即将当奶奶、爷爷的老辈，盛情难却之下的院方还是圆满地接生了数名婴儿。

天津人质朴的民俗情感就这样将一座庙宇、一条老街、一所医院紧密地联结起来，也多少赋予了彼此之间犹如神话般的色彩。或许没有任何一个生命初始的地域与品牌能让天津人如此充满了亲切的记忆，"水阁"会长久温暖着天津娃娃的心。

◆ 孕妇保健"喝糖尿"

在老天津，婚后小媳妇拜过子孙娘娘、拴了娃娃不久就怀上了身孕，俗称"有喜"，全家老少无不欢颜，相关的民俗禁忌也随之而来。如夫妻要分居，再如孕妇不要大喜大悲，像婚礼、葬礼等可不参加，以免情绪激动或身体劳累影响胎儿发育。

一日三餐也有讲究，除保证营养之外，旧年俗说最好别吃兔子肉，以免小孩"三瓣嘴"，俗称"豁裂嘴"。天津人守着河与海，爱吃螃蟹，但忌孕妇吃螃蟹，民间妈妈例儿俗说吃蟹容易"横生倒养"生产不顺，或小孩"六指"发育不良。老人还常嘱咐孕妇要多跟肚子里的孩子说说话，好好哄，按时下的理念已属胎教范畴。

至于猜测孕儿性别，民间也有"酸儿辣女"以及看气色、看肚形、看孕妇过门槛先迈左脚还是右脚等俗信，往往无专业依据，权为百姓生活一趣罢了。

再来说说老天津民间"喝糖尿"的习俗。其实此"糖尿"与糖尿病无关，而是旧时天津人对一种糖汁的俗称，它主要来自货栈中。老天津商贸发达，货栈是居间商业（类似现今仓储库房），至1946年2月货栈同业公会改组时，会员达142家，其中包括糖栈、粮栈、茶栈、药栈、油栈、干鲜果栈（如劝业场一带旧称梨栈）等。糖栈中各种糖品大包、堆垛基本来自福建、广东、广西，与之相关的闽粤商人居津不少，民间传说天津女子婚后孕前喝"糖尿"的风俗便源于南方。

老画片上吃糖果的娃娃们

从前库房没有冷藏、恒温一说，到了盛夏，糖栈或杂货栈的糖包垛间会因热析出一点儿糖汁，褐红色，较黏稠，似蜜，俗称"糖尿"。它无价可定，货栈一般不卖，但凡有人来求讨，说说好话，他们会给的。

昔日滋补品有限，但民间土办法多，津人俗信这糖汁能调经补气养血，对助孕有益。一小勺糖汁可冲一大碗甜水，特别是盼着早日抱孙子当奶奶的妇人，总想方设法托人烦窍四处踅摸"糖尿"，让儿媳喝喝滋养身体。

◆小孩出生乳名多趣

如果说人生一出戏，那么伴着宝宝呱呱坠地的第一声召唤，美好礼俗大幕就开启了。《礼记》有载，孩子生下后，如是男孩，就在侧室门左挂一张弓做标志；若是女孩，就在门右挂一条佩巾为标志。《诗经》中也有"弄璋之喜"与"弄瓦之喜"之说。人文久传，老天津在产育生活方面不乏丰富多彩的民情民风。

旧年妇人多在家中生产，孩子降生的同时，产房要挂上大红门帘窗帘，门窗上还需挂红布条，其意一是喜，二是避。避，要隔风寒，以免"产后风"；再避凶煞外邪，津人素来笃信红色的神奇力量，希望虚弱母子健康平安。有的家庭还会挂桃枝、红枣、栗子、大葱、铜钱等，以"桃"谐音"逃"，寓逃脱灾难；"枣"谐"早"，"栗"谐音"立"，寓早立人快成才；"葱"谐音"聪"，寓聪明伶俐；"钱"喻"财"，寓富余不受穷。产妇闭门坐月子期间，街坊四邻，尤其是粗声大气的老爷们儿要尽量绕开产房走，哪怕路过也得压低声音，别惊到屋里母子。

孩子起名字一般要请有学识有权威的先生、长辈酝酿，此前常会由爷爷、奶奶先给取个乳名、小名。限于生活条件有限，文化程度低，所以多是随心顺口而出，或再加个"小"字、"儿"

字，林林总总，俏皮可爱、易记好叫就成，不像起大名那样引经据典推命理。

天津人起乳名大致有几种缘由。一是触景生情，就眼前所见花鸟鱼虫、猫狗鸡鸭、器物陈设、生活琐碎等"现挂"而成，比如铁蛋、满囤儿。二是根据孩子的

孩子在妈妈的陪伴中幸福成长（昔日《良友》杂志封面）

排行，如二猛、三妞。旧津很多小孩生来即排行老二，与拴娃娃习俗有关。三是讨口彩求吉利，如宝妹、来福、喜儿，直截了当表明愿望。四是如提前已起好大名，就用其中一个字叠字成小名，如英英、欢欢、庆庆。五是直接用动物名，如豹豹、虎儿，祝孩子健壮。六是受男尊女卑封建观念影响，为姑娘取男名，如轶男、山子；也有的盼下一胎生男，就叫招弟、引弟；少数还有男孩起女名，求儿女双全。七是20世纪50年代以来，乳名中免不了留下时代烙印，如跃跃、革革、老震，不一而足。

乳名可谓长辈送给孩子的第一份礼物，饱含着美好寄望。老

天津小孩乳名有或俗或"贱"或憨的一面，如狗剩、小疙瘩、球子，因为人们俗信这样孩子好养活，会长命得福。若小名偏阳刚，是希望孩子命硬命强活百岁；小名偏柔美，希冀孩子命顺和乐交好运。

昔时住胡同大杂院、宿舍院的人多，街坊四邻亲如一家，邻里之间私生活"壁垒"没那么讲究。妈妈着急找小顺子吃饭，只需在大院里扯嗓门喊两声就行，好心的伯伯婶子有时也会边走边接力四下帮寻，一来二去，大伙记住的往往是谁家谁家孩子的小名，某某丫头的爸妈，比如二儿他爸、称心她妈，而这户人家的姓氏、孩子的大名被淡化了，甚至多年不为人熟知。左邻右舍的孩子们在一声声小名的呼唤中接茬上学，在课堂当然喊大名，但只要跑到操场、走出校门大家玩起来，便听小名不绝于耳了。乃至几十年后同学会、邻友会聊到某人或童年趣事时，说大名有时难对上号，但若提起小名，即刻情景再现。

◆"洗三"求康健

旧俗传云，新生儿要等自主排出胎便后方可吃母乳，此前要给小孩用甘草水擦拭口嘴，谓之"开口药"。又说第一口奶要请正在哺乳的妇女来喂，喂男孩要请正在哺育女孩的妈妈，喂女孩则反之，取平衡守道的意思。

新生儿出生，孩子爹要尽快到亲友家报喜信儿，一并捎送喜面、喜糖、喜字糕饼，还有染红的鸡蛋，以"喜蛋"寓喜诞圆满。

有趣的是，20世纪20年代天津市面上曾见"大婴孩"香烟广告画，其上赫然画着一个大红蛋，里面坐着小童子，意在告知顾客新品面市。昔日鸡蛋金贵，有些亲朋随后来道喜时也送红鸡蛋、红糖、小米、挂面等。

小孩出生第三天，古俗要行"三朝礼"，天津人爱设喜宴捞面席。是日一早，要郑重其事地打开小褯褓（俗称蜡烛包，男用蓝布，女用红布）为婴儿洗澡，老天津俗称"洗三""三朝洗""汤饼会"，重在"洗"与"喜"相谐美好，除污秽求吉庆。此事由接生婆（津俗也称老娘）主持。过去医疗条件有限，若遇上孕妇难产，接生婆确需付辛苦，主家请她来也有多给赏钱犒劳的意思。1931年《天津志略》中记："产婆以槐条、艾枝水洗之……"先准备好新铜盆，盆中有艾叶草泡过的温水。艾的药效之一是抗菌抗病毒，有益婴儿健康。接生婆一边为婴儿洗，一边念叨喜歌："长流水，水流长，聪明伶俐好儿郎。先洗头，做王侯；再洗脸，赛神仙"，或是"洗洗脸，做知县；洗洗（腚）沟，当知州"等，极尽巧语花言。

洗三在产房进行的过程中，家人至亲可朝水盆里投铜钱或其他小的金银贺礼，曰"添盆"，添盆越多，象征小孩命越长，钱越多，人财两旺。也有人家还要加"响盆"仪式，即特意敲响盆子，甚至让孩子哭几声，喻示生活洪亮有生机。接下来是"搅盆"，水中放几个鸡蛋，接生婆一边搅水一边说吉祥话，见有蛋相碰便捞出，送给尚无子嗣的妇人，谓"碰头蛋"，俗信可得子。给婴儿洗礼好，未孕求子的女人可将水倒掉，要向内向回泼，这不免溅一身，谐音"后即有人"或"后继有人"。

接生婆给小孩擦干净包好，梳胎发，然后会用秤砣象征性地在小孩身上压一压，谓"压千斤"，期待担重任、成大器；再用大葱轻轻拍打几下婴儿，寓意聪明伶俐；又拿小锁头在小孩嘴、手、脚处比画锁一锁，期待谨言慎行。陆续准备一个新筛子，筛子上撒满花瓣，让婴儿躺在上面，象征性筛一筛，这时，细碎花瓣徐徐落下。缘何？旧年医疗欠发达，小儿出痘疹天花时常危

母子乐

及生命，被视为成长过程的重要关口，不可掉以轻心。洗三筛花也是希望小孩出天花过程中花落稀疏，顺利渡过难关。

　　早年娘娘宫有痘疹（斑疹）娘娘、散行天花仙女、散行天花童子、挑水哥哥（取水灭痘）、挠三大爷、施药仙官、痘哥哥、花姐姐等民俗圣像，其职能皆与保佑儿童健康有关，新生儿的奶奶、出满月后的孩子妈妈常会去拜。小孩平安出过天花后，缘此还衍生出"谢奶奶"以及给孩子送"掉痂烧饼"的习俗。前者为酬谢神明，后者是带芝麻的酥皮烧饼点心。进入20世纪50年代，医疗与疫苗日新，此俗消逝。

◆九天十二晌

　　老天津有的家庭还讲究为新生儿"过九天"。为什么崇尚"九"呢？古时无"〇"的概念，《易经》以奇数为阳数，偶数为阴数，九为极阳数，象征人的寿命无限大。重阳节也源于此，农历九月初九是两个极阳数相遇的日子，谓重阳，也称重九，曹丕在《九日与钟繇书》中云："岁往月来，忽复九月九日。九为阳数，而日月并应，俗加其名。"婴儿九天大，自是吉祥之日。

　　过九天，大家来庆贺一番，意在祝福生命长久，生活多丰，也取龙生九子的寓意。再有，与"九"相关的成语很多，也托此希冀孩子将来能成九五之尊，一言九鼎，闯荡九州四海，干事十拿九稳。

　　在老天津，为孩子操持九天喜日子的家庭虽不算太多，但"过十二晌"是普遍的。婴儿12天大也叫作"小满月",人们俗信12天代表一年12个月,再说婴儿过了12天就相对硬朗了,长长久久好兆头。全家高兴,老天津有歇后语,奶奶（婆婆）抱孙子——大喜。老人家虔诚,有的会专门摆上供桌,行礼拜喜神、炕神、送子娘娘、观音菩萨。也有规矩重的家庭,产妇此时要给神明、婆婆磕头,意思是感谢老天眷顾生产诞子平安,感谢婆婆连日来的精心照顾。

爱吃馅食的天津人,特别是新生儿姥姥家,在这一天要特别为自家闺女好好包一顿饺子,馅料不厌精奢,盛碗盛碟时要满满的,寓意圆圆满满。饺子要趁热给闺女送去,让她趁热吃几个,俗称"捏骨缝"。此俗得于包饺子的捏合动作,也是对闺女的疼爱与祝福。因为产妇顺产开骨缝,到12天左右身体逐渐恢复,也算过了月子里的一关。与此同时,姥姥还要给"白眼儿"准备新衣裳,婴儿在此日第一次穿上裤子,俗称"十二晌穿长裤（生）长胯骨轴"。

按老旧保健观念,产妇体虚要在炕上休养一个月,首要保证奶水充足,再是不能下地（护腿）,不可吃生冷硬食物（益肠胃）,不能洗浴（免风凉）,不许做针线活（护目力）等,以免落下月子病。即便落下什么头疼腰疼小毛病,天津人也讲究"月子病月子养",即下一胎坐月子时再调养回来。如此,伺候月子成为产妇家的大事,一般会事先安排好得力人手。大户人家可专门雇有经验的保姆来,普通百姓多由婆婆或丈夫悉心伺候,丈夫最好不要与坐月子的孩儿他妈同睡一室。时代变迁,如今医院产房科学规范,还有专业的月子会所备选,产后的诸多琐事迎刃而解。

◆ 满月剃胎头

老天津长辈稀罕孩子，俗说"爱不够儿"，就在这如蜜的日子里，婴儿一个月大了。满月礼倍加隆重，曰"出满月"或"过满月"，双方家庭喜笑颜开，摆席！宴客！《天津志略》中记："产后一月为满月，戚友妇女多往贺之……乃设筵或演剧或他种玩艺以娱之，谓之办满月。"这天，亲朋好友前来贺喜送礼，小衣服、小铃铛（寓伶俐）、玩具老寿星（寓长寿）、食品一应俱全，甚至堆成小山。当然有送钱的，一般要包上红包，上书"长命百岁"等喜词。

剃胎头，新生礼俗又一要事。关于剃胎发，民间说法莫衷一是，有说十二晌时剃，有说满月时剃，其实都无大所谓，因为每个人生来发质发量差别很大，因人而异，从头做起、鸿运当头、吉意满满便是。

婴儿头顶、头皮很脆弱，所以剃胎头一定要请手艺老到的理发匠上门，主家别吝啬赏钱。旧时剃头用剃刀，手下没准头易伤到小孩或造成感染。往往剃胎头也是象征性的，只需轻轻一两下即可。剃头时，奶奶抱着孙伙计，姑姑或其他女眷在一旁捧着师傅带来的藤条小托盘，盘上有红布或红纸。丝丝胎发需用盘子接住，不能掉落到地上，图吉利。再用红布把胎发包好，缝进小儿枕头里，或专门收藏起来，寓意长命百岁。

民间讲究小儿剃胎头时头顶要留"聪明发"或"孝顺发"，脑后要留"撑根发",后者在津也称"小坠根儿",寓意牢牢拴坠住一个人的初始根基,福寿绵长。

张寿臣在相声《娃娃哥哥》中说泥娃娃"红袄绿裤,开裆裤,老虎鞋,梳个小坠根儿,拿支糖堆儿",这模样即源于津沽生活。另有单口相声《儿淘气》进一步描述:"那时候小孩儿的小辫儿也挺讲究:留在脑门儿的叫'刘海儿',在后脑勺的叫'坠根儿',在左右两边的叫'歪毛儿',天灵盖上的叫'木梳背儿'。他这小辫儿也留在天灵盖上,不过不是月牙形的,是滴溜儿圆,这就不叫木梳背儿啦,用红头绳一扎,冲天立着,这叫'冲天杵'!"

坠根儿小辫是老天津学龄前孩童的典型发式,常常

孩童头上梳着"冲天杵"

被家长梳理装饰得很漂亮,编进五彩头绳,发梢处且留出一段,活泼灵动挺好看。笔者脑后也曾留小辫,直到五六岁才剃去。

胎发在民俗理念中有神圣的生命意义,历来为人所重。现代生活理念日新,一些青年爸妈会为儿女精心保存胎发,或用它做成毛笔,有诗书传家久的美好祈愿。

◆欢欢喜喜过百岁儿

时光飞逝，眨眼间孩子要过百晬儿（过百岁儿）了。百晬（zuì），文言，小儿诞生满百日举行的贺宴，宋人孟元老早在《东京梦华录》中即云："生子百日，置会，谓之百晬。"在天津民间也叫过百岁儿、过百天儿。

婆家设宴待客之外，一定要给小孩穿上百家衣。它源于百衲衣，有千家万户都保佑的意思。还要戴上长命锁、手镯、脚镯，有金的、银的、玉的，其上布满吉祥图案，其上必有"长命百岁"字样，有的还加麒麟图，又名麒麟锁。为啥戴锁？寓意避灾驱邪，锁住孩子保健康，这与"坠根儿"以及旧津姑姑送"蓝紫裤"一条裤腿蓝色，一条裤腿紫色，谐音"拦子"，拦住孩子求长命）的道理是相通的。另外，与百家衣相衬，锁子也叫百家锁。婴儿的镯子也须是活口的，图吉利。关于长命锁等物，也有在周岁时赠戴的。

过百岁儿，条件稍富裕的姥姥家除了要送小孩新衣、红包外，还得准备百个寿桃小点心，以及面条、鲜肉等食品，一并为闺女、外孙捎带着，其隆重甚至不亚于当年闺女出阁的陪嫁。小孩出生以来各方贺礼不断，老虎鞋（虎头鞋）是亮点，虎乃百兽之王，大可防病避邪保平安。鞋子多则做六双，款式、颜色不同，鞋上除必备元素外，还缝绣莲花、牡丹、南瓜等图案，民谣唱："一对牡丹一对莲，养的孩子中状元；一对石榴一对瓜，孩子活到八十八。"另外，老天津人送礼还讲"分工"，比如"姑的鞋，姨的袜，

百家衣

姥舅舅给马褂"一说，比如"（穿）姥姥（做的）裤子长得大"或"舅妈做，姥姥穿，外孙活到八十三"之类。

20世纪二三十年代，天津高雅人士礼尚往来会送银盾。银盾由西方贵族的族徽演化而来，1860年天津开埠后，这物件西风东渐。银盾大小约一尺，横式或竖式，银质盾面上有花样纹饰，背面加硬木托（座），可挂可摆。祝贺生子的银盾上常刻"喜得贵子""天赐麟儿"字样，笔者见过的一款银盾上有隶书"永诚先生令郎弥月志喜"文字，下款写"友谊吕博鸿暨侄连霖、连森，乡愚弟解其俊，敬贺"，堪称情深义重的文化时髦礼品。

◆周岁抓周

乳汁甘甜，小儿茁壮，转眼已四处跑跑颠颠。一岁庆生，天津也叫过满岁儿，有一重要仪式——抓周，古称"试儿"。典籍有

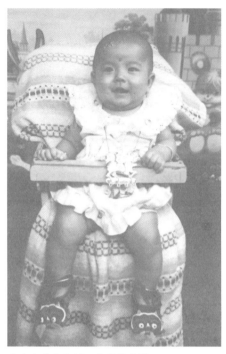

小宝宝戴长命锁、拍百岁儿照

云："陈笔墨、算盘、银钱、食品及零星物于其前，令抓取之。"后来，随着生活进步，抓周的道具也有书报、听诊器、玩具剪刀、小皮球等，五花八门。东西摆在孩子面前，看他抓哪一件，津人俗信可预测其来日贵贱贫富、才智贤庸，或长大从事什么职业。比如抓了文房四宝，众人齐夸孩子一定爱学习；若抓了大馒头则预示孩子好吃喝。传说国学大师钱钟书抓周时抓了书，所以其父为他取名"钟书"。其实婴孩一下接触这么多物品，不过是凭直觉与兴趣，权重好玩罢了，与人生路并无必然联系。抓周仪式流传至今，网购即可买到套装道具。

闷了整整三十天，终于迎来出满月的日子，母子二人可适当见见天儿、呼吸呼吸新鲜空气、去看看姥姥、待待客了。产妇心情大好，涂脂抹粉梳洗打扮一新，全然恢复了美女模样。出满月，妈妈一定要抱着孩子到娘家、姥家小住几日——挪臊窝儿。旧俗多趣，孩子出门前在鼻尖涂点墨汁、灶灰之类黑色，何意？娘儿俩的吃穿用戴一应俱全要捎着，大有兴师动众赛搬家的阵势。途中抱紧孩儿，边走边喊乳名，俗信以免"丢魂"。闺女荣归，"白眼儿"头趟来，娘家好吃好喝好待伺。旧话调侃"白眼儿"是娘家的狗儿，吃完就走。小别几日，奶奶想念"红眼儿"啊，艁窝儿挪罢该回婆家了，此时要在孩子鼻尖上抹些白粉面，前后的意思是"黑鼻儿去，白鼻儿回"，即来时候黑瘦，住在娘家这些天养得又白又胖。母子要在日落前赶回，娘家人送行时要给褯褓里塞钱带礼，视为见面礼。

随着照相普及民间，天津小孩必有一张百岁儿照、周岁照，胸前的长命锁、嘴边的小蛋糕闪熠生辉。今非昔比，时下的儿童影集最是影楼的热销产品，洋洋一套，不厌其烦。笔者的孩子出生在90年代，也留有一些可爱的影像，近日将其从出生到周岁的照片整理成册，成为最美好的初心记忆。

◆四五岁认干娘、钻爬开裆裤

有的小孩天生体弱，家人最期望娃儿健健康康的。老天津有习俗，就是恐怕孩子命有不测，待他四五岁，也许更早，便张罗为他寻干娘拜下，此俗尤其以男孩居多。拜干娘也称认干娘，即请位"全合"中青年妇女也当这孩子妈妈，谓"寄名"。全合人需身体好，心地善良有福相，要丈夫健在，有儿有女，甚或有三五个孩子才好呢，人们俗信这样的妈能佑护小孩没灾没病平安过一生。

认干娘是件大事，先前一般通过街坊四邻、亲戚朋友打听、物色合适的人选，一旦有眉目，由中间人事先沟通，看人家是否愿意。全合人往往不会拒绝，因为这也属献爱心行善积德，但也有人担心命里本有几个孩儿是有定数的，认下一个也许会"顶"自己一个，所以委婉推辞。

准干娘应允，皆大欢喜，办仪式的日期双方商定，常选在小孩生日、菩萨寿诞、天后老娘娘寿诞等良辰吉日。喜日子前，孩子家要为干娘准备一条好面料的裤子或一身新衣裳，有趣的是，别缝上裤裆，当天让孩子钻进裤裆再爬出来，象征如干娘己出，且重获了新生。同时，干儿向干娘磕头，大声招呼"娘"或"干妈"，干娘的丈夫也在座，一并尊为干爹。干娘也给娃儿准备小礼物，以一副碗筷最吉利，那碗讲究是铜的，意思是不怕磕碰，顺顺当当一辈子有饭吃。如此，这门亲就算认定了。孩家大摆筵席款待干娘，两家结为干亲，亲朋友邻纷纷祝贺。

相形之下，干娘自己的儿女也成为干儿的干哥、干姐、干弟、干妹，他们长大成人后又有了干嫂子、干姐夫等，大家往来亲如一家，称呼基本上会忽略"干"字。当然，认干娘不同于"过继"，干儿日常还是跟亲爹亲妈生活在自己家，但逢三节两寿（春节、端午、中秋和二老生日），或干娘有个头疼脑热不舒服，干儿一定要买礼品去看望。有的娘俩虽为干亲，可关系走得很近，以至于胜过干娘亲生儿女，干儿孝敬干娘，为其养

儿童药广告画

老送终者大有人在，也会传为美谈。

认干娘不仅限于儿童体弱，老天津有的家庭支脉比较单一，且又为独生子女，故也不乏认干娘、干亲的习俗，意思是增强家族力量。

◆挂锁与丢乳牙

在老天津，如果见小孩天生体弱不壮，还有到僧庙挂锁、认师父的风俗，长辈祈盼新生儿健健康康没灾没病。一些人早早就带小孩到城隍庙、娘娘宫、太阳宫（西头双忠庙附近）去戴锁、认师父。戴锁也叫挂锁，即庙里人编结红绳、蓝绳系上一枚老钱，象征孩子"挂名"成俗家弟子了，已跳出红尘外，会长命百岁。

可爱的胖小子

此关系一般存续12年，届时少年硬朗了便"跳墙"还俗了。

老天津妈妈例儿挺多，比如小孩6岁左右该掉乳牙换恒牙了，丢掉小牙也有说道。俗说上牙要扔河里，若距离河远咋办？最好丢流水沟里，意思是祈望经过流水冲刷，来日孩子新牙洁白周正。也有人把小牙丢到床下柜下隐蔽处，怕被人踩到，怕影响新牙亮白。下牙需扔到房顶，寓意茁壮上长，且不易被人碰到。孩子小没劲，向上丢的活儿常由爸妈、哥姐代劳。

"在外边玩时那牙要是掉了可别乱扔啊，捎家来！"长辈皆盼孩子向好，常有此叮嘱，只为图吉利求顺遂。

第五辑

车水马龙

◆摆渡与帮摇

天津，因明成祖朱棣津渡南下而得名；天津，因顺渡南北客商而发展，六百余年的风风雨雨中，这座城市与渡口结下了不解之缘。天津地处九河下梢，河汉纵横，但早年桥梁稀少，渡口与摆渡船的作用尤为显著。清乾隆《天津县志》载，明万历十六年（1588年）天津已出现渡口，比如在小刘

清末民初海河三岔口一带的渡口与摆渡

庄一带即见。历史上，津沽渡口大致分为官渡、私渡、义渡、专渡等。

官渡是官府为方便驿使而设立的，早年的官渡以北码头、晏公庙、大直沽、宝船口、西沽、寇家口、真武庙、杨柳青等处的较为知名，若是普通百姓过往需缴纳少许费用。私渡常为个体船户开设，往往是家族式经营。义渡主要由乡绅大户捐资或由僧人募化修建，近于公益，民众过往不花钱或花费极廉。1860年天津开埠后，九国租界相继设立，海河两岸也出现专供外国人使用的渡口，俗称专渡。

据民国时期王守恂所撰《天津政俗沿革记》（又名《天津县新

志》）表述，至清宣统年间北运河上有19个渡口，南运河上有18个渡口，子牙河上有3个渡口，海河上有27个渡口。

来往于河水两岸的木船叫"帮摇"，是行渡的主要载体。小船停靠岸边，客人随来随渡随过河，或是凑足三五个人一摆。当然，渡单人要比几人共渡所付费用多些。有的河道较窄，水流又缓，船夫便在两岸架起结实的绳索，攀拉绳索无须费力划船即可过河。随着渡口与从业者的增多，繁华地段的某一渡口不免有数家帮摇竞争拉客，船主间钩心斗角、打架斗殴时有发生，甚至有的地痞流氓还在渡口称王称霸，不劳而获。如此这般，老实的船夫不仅要面对河流的险境，上岸后也会遭到"狗赖儿"的盘剥。

◆走浮桥，滑冰车

老天津的渡口、摆渡船生意忙，与之密切相关的浮桥便出现了。浮桥一般在客流量大的渡口，由多艘木船编组而成，常为开启式的浮桥。"浮梁驰渡"乃有名的清代"天津八景"之一，是浮桥上车水马龙景象的凝练。比如，可达京师的西沽浮桥、南运河上的钞关浮桥（北大关浮桥）、北运河上的窑洼浮桥、东门外海河上的盐关浮桥（东浮桥）、老龙头车站附近的浮桥等，通行量都很大。后来，随着城市的发展，在一些浮桥处相继建起了金华桥、金钢桥、金汤桥、万国桥（后名解放桥）等。

1949年1月天津解放后，市区的大多数摆渡船相继恢复运营，客流不断。1956年，私营渡口全部被公有化，相关的管理机构出

清代《潞河督运图》绘北大关浮桥

现。1958年前后，天津市内大致有18处渡口，如海河上的杨庄子、挂甲寺、刘庄、田庄、大光明、大同道等处，北运河上的柳滩、西沽、辛庄等处，南运河上的育婴堂等处，子牙河上的大红桥、堤头、炮台、窑洼等处，为人们的出行与商贸带来便捷。

　　寒冬封河，摆渡船无法运营，人们出行受阻，有些人便在冰冻三尺的河道上操持起撑"冰排子"拉客的力气活。天津人说的冰排子就是在冰上滑驶的拖床。干这一行的以海河三岔口、大红桥、席厂村、东于庄、白庙、北仓等地沿河而居的贫苦汉子居多。他们头戴毡帽，穿着厚厚的羊皮袄或大棉袄。他们的鞋也与众不同，是用一大块带毛的牛皮罩捆在脚面上，既可御寒又可防止泥水浸入鞋里。撑冰排子的把铺着狗皮褥子、厚草帘子的冰床放在岸边，三五成群地聚在一起，一边聊天一边招呼着过往行人。路远者需要提前商议好价钱，若是较近，双方不必讲价，乘客到地方随心掏点银子便是。撑排子的人习惯凑够四五名乘客撑一趟，相对划算些。

大冰排子是民间出行工具的一种，相形之下二尺见方的小冰排子在冬天也飞驰在大小河面上，当然它更多的属性是玩，大人小孩都喜欢。20世纪70年代笔者尚小，寒假里常滑着冰排从芥园顺着南运河滑行到西郊杨庄去舅舅家玩，进门一身汗，毫不觉冷。如今，摆渡、浮桥、冰排子等成了记忆，渡口船票也成为故纸收藏门类。票面显示，50年代至80年代每人每次渡费仅需1分钱。

◆ 有坐轿，有骑驴

坐轿子是中国古老的出行方式。在旧年的天津城，除少数大宅门自备轿子、自养轿夫外，多数人家需用之时要到专门的轿子房租轿子、雇脚力（轿夫）。雇轿子一般得提前预订，或二抬或四抬，轿房据此收取租赁费、脚力钱。劳力费不仅按路程收取，有时还要综合天气冷暖晴雨等因素。稍有头面的当官的一般用4人抬的官轿，妇道人家只用2人抬的小轿就可以了。官员喜欢轿子四平八稳地走，生意人喜欢让轿夫"飞轿"跑步行进，以示有派头儿。

相对富裕的家庭为了让家人威风体面，路上又平平安安的，往往不会与轿房太过计较费用。轿夫们辛苦一路，到了地方还经常讨好主家，以便拿到额外的酒钱、茶资小费。比如，哪位少奶奶回娘家参加什么喜寿大事，当轿夫们稳稳当当把轿子抬进院，闺女下了轿，老妈妈甭提多乐了，再看轿夫连忙道喜，主家一高兴，赏！赏钱归轿夫自用，与轿房无关。

在老天津，接新娘必备大红轿子，还特别讲究明媒正娶的八抬大轿。清代，天津街面上已有专门的喜轿租赁铺，且可操持以轿子为核心的隆重的婚庆仪式。他们不仅提供花轿，还附带随行的轿夫、锣鼓手、执事，乃至各种喜庆道具。八抬大轿的轿杆长，有的胡同很窄，不便转弯，于是就出现了大轿里套小轿的形式，方便新娘换乘。轿子前，除了开道锣之外，领轿人也不时会招呼：左边照（左转）、右面照（右转）、迎门大踢（前面有石头）等，意思是提示安全。

后来，由马车（俗称大车）改装衍生的轿子车出现了。早年的马车常为畜力拉车，富商大户人家一般添置有自家的轿子车，做工十分讲究。车身上有车篷，篷子外罩着罩衣（罩棚），用途不同，罩衣颜色也不同，有的上面会镶边刺绣，煞是美观。车篷的两侧、后面各设一窗口，前侧留门，门上垂着帘。车辕、车尾大

鼓楼街面热闹熙攘，可见抬轿子的人

多装饰着镂空的铜饰。再看那驾车的马，绳套上、笼头上也有铜饰或缨穗，马头、马颈间再系铜铃，行进起来铃声悦耳。

辛亥革命以来，随着社会进步与各类交通工具的发展，传统乘轿代步的出行方式逐渐减少，但天津人仍喜欢在接新娘、新媳妇回门等特殊场合用轿子。

马，素来是人们出行的重要良伴，古代天津人也骑马出行。现在想说的是和民生更为贴近的、更"草根"的毛驴。"我有一只小毛驴，我从来也不骑，有一天我心血来潮骑它去赶集……"天津百姓走远道赶集、串亲戚、游玩、媳妇回娘家，特别是乡下人，常会选择"驴脚"，它走在郊外坑洼不平的路上尤有优势。清光绪《津门杂记》中说："赶脚者，执鞭飞跑，追随驴后。"又称："自官道工竣，人庆康庄，赶驴脚者及拉东洋车者日益增多，约以数百计，尚陆续增添，有加无已。"

驴脚脚行一般开设在城郊接合部主干道旁，比如城西西大湾子驴市口就是天津人出行雇驴脚的集散地之一。说好去哪，谈妥价钱，客人骑上小毛驴就上路了。赶驴脚的人或牵着毛驴，或紧颠慢跑跟在驴后，时不时朝驴屁股上抽两鞭子。有的人为了多招揽主顾，便将小驴捯饬一番，给它戴上红绿绒花或拴个铜铃，驴背上的绣花软鞍垫也很漂亮。赶脚的与客人唠着嗑，二三十里路转眼就到了。老马识途，毛驴也多少有这天性，有的脚行遇到熟主顾，且路不太远，有时便会在出发前收了钱，让客人自己骑上毛驴出行，到目的地以后放驴回来即可。

◆拉胶皮的苦为难

《骆驼祥子》是老舍的代表作，故事耳熟能详。人力车，又称东洋车、洋车、黄包车，至于车的样子，读者在电影电视中常见：两个车轮承托一半圆形或方形车厢（车斗），车身前有长长的两条车把，车把顶端有横木相连。客人坐在车上，车夫拉车快跑。

人力车传入中国并得以使用，可谓我国商业化短途客运的重要标志。关于传入的初始，学界莫衷一是。据社会科学文献出版社2000年9月版《西洋器物传入中国史话》介绍，人力车的发明者有三种说法，但都认为它的发明地在日本。约在清同治十二年（1873年），西方人率先将这种车子引进上海。这一年的6月，法国人米拉向上海法租界当局申请人力车客运专利，当局同意他购置车辆。同年8月18日《申报》也刊载了相关消息。

也是在1873年，在天津筹办轮船招商局的实业家盛宣怀，从日本购买了一辆人力车，成为天津首见。老北京出现的第一辆人力车是日本人送给慈禧太后的御用车。当然，这仅属于私家奢侈品，与运营无关。在上海、北京，国人纷纷仿造，人力车也随之传入天津。它快捷方便，很受市民欢迎。至光绪三十二年（1906年），天津有车厂230处，人力车6000多辆。

最初，人力车高大的车辐辘是木制的，外包铁皮瓦圈，跑起来震动较大。进入民国后，人力车的车形多有变化，车辐辘改为钢圈并加了胶皮条，故得"胶皮"之名。车厢也多改为半圆形，黑色的、棕色的、黄色的都有。无论是车厂里的包月车，还是大公馆、富宅门里的私家车，都很讲究车子的装饰。车身、车把油漆一新，车座上有可以开合的遮雨布棚，车座前有布帘挡风，车座底板处有脚踏的铜铃，车身两侧还有电石灯。

昔日天津旭街（今和平路）上拉胶皮车的比比皆是

"拉胶皮，不赚钱，穷人奔波广为难。"穷苦汉子若选择拉胶皮来谋生，先要找熟人作保，再向车行租车。车夫们每天按规定时间出车、收车，然后向车行交份儿钱（租金）。所以，他们必须在有限的时间内尽量多拉快跑，挣够了租金还得想着一家老小的饭食。如若车子碰了，车轮坏了，车夫需自掏腰包修理。虽然十里八里地跑下来已满头大汗，可他们舍不得歇息，仍不时地招呼着路人。传说，老天津拉胶皮的就怕在东马路马棚胡同那地方碰见一个执勤的警察，此人见到拉胶皮的违规，既不扣车，也不扣人，而是二话不说拿起车坐垫就朝过往的白牌电车的车顶上扔去。如此，车夫便无法拉客，只能等到电车围着老城绕一圈后再途经这里时才能取回车垫。

昔时童谣唱："东洋车，好买卖，大爷拉着大奶奶。"车夫们都希望能有个条件好的人家或演艺界的女星来雇包月车，因为这样不仅有相对高的收入，或许还能管饭、添新衣裳。拉包月的除了早晚接送主人，日间侍候其他老小外出，有时也兼顾采买。

进入20世纪30年代，天津街面上的载客人力三轮车逐渐多起来。蹬三轮的以二三十岁的小伙子居多。开始，车夫因车技不熟练，人仰车翻之事时有发生，所以乘客较少。由于三轮车又快又平稳，后来逐渐取代了胶皮车。随之，"拉胶皮的蹬三轮——改行了"之类的俏皮话也出现了。英租界、法租界车水马龙，人力三轮车不限行，乘客也觉得新奇，生意自然不少，所以一些车夫经常爱往那边跑。商场、戏院门口是等客的好地方，车夫把车擦得锃光瓦亮，座椅掸得一尘不染。冬日里，车夫还要给后座安个棉篷子，以免客人受冻。至1943年左右，天津市内的人力三轮车已有6000余辆。

◆河船海轮通四方

说到老天津人出行，注定离不开古老的交通工具——船。海河水系的永定河、大清河、子牙河、南运河、北运河，特别是流淌在城区的海河干流，以及京杭大运河天津段，航运尤为发达，帆樯林立，往来频仍。此间，载货的船只常见有尖头对漕船、一身船等。对漕船是漕船的一种，平底浅舱，前后可以分开，遇狭窄河道转弯困难或搁浅时，船体可一分为二。至清末，随着漕运停止，漕船逐渐淡出。载客的船只以通往各地的集船（埠船）为主，还有跑短程的帮摇船（客货两便）。集船一般有固定的航线、班次，定期往来于城乡。载客的官船一般体量较大，普通的民用客船相对较小。

1860年天津开埠以来，加之沿海经济的发展，海河成为通往南北各地（乃至南洋）的必经航线，天津也成为华北地区水陆交通的枢纽。清同治《续修天津县志》卷二中有载："轮蹄辐辏，舳舻扬帆，往来交错，尽昼夜而无止……"

津保（至新安）、津磁（至沙河桥）、津沽（至大沽）是近代天津对外交通的三条重要内河航线。津保线可通京畿要地保定，280余里，顺着大清河途经西青、静海、霸州、文安、雄县等地，客源众多。直到新中国成立之初，这一航线还比较繁忙，比京杭大运河的衰落要晚半个多世纪。再有，津磁线可达河间沙河桥，290余里；津沽线可到塘沽大沽，百余里。据1930年版《天津志略》载，这几条航线的船票价格分为甲、乙两等，专门的价目表也让乘客心明眼亮。比如津保线上最远最贵的票价为三元四角（大洋），最近最廉的票价为五分；津沽线上最高票价三角五分。书中表述，当时天津内河航线中共有九艘小火轮，专门用来载客，也可拖带载客的木船。

后来，随着内河航运局的出现，载客的大小帆船的运营受到冲击，但天津河道密布，除了上述三条主航路外，老帆船依旧在他处发挥着重要作用。旧年，客运帆船主要停泊的码头有几处：如西站前码头，乘客可至德州、临清、济宁；如金钟桥码头，至芦台、唐山、河头；如北营门外大红桥码头，至保定、清苑。

我们再来说说海运。天津开埠后，天津港迅速成为外国轮船客货运输的北方中心。西方列强利用特权，以洋行为依托，不仅把持着长江一带的航运与进出口贸易，同样也将触角伸向了天津港。

民族要发展，必须打破外商轮船独霸。同治十一年末（1872

年12月）李鸿章筹建的我国第一家大型官督商办民用航运企业——中国轮船招商局在上海诞生，随之，天津轮船招商局在次年1月也成立了。津局设在紫竹林南面的沿河地带，相继建起栈房、码头，成为天津港与外商抗衡的支撑

大轮船进入海河码头

企业。此前，天津港尚无中国籍轮船出入，天津轮船招商局一举改写了历史，令当时在津经营海运的一些洋行也感到了不小压力。

那时的天津轮船招商局拥有新铭号、新丰号、遇顺号等海船，天津乘客乘船可到烟台、威海、上海等地，或乘其他洋行的轮船也可顺利出行。成书于光绪二十四年（1898年）的《津门纪略》中将乘船视为在津出行的重要方式，"航海指南"一节里所列的天津至全国各地的路线、里程、途经、价格都比较详细。

◆ 电车险象环生

天津是我国最早通行公共交通有轨电车的城市，它的到来大大方便了民众的出行，使出行更加文明进步。20世纪30年代，坐电车到劝业场逛逛，可谓津城最时髦的消闲生活。当年的电车，

或许像如今人们眼里的磁悬浮列车一样，神秘而摩登。

话还要从1900年庚子事变说起。八国联军占领天津城不久，在津的洋商就向都统衙门提出铺设有轨电车的事宜，最终，比利时天津电车电灯公司胜出一筹，获得了电车以及城区供电的经营权。代理经营的世昌洋行于清光绪二十八年（1902年）在香港完成注册。光绪三十一年（1905年），天津电车电灯公司在西南角建起车库，此后也留下了"西南角，广仁堂，电车公司叫卖行"一说，以及"电前胡同"的地名。

"当——当——当——"电车来了。经过近一年多的筹备和轨道铺设，光绪三十二年（1906年）正月二十三（即2月16日，据《天津通志·大事记》）津城有轨电车正式开行。线路从北大关起，分别驶向东西两面，沿围城四条马路环行。因电车车头顶部有白色的横额为标志，所以人们又俗称其"白牌"电车。《天津地理买卖杂字》中有云："四马路，安电线，白牌电车围城转。"电车的

老天津日租界旭街（今和平路）上行驶的电车

到来一下子让天津人倍加兴奋、新奇。《大公报》在报道通车典礼时说："搭客甚多，道旁观者如堵。"车厢里也是"座间客满，肩为之摩"或"姑藉以游览者"。最初，电车座位有一等、二等之分，票价低廉，电车围老城转一圈，头等座收一个铜子，二等座位仅收半个铜子。1918年以来，津城有轨电车又相继开通了红牌、蓝牌、绿牌、黄牌、花牌线路。

习惯了随便行走的老少爷们，习惯了健步如飞的车夫苦力等，面对街面上突然驶来的"庞然大物"，真的一下子很难适应电车带来的"冲击"，相互之间不免会发生些小摩擦。还有很多人爱追车看热闹，险象环生。当时，马路巡警不断维持着秩序，并特别发布了告示："电汽车已经开行了，车又重，走得又快，若不小心，要是碰着轧着，大有性命之忧。所以电车公司行走章程上说，连坐车的客人都不可以随便上下，漫说看热闹的同那不懂事的小孩子们，岂可以随便围着观看跟着车跑，那不是自寻苦恼吗……我说的是很要紧的话，你们可别当耳旁风啦！"

◆有轨电车、无轨电车

电车围城转可谓清末民初天津城最热闹的市井，老老少少围观者众。且说电车售票员的脖子上戴个小哨或小喇叭，吹哨便是告诉司机可以开动了。小脚老太太走不快，见车来了，一边颤颤巍巍地招手追车，一边喊"别吹，先别吹呀……"售票员和乘客忙着走，连说："快点，快点。"这下老太太更慌了，情急之下便说："你别催！"如此，天津传下了俏皮话："老太太坐（上、追）电车——你别吹（催）。"

进入20世纪20年代，电车票小有涨价，虽然人们不断抗议，但大多数市民已接受并习惯了电车为出行带来的便捷。据《天津租界社会研究》中的统计资料表明：宣统元年（1909年），天津电车的总乘客人数为675.7万人，日平均数1.85万人。到了1940年，总乘客人数猛增至8183.7万人，日平均数达22.42万人。电车在交通生活中的作用可见一斑。

电车穿行，行人需小心

白牌电车初为单轨，光绪三十三年（1907年）改为双轨。次年，天津又开通了黄牌、蓝牌、红牌三条电车线路。如蓝牌自北大关经北门、东北角、东南角、中原公司、劝业场到东火车站，天津人出行越发便捷。此后，绿牌电车于1918年通车，花牌电车于1927年通车，如上六条线路全长21.6公里，运行电车55辆，区域包括华界与法租界、日租界、意租界、奥租界、俄租界。如花牌自东北角经东门、东南角、南市、劝业场至海大道。到了1947年，天津增设由金钢桥到北站的紫牌电车，从此形成了天津有轨电车的"七彩线路"。

早在1949年初天津就筹建无轨电车，计划从日本进口十部车辆，但因为经济封锁等原因，此计划搁置，于是技术工人发愤图强自行研制，至1950年末获得成功。1951年4月天津无轨电车厂正式成立，同年7月，天津第一条国产无轨电车线路通车，由解放桥通往新仓库。与此同时，天津电车修造厂也在6月开工，当年即制造出15部无轨电车，其中5部投入运营，10部支援沈阳。

随着城市发展进步与业态调整，加之我国石油逐步实现自给，进入60年代以来天津陆续拆除或停运有轨电车（其实在50年代因道桥因素已拆停少量线路），至1972年底有轨电车全部停驶。到了1994年7月，随着94路车改汽车，无轨电车在津也画上句号。

◆公交四通八达

有轨电车、公共汽车、无轨电车是近现代天津公共交通系统的重要支柱。自清光绪三十二年（1906年）首辆有轨电车开始运营，天津成为我国最早通行公共交通有轨电车的城市，市民出行更加文明进步。至1947年的紫牌电车，天津有轨电车形成了白、黄、蓝、红、绿、花、紫（牌）的"七彩线路"，路网遍布繁华街区。

相对有轨电车来说，公共汽车在天津的出现并不算早。那是1925年的春天，商人李树堂、刘仁甫从国外购买了几辆破旧汽车，在津创办了同兴公共汽车公司，开始载客运行于万国桥（今解放桥）至河东大直沽之间，成为天津最早的一条短途公交线路。

虽然乘客并不太多，但毕竟有利可图，加之当时津城商业经济发展较快，市井繁华，于是又有几个广东商人集资在1927年开办了天津公共汽车公司。紧随其后的1929年，拥有50多辆车的天津公共客座汽车有限公司兴起，老板是丁志鸿。这家公司的车辆皆为黄色外观，因此被市民俗称为"黄公共"。

20世纪30年代中期，天津公共汽车业发展较快。1933年，天津市政府出资开办了市营公共汽车公司，第二年设立公共汽车经营处，是天津第一家公办的公交公司。然其管理不善，不久即由同兴公司接管。与此同时，民间资本运作的云隆功记公共汽车公司、公共客座汽车有限公司等相继投入运营。市场竞争随之而来。广东人办的那家公司颇具实力，相继承包或收购了市营公司、

同兴公司、云隆公司等，暂时形成一家独大的格局。1935 年，"蓝公共"出现在人们的视线中，它是由刘洪绩开办的云龙公共汽车公司的 10 多辆车，可好景不长，生意只维持了一年左右便因竞争不利被并入同兴公司。

20 世纪 70 年代的天津公交车

由于外商公司垄断了电车运营，所以当时的公共汽车只能委屈在不通电车的路段跑，比如从英租界马场道至日租界福岛街（今多伦道）的线路、从官银号至北站的线路等。

随着"七七事变"的爆发，日军强占了天津公共汽车公司，于 1938 年成立华北汽车公司天津公共汽车部，很快变成完全由日本人操控的天津交通股份有限公司。1945 年日本投降后，这家公司被国民党接收，更名为天津市政府公用局电车汽车临时管理处，公共汽车、电车合并经营。进入 1948 年，二者又被分开，此格局一直到天津解放前夕。历经蹉跎的天津公交几乎沦为烂摊子。

1949 年 1 月天津解放以来，人民政府公用局接收了原有的公共汽车、有轨电车的经营，部分线路恢复通车。1950 年 2 月，公共汽车管理处更名为公共汽车公司，实行企业化管理。

新中国成立之初燃油紧张，鉴于有轨电车制造、运营的良好

基础，天津于1949年11月开始研制无轨电车。次年12月12日，中国第一辆国产无轨电车在津研制成功，一举打破西方国家对我国在这一领域的经济封锁。1951年6月1日，天津电车修造厂成立，随后顺利生产出15辆无轨电车，部分车辆计划投入运营，部分支援到沈阳的公交系统中。当年7月1日，天津第一条无轨电车线路正式通车，从解放桥到河东新仓库一带，全长5.2公里，使天津成为我国第二个拥有无轨电车的城市。不久，该线路延长，一头至郑庄子一带（后又到天津钢厂），一头到中心公园，定名为无轨1路、无轨2路。接下来的1959年、1960年、1963年、1965年，无轨电车3路至6路相继纳客，城市公交开始得到迅速发展。

1985年前后，无轨电车进入鼎盛时期，全市共有8条无轨电车线路：91路，解放桥至郑庄子；92路，中心公园至中山门工人新村；93路，中心公园至灰堆；94路，中心公园至水上公园；95路，山西路至灰堆；96路，解放桥至珠江道；97路，中心公园至财经学院；98路，水上公园至灰堆。随着时代的发展，到1993年天津只剩下两条无轨电车线路，仅有50余辆车在运营。1995年7月，随着94路改为汽车，无轨电车在这座城市完成了近半个世纪的历史使命。

◆木炭车与"大红头"

新中国成立之初，国民经济困难，加之自然灾害影响，燃油供应缺口很大，那一时期的天津也像其他一些城市那样，有"木炭汽车"参与公交运营。比如从西关西至杨柳青、北站至宜兴埠的公共汽车就是如此。

其实，早在20世纪30年代初，木炭汽车已在西方国家及我国沿海城市出现，其优点是可节省一定的燃油，类似如今汽车的"油改气"。那么木炭是如何成为燃料的呢？在汽车上加装大炉子，炉中烧炭，炉子上部外挂一储水器，其中的水不断滴入炉内，当木炭不完全燃烧就会产生一氧化碳。炉子侧面有两个孔，一孔连通鼓风机，另一孔把一氧化碳送出去，经过滤罐滤掉炉渣、粉尘，再输入汽缸，打火，一氧化碳即燃烧起来，发动机运转，汽车前行。当时，一般汽车行驶百公里左右只需50公斤炭，费用低廉，仅相当于半升汽油的价钱。

第一代木炭汽车

老天津的木炭公共汽车有煤炉外挂式的、内置式的，前者较多。外挂式煤炉在汽车后部，点火前，需要提前把炉子生着，相对麻烦些。车上，售票员紧挨着炭炉，既要卖票又要照顾炉子，行驶过程中还得注意加炭、清炉灰、摇鼓风机等。早期的木炭车车身大多为木结构的，在坑洼不平的路面行驶，上下颠簸，左右摇晃，车体吱吱嘎嘎响个不停。另外，遇到上坡路，汽车常会熄火，这时还要找乘客帮忙推车。有时候，车上带的木炭不足，中途若短缺燃料，甚至要发动乘客下车捡柴火应急。天津木炭公共汽车大致在60年代初退出运营。

新中国成立之初，天津公交系统中遗有一些新中国成立前的进口车辆，以及国家调拨的老旧外国车。比如分配来的一批"道奇"卡车，被改装成公交客车，用于17路公交线。这种车力量大，还可挂上一辆尾车。3路、4路曾使用匈牙利"依卡路斯"柴油车，虽然震动大、噪声大，但结构相对时髦，是天津第一批没有"鼻子"且能自动开关门的汽车。另有"奔驰"3500型客车，车质好，速度快，很受欢迎。

或许，老乘客对"大红头"公共汽车记忆犹新。1964年前后，来自法国的一批马力较强的"贝利埃"客车被改装后充实到1路（中心公园至北站）、24路（东站至西站）公交，它行进在马路上威武飒爽，堪称一道风景。

六七十年代，天津公共汽车、无轨电车的票价从几分钱到几角钱不等，相对实惠。月票中也有学生票，孩子们揣着它任由乘车游玩。如今，那些车票故纸已成为有心人的收藏品了。

改革开放以来，天津开始大量使用地产客车，有单机的，有铰链式（铰接式）的，逐步淘汰了老旧车。进入90年代，街面上风靡红白相间、绿白相间的铰链式公共汽车，也就是人们俗称的"手风琴"公交车。它载客量大，油耗相对不高，可谓城市公交与百姓出行的"功臣"。

新时代追求低碳环保，我们的生活不能再跟在"墨斗鱼"背后奔忙了。如今，欧3、欧4排放标准的新型空调车成为公交主体，电动公共汽车也越来越受到乘客欢迎。从清末天津白牌有轨电车运营，百年轮回，2006年末，集公共汽车与轻量轨道交通优势于一身的现代导轨电车，在天津滨海新区开通。它采用法国劳尔公司开发的系统和车辆，具有节能环保、无污染、噪声低、方便快捷、人性化设计等优点，领先世界。

◆骑上自行车去潇洒

早在19世纪末，刚刚在英国发明的链式自行车就驶进了大清皇宫，它是外国使团送给光绪皇帝玩的。后来，溥仪也在宫中练起了骑自行车，还留下锯掉门槛的故事。清末，进口自行车只有巡警和邮差使用，民间市场比较冷清。当时，骑辆自行车在大街上比现如今马路上跑的红色加长"悍马"还惹眼。在老天津，这让人炫耀的"鲜儿"被北门外丁家大少爷丁伯钰抢到了。丁家在钞关有收税的差事，日进斗金，大名鼎鼎。光绪二十六年（1900年）庚子之乱前，当丁伯钰知道了自行车这洋玩意儿，马上花大价钱买来，成为津城第一辆。他舍下豪华的八抬大轿不坐，骑上车子到处兜风，风头出尽。

宣统元年（1909年）兰陵忧患生在《京华百二竹枝词》中描写当时京城街面上屈指可数的几辆自行车时说："骑自行车者，见其有一种专门身法，拱其臀，耸其肩，鞠其躬，两目向前……人每遇之，急避两旁，而骑车者遂得意，洋洋飞行如鸟而去。"天津时髦客骑自行车的情形与此恐怕没什么两样吧。最初，就像几个大臣扶着皇上骑车那样，免不了跌跤磕碰，有的少年试骑在转弯时常常会人仰车翻，当街出丑，可他们爬起来飞上车子，仍旧一溜烟地与电车、人力车赛跑。摩登女子也会到照相馆拍张小照，崭新的自行车堪称最时髦的道具。为了生意，为了趋时，有的照相馆还加紧赶制出以芳草地、自行车为主题的布景、道具，甚至直接买来一辆进口好车，供人留影。女子们不仅仅停留在静态画面里，她们也十分愿意坐上自行车、骑上自行车去兜风，此情形乃至成为清末民初天津卫、上海滩最吸引眼球的风景。

商人们总能催生、拉动生活时尚。以民国初年天津《大公报》为例，每天版面上进口自行车广告接二连三，大肆宣传。如此，到了20世纪二三十年代，来自英国、美国、日本的凤头牌、蓝牌、三枪牌、红手牌、菊花牌自行车已被包括天津在内的沿海城市赶时髦的年轻人所青睐、所接受。然而，进口车的价格让人瞠目结舌，每辆一二百元大洋，这般天价着实让普通小青年望而却步，但他们挖空心思或借或租，也要弄来一辆小试身手。

1930年的夏天，鉴于天津日益浓厚的时尚风气，中原公司一面推出新口味的点心，一面开始了从中午到傍晚"迅送点心"的生意。他们特制"精密铜箱"，采办了数辆进口自行车，用来专门递送。

自行车的真正普及还要从新中国成立后说起。天津是我国自行车的发祥地（1936年就建有自行车厂），1950年喊出了"造新中国一代坚固、耐用、美观、轻快自行车"的口号，7月5日，

20世纪40年代天津街面上骑自行车的人

10辆样品车问世，工人们亲切地称之为"飞鸽"，誉其结实、轻快、漂亮。飞鸽牌，成为新中国第一个全部国产化的自行车民族品牌。到了1987年，"飞鸽"的产销量达到365万辆，全国领先。天津人对"飞鸽"一往情深，乃嫁妆必备。直到80年代末，新成家，赶富裕，无论是"三转一响"还是"四大件"，都少不了自行

车。计划经济，购买自行车的票证紧俏，不少巧手人便想方设法或买或收集零件，自己动手攒自行车。另外，一侧加厢式小挎斗的自行车也特别成为天津妈妈带孩子上下班出行的重要选择，曾风行一时。

◆富绅美女爱轿车

从一定意义上说，小轿车的出现是一座城市繁华的重要标志。据《天津通志·租界志》载，清光绪二十七年（1901年）天津租界内出现了第一辆汽车，为当时较先进的美国福特牌轿车。恰在同一年，有个叫李恩实的匈牙利人千里迢迢将两辆时髦汽车引到了上海。南北相映，汽车喇叭声吹响了中国交通工具的电气时代。此后几年，沿海发达城市中的外国汽车逐渐增多，一些洋人、富商开始乘车代步出行。

1912年，孙中山在南昌百花洲行辕谈道："交通之法，铁路为急务，然马路尤不可少，盖马路费较省便，且马路行自动车（汽车），自动车费亦较少……"辛亥革命后，以天津、上海、广州为代表的沿海开放城市迅速发展，随着大汽车、小轿车数量的增加与使用人群的扩大，天津民众对它的价值、作用也有了进一步认识，如有人指出："汽车一开，数百里程途，更可朝发夕至……"1913年，美丰洋行的开业成为天津首家汽车行之始，公司专销美国福特牌、林肯牌、马克瑞牌汽车，且与后来的公懋洋行、亨茂洋行、捷隆洋行等一度长期垄断津城轿车市场。民国初期一辆进口轿车的价格在3000元大洋上下，二手车价仅需几百元。

　　时至20世纪二三十年代，天津的爱车一族对小轿车的追求已不仅仅局限于速度，他们更顾及车子的舒适与华丽感，以期实现享受生活，甚至炫富的目的。以"别克"汽车为例。它早在清末民初就已成为天津等地上流人士的首选，乘坐者足以显示身份和地位。别克汽车创制于1903年的美国，几年后，英国商人在上海的洋行就将这份奢华代理到中国，同时流向天津。当时，我国的汽车工业是一张白纸，正因为如此，巨大的市场空间、潜在的购买力让外商红了眼。很快，小轿车让那些万贯家财的资本家和绅士们趋之若鹜，试乘的舒适感给了他们最风光的感觉，接下来只剩一个"买"字。别克车在上海、天津、南京等城市大获成功。

　　"奔驰""雪佛兰""梅赛德斯""纳喜""林肯"等名车紧随其后蜂拥而至，流行趋势完全与欧美同步，且谁也不敢慢待中国顾客，小瞧天津款爷。在那个时代的图画画报、广告招贴上常见这样的光鲜：有绅士驾驶着一辆老爷车，车载女伴，慢慢地行进在和煦

繁华路上跑来跑去的小轿车

的春风中，柳丝飘拂，好不惬意。或去舞场，或去郊游，兴趣不凡，好像不是用笔墨可以形容的。1927年9月的天津《妇女月刊》上有一则小文挺风趣，概括了当时时髦女子的一些爱好，比如爱洋钱、爱住洋楼、爱坐汽车、爱吃西餐喝咖啡、爱看电影、爱写情书、爱逛公园、爱跳舞、爱照相、爱穿高跟鞋等。稍有资本的女性已不满足坐电车、骑自行车的乐趣，她们觉得随便一辆进口轿车也让人倍儿有面子。或许，"香车美女"早在那个时代就开始流行了吧。

其实，小轿车也好，大汽车也罢，作为交通工具的作用发挥有赖于一定的政治、经济与社会条件。当时国内时局动荡，政令不一，且没有相关工业的支持，导致汽车发展受到很大制约，绝大多数天津人只能"望车兴叹"。与此同时，随着小轿车在马路上的开行，所引发的问题也屡有发生。有的司机漠视他人安全，任意驰骋，这自然引来市民的愤慨甚至过激言论。电气如老虎，汽车既被看作"交通之利器"，也被视为"杀人之利器"。那时，在天津繁华道路两旁的电线杆上，常可见"马路如虎口，当中不可走"之类的警示语纸条。尽管如此，许多人还是能够比较全面地从长远角度看待汽车的利与弊，并未因噎废食。相形之下，"香车美女"广告照旧招揽不停。

◆你好，出租车

在清末民初的沿海发达城市，虽然进口轿车屡见不鲜，但公共出租车行业却发展缓慢。我国出租车最早出现在上海，那是清光绪三十四年（1908年）的夏天，美商开办的环球供应公司百货商场为了方便高端顾客来往，专门出资购买了5辆新款凯特拉克牌（卡迪拉克）汽车，并提供出租服务。如果说这只能算作商场附属业务的话，那么较为专业的出租车公司是宣统三年（1911年）8月7日成立的美汽车公司（又称东方公司），地点在上海南京路（总管理处在四川路）。

出租汽车在天津出现稍晚，最初只是一些私人汽车以出租的形式供达官显贵们临时雇用，并没有形成规模。时间到了1915年，有个叫王子祥的天津人开办了龙飞汽车行，从事出租车业务。随着城市不断繁荣，后来的一些中外商人预见到出租车的市场

新派人士爱坐出租车（永安堂广告）

前景，纷纷创办出租车公司。比如，在英租界有中华、公记、文记、玉记、美龙、茂盛、飞艇、益利、云飞、宝顺等公司，在法租界有大北、上海、中华、中路、中美、公兴、玉通、永庆、同利、津京、南海、华胜、华利、华美等公司。出租车行大都选择廉价的二手汽车，重新修理，喷漆修饰，便可以上路运营了。

20世纪二三十年代的天津出租汽车大部分穿行在外国租界里，为少数官僚买办和富户人家的出行服务。像溥仪、张学良、赵四小姐、四大名旦、四大须生等都是出租车行的常客。与此同时，为了显示身份，一些中高收入的人家迎送亲友、出门、赴宴等，

也常常会叫出租车。

生意需要促销，报纸上的出租车招租广告也挺热闹。各公司、车行大多以"新式轿车、座位舒适、服务周到、租金价廉"之类来宣传，具有一定的吸引力，乃至方便得只需拨一个电话即可。广告，逐步拉动了出租车在津的普及，乘客渐次增多，乘坐出租车出行成了较为时髦的生活。甚至，没钱买车却又想追风头的青年人也要偶尔尝试尝试叫出租的新鲜滋味，其实某种情况下也是为了博得身边人的一两句羡慕——人家是"坐汽车的主儿"；看这小子"够派儿"。

说到叫车的价钱，一般情况下按汽车的新旧程度，每小时在2元至4元大洋上下。也有按趟取费的，比如永庆公司当时的报价，市区内每接或每送一趟要1.5元。当然，特殊的接送服务价格另议。还要提及的是，旧例叫车要另付司机"酒钱"，也就是约10%的小费。其实，这额外收入累计起来往往会超过司机的月工资（五六元）。如此，出租车司机成了那时的高收入人群，以至于有的姑娘相亲也特别喜欢他们。

20世纪30年代，天津大致有近百家出租车行，车辆总数300多辆，其中的文记、大同、光裕等汽车行较为知名，各家皆有三四十辆车。进入40年代，天津的出租车有所普及，汽车运营大多有固定的站点。有的出租车公司还在一些大商号、大饭店中开设代叫处，方便乘客，增加客流。随着站点的增多，稍有余钱的市民也有了叫出租的消费。同时，车资也在下降。

旧中国汽油贫乏，汽油价格不低，40年代末加1升"美孚"油要37.5万元（法币），大致可买一石（约折合160斤）大米。为了节省开支，40年代中期以来的天津如其他城市一样，也出现了燃油改烧木炭的汽车、出租车。

新中国成立后的1953年，天津组建成立了联营性质的出租汽车同业公司。1956年，出租汽车业改为公私合营，天津第三商业局福利公司租赁总站出租汽车服务站成立。1975年1月1日，天津市出租汽车公司成立，此后，政府逐年拨款增加车辆，使出租汽车行业在津得到迅速发展。

◆满城可见"黄大发"

曾几何时，明黄黄的"天津大发"是中国、天津汽车工业发展的骄傲，也特别给这座城市留下了"最鲜明"的记忆。20世纪80年代末，伴着中央电视台节目间"要发家，买大发，发发发"的火爆广告，津产大发汽车奔向大江南北。

往昔，路漫漫。1965年，天津汽车制造厂创建，这座城市的汽车工业开始起步，当时国内只有一汽、上汽两家同行企业。最初，天津厂曾试制生产过TJ210轻型越野车、TJ740轿车，1973年至1979年又生产出60多辆仿"丰田"轿车。1983年，国家有关机构决定引进日本大发汽车技术，在津着力发展微型汽车产业。

那是1984年9月25日晚10时5分，我国第一辆由中日合作生产的微型汽车在位于津郊杨柳青的天津汽车制造厂顺利下线。首批大发汽车采用日本零部件组装，当年的两三个月里总共生产了几十辆。大发汽车属于厢式货车，其设计虽然不乏缺陷，但油耗低，价格低，经济实用，正符合当时的民生状况。在车内加装座位后，既可载人又可拉货，缘此迅速成为天津人出行的便捷交通工具，也可谓轿车的良好替代。

当时，大发汽车的颜色以明黄为主，据说是效仿了美国的理念。黄色明亮，在车流中容易识别，引人注目，因此被天津人俗称为"黄大发"或"黄虫子"。1986年以来，大发汽车的零部件逐步实现国产化。第二年，首批47辆"大发"由天津市出租汽车总公司购进，黄大发出租车在街面上出现。当时，马路上的出租车很少，如有谁家办喜事都要提前订车。1988年底，天津市出租年客运量仅580万人次，相当于每一市民每年只打一次车。

1993年以前，天津全市才有3600余辆出租车，且以"蓝鸟""拉达""菲亚特"等进口车型为主，普通百姓消费起来确有些吃力。就在1993年，天津有关部门借鉴北京经验，将大发车成批引入出租车行业，拉动消费。

天津"黄大发"红极一时

天津人过日子讲究经济实惠，出行也是如此。大发车优势显著，载客数人的同时还能捎带不少物品，乃至自行车、小家具、大家电等，其包容能力可达叹为观止的地步。大发车租价低廉，最早，每公里仅为0.7元，后来虽然有所调整，从每公里1元，到5元4公里起步（每公里1.3元），再到8元4公里起步（每公里2元），但大发车始终是百姓心目中最实惠的首选。几年间，像大面包一样的"面的"风靡大街小巷。

"天津大发"一跃成为一车难求的"摇钱树"。自90年代初，市场供不应求，买车的外地业务员蜂拥津城，也四下找门路托关系。传闻，出厂价2.8万元一辆的大发车，被"贩子"一炒一转手就能卖到5万元上下。有数据显示，从1984年至1999年，天津汽车制造厂总计生产了30万辆大发车，其中90%左右用于各地出租车行业。比如在1993年，北京的面的达到3.5万辆，占城市出租车总量的一半以上。天津更可谓"满城尽跑黄大发"阵势，10余年间，有超过5万辆大发车挂上了"出租"的顶灯，尤其在1997年前后发展到顶峰。黄大发成为北方诸多城市街道上流动的风景……

车轮飞转，岁月荏苒，天津发展日新月异。逐渐，"夏天热、冬天冷"的黄大发已明显不适宜民生需求，也与大都市的形象越来越不般配。2002年以来，随着产业调整，大发车走向低迷、停产。到了2005年末前后，天津出租车市场基本淘汰了曾经风光无限的黄面的，"夏利"成为新宠。有意思的是，仅仅过了几年，许多人便怀旧了，甚至80后们也常常在网上发帖子，不断回味着黄大发曾带给他们的温暖，还有那城市的记忆。

◆ 曾经的时髦叫"摩托"

在20世纪80年代中期的大陆流行乐坛，天津姑娘张蝶红极一时，她有一首歌叫《摩托车》，伴着几声前奏的轰鸣，歌中唱道："我们骑着飞快的摩托车，带着希望向美丽的地方飞奔，你我心情愉快，田野在我身后，五谷芬芳鲜花在开放，美丽景色让人陶醉……"摩托车，它与喇叭裤、蛤蟆镜（墨镜）、港台歌曲等一道成为那个年代的时尚标签。

世界第一辆摩托车问世于1885年。进入20世纪，摩托车并未像自行车、小轿车那样大举飞奔到中国沿海城市，对出行的影响相对乏力。在民国时期上海、天津的外国租界内虽偶有所见，但更多则停留在光鲜的广告海报、新派年画上，且常与美女相伴，可谓一种时髦的标志。仅此而已。

直到新中国成立后，我国的摩托车产业才得以发端。最初的摩托车生产主要服务于军事领域。解放军北京第六汽车制配厂于1951年仿照德国ZUNDAPP品牌K500型摩托车，生产出我国第一批双缸四冲程500ml摩托车，并定名为井冈山牌。投入批量生产后，这种车曾在抗美援朝战场屡建战功。接着，湘江机器厂、上海摩托车制造厂等企业相继参照苏联、德国、英国的制造技术，生产出不同品牌的二轮摩托车、三轮摩托车。进入60年代，摩托车生产依旧以仿制为主，上海自行车厂推出了永久牌101型—105型机动、脚踏两用摩托车；济南机动脚踏车总厂生产出卫星牌15型两用"轻骑"等。这两种摩托车，尤其是"济南轻骑"特别受到天津人的青睐。70年代，随着中国邮政投递（以电报为主）摩托化的建设，不少250型摩托车奔行在天津的大街小巷。摩托车，老天津人俗称"电驴子"，骑电驴子的快捷与潇洒曾让许多青少年羡慕不已。

1979年，我国自主研发的第一辆民用摩托车在四川嘉陵问世，那一年国庆节，5辆嘉陵牌CJ50型车在天安门广场绕场骑行，引起轰动。改革开放的时代潮流给予了摩托车企业前所未有的发展空间，以军工企业和地方国企为主的厂商，迈出了现代摩托车产业的新里程。其中值得一提的是天津迅达摩托车公司。

迅达公司成立于1984年，引进德国ZUNDAPP摩托车公司（德国四大名牌机车之一）的整套生产技术设备与商标，是国内起步较早的摩托车整车生产商。迅达摩托

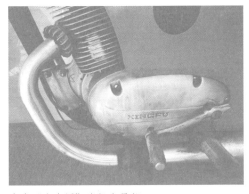

老式"大幸福"摩托车局部

车以红色的最为抢眼，白色的最为时髦，油箱两侧及车身外观有几处明显的ZUNDAPP标志。迅达K80型车一上市便成为热点，拥有一辆"二轮"成为太多时髦男青年的梦想。迅达摩托车在天津的火爆，也让德国客商叹为观止。

来自日本的一些品牌摩托车是进入90年代后开始在津流行的。天津本田摩托有限公司是1992年末由天津迅达摩托车公司与日本本田技研工业株式会社合资组建的，1993年5月18日开业。天津本田公司生产的天虹牌系列摩托车，款式新，品种多，大大提升了天津人骑摩托车出行的档次，畅销一时。另外，橘色的"明星"、红色的"木兰"、绿色的"玉河"等轻骑车，以及"铃木""雅马哈""川崎"等品牌摩托车，在那个年代的津城也相当好销。当然，最潇洒的还要数骑上"太子"款摩托车的青年，那情状比今天开"大奔"还要牛气。

1986年，天津摩托车发动机研究所成立。1994年，天津摩托车技术中心创建，成为当时我国唯一的相关技术中心，并逐步走向国际化。

"三大件"曾是家境殷实的代名词，曾是结婚成家的必备。70年代，讲究自行车、手表、缝纫机；80年代升级为电视、冰

箱、洗衣机；90 年代推崇摩托车、电脑、空调。如今，摩托车在津已禁行，而一些世界老牌名品摩托车却悄然成为车迷的收藏品。

◆ 大兴铁路

中国标准化铁路的最初兴建是为了物资的流通。清光绪三年（1877年），为了给北洋海军、轮船招商局、天津机械局（兵工厂）供应煤炭，李鸿章下令在河北唐山开平镇筹办煤矿，随即创办开平煤矿公司。煤炭需要运到天津海口，公司于是向朝廷提议修建一条铁路，但遭反对，他们只好将铁路线缩短，仅修筑了唐山到胥各庄（今丰南）一段。从胥各庄到阎庄（今芦台附近）则开掘运河，再连接蓟运河，通往天津北塘。全长9.67公里的唐胥铁路于光绪七年（1881年）11月8日通车。光绪十二年（1886年）此线延伸至阎庄，次年春天，继续向前通到大沽和天津，全长已达130公里，名为津唐铁路。

竣工后，李鸿章率官商乘火车前往查验，从天津至唐山"计程二百六十里，只走一个半时辰，快利为轮船所不及"。在此基础上的铁路公司也成立了，招募商股，开始大张旗鼓地推进铁路修筑。光绪十四年（1888年），津沽铁路正式建成，并将原有的唐胥铁路贯通起来，沿线设有黄村、廊坊、杨村、天津、军粮城、塘沽、芦台、唐山、滦州、昌黎、秦皇岛 11 个主要车站，成为中国铁路史上第一条正规化线路。天津人随着火车走了出去。

俗话说，汽笛一响，黄金万两。此后，天津以得天独厚的区位优势成为众多铁路线的交会之地，近代工商业也随之兴盛，大批来津商贸的客人也乘火车抵达这座城市。故纸记录岁月，通过一张宣统二年（1910年）的火车票价表可知，当时从天津老龙头到北京正阳门，头等票需5.2元（银圆），三等票要1.75元。

兴铁路，建车站，出行所必需。光绪十二年（1886年），天津在河东旺道庄开始修建火车站，至光绪十四年（1888年）竣工，成为我国第一座火车站，也是天津最早的车站，即俗称的老龙头车站。

光绪十七年（1891年），在此站房西侧约500米处再建土木结构的三层楼车站，次年

滦河铁桥是中国第一座铁路大桥，1892年5月开工，1894年2月竣工，詹天佑参与设计修建

投入使用，后毁于"庚子事变"战火。接下来又一次重建的车站被命名为天津紫站，因为隔河相望便是紫竹林。几年后北站建成，该站改名为天津老站，宣统三年（1911年）又更名为天津东站。值得一提的是，1930年10月10日在东站第一站台（国际站台）成功开出了天津第一列国际列车。

◆火车站逸事

中华人民共和国成立后，天津东站扩建为1000多平方米的候车室。1987年4月15日，天津铁路枢纽改造工程开工，第二年10月1日竣工，邓小平同志亲自题写了"天津站"站名。自此，天津站成为这座城市的地标建筑，南来北往的旅客若不在天津站前留个影，似乎都不叫到过天津。

说到北站，实际上源于当初直隶总督兼北洋大臣袁世凯为了出行尊严而赌下的一口气。"庚子事变"后，海河畔老龙头火车站被划入俄租界，一般中国人来往要看洋人的脸色。袁世凯不断问政于天津、北京、保定等地，深感不便，倍觉不满。光绪二十九年（1903年），他下令在此地以北4公里处修建新车站。车站建成

西站是老天津铁路的标志性建筑

后初名叫新开河站，后相继改称天津城火车站、天津新站、天津总站，而百姓俗称为北站。北站是京山线、津浦线重要的联轨站。

老车站的人文故事少不了。上海电影明星胡蝶的父亲胡少贡曾任京奉铁路总稽查，1915年胡家移居天津，那时才几岁的小胡蝶已显露演艺才华，她常能模仿天津特色叫卖声，比如她随父亲到北站游玩，小贩"又香又脆的天津鸭梨，一毛一个——"的吆喝被她学得惟妙惟肖。

再说西站，它同为津浦铁路的重要站点。1898年9月，英国、德国的资本集团在伦敦举行会议，擅自决定承办津镇铁路（天津至镇江），清政府屈于压力，随后与外方签订了借款合同，并将津镇铁路改为全长1009公里的津浦铁路（天津至浦口）。宣统元年（1909年）8月，天津西站开始兴建，次年12月运营。因为是德国人投资兴建的，所以设计、图纸、建筑材料都来自德国，建筑风格更是哥特式的，特色鲜明。1912年，津浦铁路全线通车，运营情况良好，曾连年盈利。

作家梁实秋曾几次到津，也熟悉这里的吃食，他觉得"不一定要到狗不理去，搭平津火车一到天津西站就有一群贩卖包子的高举笼屉到车窗前，伸胳膊就可以买几个包子。包子是扁扁的，里面确有比一般为多的汤汁，汤汁中有几块碎肉葱花"。

西站老站房具有极强的德式新古典主义风格，是教科书级的地标。基于城市发展与新站建设，2009年9月老站房采用滑动摩擦平移的方法，历时近两个月，被慢慢移到东侧新址永久保留。另外，杨柳青老车站、静海老车站等也是德式风格建筑。

◆民航肇始

1920年5月7日对于中国民航事业来说是个不平凡的日子，一架从北京飞来的载着游客的飞机在天津安全着陆，完成了我国民用航空史上具有划时代意义的一次旅程。

第一次世界大战后，不少国家都在积极利用多余的军用飞机发展民用航空事业。当时的北洋政府一方面害怕外国民航染指中国，有损国体与颜面；另一方面也想装点一下门面，扩张一点势力。1918年，北洋政府在创建空军的同时也开始着手试办民用航空。

1919年4月，北洋交通部筹备航空事宜处，同时从英国购买了两架"爱弗罗"教练机、6架"汉德利·佩季"商用机，分别命名为京奉号、京绥号等。10月，再度大手笔购进"维梅"与"爱弗罗"飞机135架。由此，中国民航始见雏形，准备开办京粤、京沪、京蜀、京哈，以及从北京到库伦（今乌兰巴托）的民航线路。

经过近一年的准备，1920年4月24日，京沪线上的京津段开始试航。试飞首航时，英国飞行员驾驶一架由"汉德利·佩季"飞机改造的14座客机（京汉号），从北京首飞天津，获得成功。5月7日，京津空中通道正式开航，万众瞩目。当天上午9时45分左右，飞机从南苑机场起飞，载着几名英国侨民和乘客，顺带邮件，由英国空军驾驶员卡蒲蒂·马堪尼上尉担任机师……

当时的情形是怎样的呢？"自北京倡议乘飞机来津之举决定后，英文京津泰晤士报总编伍德海君，即接到北京福公司经理巴尔生君电约往北京乘机，为京津之游。伍君于星期四晚车进京，翌晨往南苑，到时见飞机已预备出发惟俟邮件而已。该机械师为麦芹西少佐，9时45分，各客方始入座。至9时49分飞机轮动，而启程矣。此机为英国亨达利·佩季式，载乘客共15人，内有英国驻京公使艾斯敦君及交通部代表3人，飞机起飞时，极为镇静，随升至

女子也想开飞机

242百尺，向东南行。"上述细节是随后5月10日上海《申报》上一篇题为《京津间第一次载客航空记》中描述的。

这架飞机的速度并不是很快，约10时38分飞临天津地界，随即过北洋大学上空，两三分钟后，飞机再度降速低飞，在几个外国租界上空盘旋一番，约10时49分平稳降落在英租界赛马场的旷地……

◆开航意义非凡

天津是中国民航业的重要发祥地。前文说到1920年5月7日北京、天津之间的空中通道正式开航，飞机即将抵达津城的消息

不胫而走，有很多天津市民专门赶到英租界赛马场来见证这一时刻，同时也为勇于首乘的人表示敬慕。赛马会的官员还专门为机组人员与乘客们举行了接风洗尘仪式。

当天下午，各方意犹未尽，这架飞机又载着一些天津游客环飞津城俯瞰观光（分两次，每次10人）。晚6时40分左右，飞机载着原来的乘客返回了京城。这条航线的开通，是中国最早的一条民用航空线路，意义非凡。顺便一说，《北京志·民用航空志》载，这次飞行的时间是"1920年5月8日"。

为宣传"航空救国"思想，1933年10月27日飞行家孙桐岗、王祖文驾驶飞机抵达天津东局子机场进行飞行表演。天津官方对此次活动很重视，多位官员前来迎接，还组织了不少社团、学校代表一并来助兴。孙桐岗的飞机从京城飞来，下午3时27分出现在天津机场上空，飞机低空环绕，飞行员不时撒下五彩纸花，然后徐徐降落。孙桐岗在演讲中说，这架飞机虽较为破旧，但为中国制造。他也着力宣传航运建设的好处，说他在多地都飞行过，

老漫画上描绘的情景恰恰反映了当时民众对民航的热切关注

坐飞机是安全的、准时的。当天下午天津还举办了欢迎茶话会，各方名流到场，会上，卞白眉、张伯苓、时子周、章瑞庭等人还倡议购买"天津号"飞机。

时至30年代中期，随着中国民航的发展，天津乘客可以乘坐飞机方便抵达北京、青岛、海州（今连云港）、上海等地了。据1936年《天津游览志》记载，天津至北京约飞行45分钟，到青岛约3小时10分钟，到上海（含经停）约8小时。

1950年8月1日8时30分，由天津经停北京、汉口至重庆的航班名为"139号"飞机载着14名乘客从张贵庄起飞。晚6时10分，"北京号"飞机又从广州飞来，平稳降落天津。晚6时15分，天津飞出的"139号"也着陆重庆。至此，新中国最早的国内航线顺利开通，誉为"八一开航"。

让中国人、天津人欣喜的是，2006年10月26日由天津保税区、中国航空工业第一集团公司、中国航空工业第二集团公司组成的中方联合体，与欧洲空客公司正式签署了在津建立空客单通道A320系列飞机总装线的框架协议。空客的落户，使天津成为继德国汉堡、法国图卢兹、美国西雅图之后，第四个拥有大飞机的城市，也是空客在欧洲以外的第一条飞机总装线。

近年，天津航空航天产业规模迅速发展，已形成以大飞机、直升机、无人机、大火箭、卫星为产业核心的"三机一箭一星"格局，许多领军企业相继落户这座城市，天津也将成为我国世界级的航空航天产业基地。同时，天津不断加快公共交通智能化进程，助推现代城市交通新发展。

◆地铁迅速发展

　　天津地铁始建于1970年4月7日，史称"7047工程"。当时，该工程是基于战备考虑的墙子河改造项目的一部分。受时局影响，地铁修建过程缓慢，到1976年1月，地铁既有线路先期建设了3.6公里，开通新华路站、营口道站、电报大楼站、海光寺站试运行。即便如此，天津也成为我国继北京之后第二个拥有地下轨道交通的城市。

　　到了1981年，天津地铁修建重新启动，至1984年12月28日西北角站、西站站开通，总计7.4公里地铁全线（新华路至西站）运营。由于资金不足、线路较短等因素影响，运营很难达到合理规模，客流量较小，只好在2001年10月9日停止运营。

　　天津地铁改造工程于2002年11月21日再度启动，2005年12

　早期的天津地铁票

月28日建成通车。2010年10月以来地铁2号线、3号线、9号线（津滨轻轨）相继运营（或试运营），各条线路均有相应站点可以实现换乘，乘客量倍增。时下，全新的城市轨道线网远期规划、建设突飞猛进，前景远大。

2008年8月1日10时40分，首趟京津城际高速铁路列车从北京南站出发，11时9分顺利抵达天津站，标志着中国首条世界一流水平的高速铁路正式通车。京津城际铁路全长约120公里，线路采用高新技术系统集成，于2005年7月4日开工建设，2007年12月15日全线铺通，设计最高时速为350公里，全程只需35分钟左右。在用车方面，京津城际使用的是拥有完全自主知识产权、具有世界先进水平的国产CRH2型、CRH3型"和谐号"动车组，标志着我国机车车辆技术实现了历史性突破。

◆出行"大白话"

俗话说：在家千日好，出门一时难。行，人生所必需，交通与出行习俗形影相随。老天津人出行，特别是出远门的人，常常参照皇历所示，择吉而行。事先，从行装准备、路神（行神）祭祀、占卜取吉，到持金赠行（添路费）、吟诗送别、设酒壮行等都有讲究。再说到时下宾主之间"您慢走""请走好""请留步"之类的礼仪，乃至面条迎客、饺子送行的食俗，皆为美好心理的诉求与表达。此待专题另叙。这里先说说天津风俗中的出行"大白话"。

"同福栈，佛照楼，电车直奔老龙头；自行车，四轮电，上京直奔火车站"，《天津地理买卖杂字》（以下简称《杂字》）中的这两句"数来宝"涉及几种清末民初之时现代、新奇的交通工具，多有溢美之意。旧年的《杂字》家喻户晓，其节奏采用天津民歌的"三三七"律，赶辙押韵，用通俗易懂的白话形式介绍了那个时代的天津人文、社会百象、生活知识等，曾广为传唱与闲说。

民国时期天津金钢桥口东北角一带街面

1860 年开埠通商后，天津成为北方的经济中心，又有九国租界，交通发达，闹市熙攘。电车开了，《杂字》中有道："四马路，安电线，白牌电车围城转"；"西南角，广仁堂，电车公司叫卖行"。火车来了，《杂字》里又说："老车站，新车站，京奉铁路上南贯。"

当然，大城市的消费水平也相对较高，《杂字》开篇便称："天津卫，物品贵，穷人吃亏活受罪；拉胶皮（洋车），不赚钱，穷人奔波广为难。"有时，贫苦百姓也倒苦水说："车船店脚牙，无罪也该杀。"

上文中的"老车站"是指老龙头火车站，"老龙头"是与交通出行密切相关的地名。老龙头即现今天津站（东站）一带。关于此地名的来历，坊间有不同的传说。一说此地在清光绪十八年（1892 年）开通了全国最大的火车站，人们见火车外形似长龙，随之俗称车站叫"老龙头"了。另有云，慈禧太后有一辆专列，机车内外装饰有很多金龙图样，"龙号"火车就停放在这座车站，所以此地就称为"老龙头"了。也有故事说,这地名源于皇帝亲赐,说乾隆帝在乾隆三十一年（1766年）来津视察河工,见海河水面波光粼粼,好像游龙,缘此得名。

天津方言特点明显,其中之一是有些特定的词语。如将汽车俗称"笛笛",大汽车、公共汽车随之谓"大笛笛"。且说妈妈哄孩子:"别闹啊,宝贝儿,一会儿跟妈妈坐大笛笛上姥姥家去。"孩子一听"大笛笛"三字兴奋极了,立刻就不哭了。说到汽车,老天津还流传着一段童谣:"来到了天津卫,我嘛也没学会。学会了开汽车,轧死了二百多。警察来找我,吓得我一哆嗦,连滚带爬我钻进了耗子窝……"

天津人说话爱吃音吞字,四个字的词被"吃"成三个字,三个字的被"吃"成两个字,常有耳闻,但说起来简短嘎嘣脆。比如说"百货公司",叫"百公司";说"合作社",念"合社";说"派出所",读"派所";那么"公共汽车"呢?多被俗称为"公汽车"。

天津人好客,注重迎送之礼。逢贵客到家,一般要全家出门迎接,还要抱拳施礼。然后,主人在前面引路,请客人进屋。送客时,主人往往会送出很远,并说"您慢走""请走好""有空再来"等。同时,客人也说"好走""请留步"之类的话,并对主人发出回请之意。平辈或辈分小的客人来家,则由平辈人送到家门口,常会说一声"以后再来,给家里人捎好"。家人或亲朋好友出远门,或去或回,也会酌情到车站、码头接送。送客饭叫"饯行",迎客宴称"接风""洗尘"。主食讲究"长接短送",迎客吃面条,送客吃饺子。

谁都喜欢结交厚道实在人,瞧不起那些信口开河吹牛皮的主儿,常说这类人好赛"坐飞机伸小手——胡（噜）天儿"。比如工人们说："瞧咱厂长满嘴跑火车，一个劲地胡天儿说要给大伙发福利，结果都被他拿家去了。"再有，工人们遇到实际困难，那厂长也是百般狡猾耍花腔，就像"猴骑自行车——玩轮子"。但别忘了"前有车，后有辙""有车就有辙，有树就有影"这般老话，时间长了，职工怨声载道，消极怠工，就像"老牛拉破车"，还明里暗里与厂长唱对台戏，总想法给他来个"大车拉王八——栽（在）你了"。如此一来二去人心涣散，有人离厂，那叫"拉胶皮的赶大车——改行了"；有人调到外单位成为技术骨干或升职，也似"屎壳郎坐飞机——一步登天"。再看厂里，一天天荒了下来，厂长干瞪眼，如同"电车出轨——没辙了"。话说回来，"行船靠舵，赶车靠鞭"，谁让那厂长只管贪腐，没起到应有的表率作用呢。

第六辑 文昌文脉

◆文昌明，文运兴

生活中，我们都期盼自家儿女学业有成，希望莘莘学子文运顺达。祈福美好，是百姓本真民俗心理使然，甚至升华到崇高的境地。老天津人若夸人聪明，常说：真像文昌星在世啊！人们也俗信文昌能佑护孩子学业有成，进而迎来光明仕途。那么，文昌是何方神明呢？又有怎样的传说故事呢？

文昌，也称文昌星君、文昌帝君、梓潼帝君（缘于蜀地）等，起源于中国古老的星辰崇拜。如此，我们要说到司马迁的《史记·天官书》。这部典籍专门记载天文、天象、星占（据天象来预卜人间事），总结了汉代以前我国的天文学知识，建立了历史上第一个完整的星座体系，堪称一部系统的始开先河的大成

木版年画中的文昌帝君

之作。为了认识与研究，古人很早就把星空分成了若干区域，因此产生了"星官"说，这也成为后来西方"星座"说的起源。文昌，乃星官之一，其掌管着六颗星。《史记·天官书》中列举了它们的名字：上将、次将、贵相、司命、司中、司禄。它们各司其职，比如在神话传说中，上将主管威武之气，次将助人左右方正，贵相主理学识文运，司命、司中把握生与死，司禄负责赏功晋爵等。

民间又是如何将文昌推向了拟人化，并广泛崇拜、祭祈了呢？本来，宋代以前的文昌仅指星宿之一，当时虽已出现文昌星可佑护文运的象征，但并不典型人格化。但自古有言："万般皆下品，唯有读书高"，特别是自隋代实行科举考试以来，更可谓"学而优则仕"了。科举——求取功名、加官晋爵最重要的途径。随着竞争的日趋激烈，学子们为了脱颖而出，除必须努力读书外，在精神世界里祈求神明帮助的民情民俗也油然而生。

从历史上看，生活中的俗信无论在官方还是在民间，自上而下，自下而上，往往有着一定的相互性。早在唐、宋、元时期，文昌就多次被各帝王敕封，如唐玄宗封"左丞相"，唐僖宗封"济顺王"，元仁宗不仅封其"辅元开化文昌司禄宏仁帝君"，还钦定为忠国、孝家、益民、正直之神。这样一来，主文运、掌科举司禄福的文昌，迅速化作广大学人的保护神。

及至明代，天下学宫（学校）皆设立文昌圣位，科举士人无不崇奉文昌，相形之下文昌七十三化（化生、拟人）之说也在社会上广为传播，同时，文昌宫、文昌祠、文昌阁等遍设各地，天津也是蔚然成风。尤其在科举之年，学子们纷纷恭敬文昌，顶礼膜拜。到了清代，文昌帝君被列入国家祀典，在每年农历二月初三的文昌诞辰日，朝廷都会派官员隆重祭祀。

如今，一些时尚青年喜欢关注自己的星座，其实，文昌星何尝不是你最美好的心念之一呢？

◆兴学祈文昌

老天津文风甚盛，民俗生活中的普通百姓常以质朴向上的心理期盼文昌星君佑护自家学子，使他们文运顺畅、飞黄腾达。清代中叶以来，天津政治稳定，经济快速发展，这在很大程度上促进了文化教育事业的进步，成绩斐然。综合康熙《天津卫志》、乾隆《天津府志》、光绪《重修天津府志》等典籍中的科甲、选举名录、数据来看，从明正统十二年（1447年）天津产生首位举人，到光绪三十一年（1905年）科举制度结束，天津共产生111位进士。特别是乾隆时期天津的中试人数达到顶峰，达367人，难怪《重修天津府志》中"风俗"篇有赞："天津士人，工于应试文字，近年举人会试者计逾百数，实为天下罕见。"

明清两朝，在天津文庙、城西北角、杨柳青、娘娘宫、水阁、玉皇阁，以及葛沽、静海、武清、宝坻、沧州、盐山等地均建有崇祈文昌的场所（或立塑像），文昌俨然成为无处不在的民间俗神了。

东门里文庙又称孔庙，乃津沽文脉根基所在。文庙自正统元年（1436年）创建卫学以来，不断重修或增建。万历二十九年（1601年）文庙在开凿泮池的同时，于庙东位置重建了文昌祠。乾隆五十二年（1787年）前后，又一座文昌宫在老城外西北角兴建，

老天津文庙前的牌坊

初名文昌祠，规模不大。它东临天安寺，西倚海潮庵，又与稽古寺、铃铛阁遥相呼应。道光七年（1827年），天津各界为沽上文风日盛而欣慰，于是纷纷捐资并推举乡绅侯肇安为监理人，重修了文昌宫。修葺后的文昌宫正殿更加恢宏，又增设了后殿、配殿、字炉、照壁、宫门等，建筑形制日趋完美。事后的《文昌帝君宫重修碑记》称："惟愿同心历久，踊跃如初，庶几神宇常新，勿令荒芜如故，则有赖于后来者正不浅矣。津门文教之邦，登贤书而捷南宫者蔚然接迹而起。凡在士林，尤宜崇奉，是此宫之兴废，士气之盛衰攸关。"再有，位于杨柳青南运河畔的文昌阁也颇具历史，此待谋篇专叙。

在津南古镇葛沽，人们曾编出一段顺口溜来形容当地的庙宇风貌，其中说："穷三官，富药王，不穷不富是文昌。"此地文昌庙约建于明代，大殿为单层砖木结构，面阔三间。光绪三年（1877年）经当地名士提议，文昌庙与药王庙、长寿寺一并改建为津东书院，李鸿章曾亲笔题书匾额，以示对文化的敬重。

文昌与魁星多有关联。静海县旧城东的魁星阁是康熙二年（1663年）由知县捐修的。魁星塑像源于"魁星点状元"的典故（照"魁"字形如"鬼"脚踢起"斗"来），魁星一腿向后跷起，一手拿着斗，一手握着毛笔，做出批点文章的样子，风格独特。据当地县志载，魁星阁曾损毁于嘉庆十六年（1811年）夏的风雨中，后来大规模重建与修缮。县城内东南角另有文昌阁一座，乾隆五年（1740年）始建。嘉庆年间，文人刘润见到文昌阁年久失修，忍痛变卖了家产，捐资修葺一新，赢得了百姓赞誉。时至20世纪40年代，文昌阁虽只遗存高高的土台基，但依旧是当地人重阳登高的好去处。

◆ 文庙与文昌

华夏祭孔之仪典源远流长，汉高祖十二年（前195年）刘邦经过鲁国的时候以太牢（古代帝王祭祀用牛、羊、豕三牲。豕即猪）祭祀孔子，这是目前已知的天子祭孔的开始。古代儒生在文庙（孔庙）祭孔的同时，也崇祈主宰文运诸神，如"五文昌"之说——文昌帝君、魁星、朱衣神君、孚佑帝君（吕祖）、文衡帝君

（关帝）。直到今天，东至台湾高雄，西至新疆乌鲁木齐，南至海南文昌等地的文庙中多配附有文昌庙、文昌祠。

先说天津文庙。位于老城东门里的文庙（学宫）始建于明正统元年（1436年），当时，天津左卫指挥佥事朱胜献出私宅，建成天津卫学，这也是天津第一所公立学校。到了清雍正九年（1731年）天津由卫升府，卫学改为府学，文庙升格府庙。鉴于府、县地域管辖重叠，故于雍正十二年（1734年）在老府庙的西侧又增建了县庙，进而开办县学，所以形成了天津府庙、县庙并列的格局。二者布局结构相近，县庙规模稍小。

文庙由牌坊、礼门、泮池、棂星门、大成门、大成殿、崇圣祠、配殿等组成。两座牌坊立于庙前街左右，为二柱三楼木结构，朱柱黛瓦，雕梁画栋，匾额上书"德配天地"与"道冠古今"字样。庙中泮桥颇是引人，它是架设在半圆形水池上的一座石拱桥。

尊孔圣地天津文庙

池称泮池，是文庙学宫所特有，源自《周礼》。因为周天子的学宫四周环水，设泮池寓意学人莅临池畔就如同步入了最高学府。再说棂星门，"棂星"是古代天文学上的"文星"，暗喻天下文化皆集学在这里，过此门可佑护学子们大展宏图。文庙的主体建筑大成殿雕梁画栋，黄琉璃瓦覆顶，金碧辉煌，是祭孔的正殿，殿内供奉着孔子、孟子、曾子、颜子、子思等，先哲济济一堂。

天津文庙自始建以来不断重修或增建。明万历二十九年（1601年）开凿泮池的同时，在庙东位置重建了文昌祠。遗存至今的格局是，文昌祠位于大成殿旁的东跨院，一直是学子们顶礼膜拜的地方。另外，在西跨院还有明伦堂。

又据乾隆《天津府志》卷十中"寺观"篇载："文昌庙在东门内，明永乐间建。"永乐年即1403年至1424年，若据此，东门内文昌庙的创建要早于文庙，两庙之间的关联还有待进一步研究。

崇化学会与尊孔祈文昌的风习也大有关联。1927年，教育家严修为继承和研究中国历代学术与经史古文，维护国学延续，激励人才辈出，倡议成立一个教授国学的团体。此举在津产生共鸣，文化教育界名流林墨青、李琴湘、赵元礼、华世奎、高凌雯、刘嘉琛、徐世光、王守恂、金钺等积极响应并襄赞。团体命名为崇化学会，"崇化"二字出自汉高祖的求贤诏书，其中有"崇乡党之化，以厉贤材"之言。次年，严修以西北角文昌宫附近四棵树家宅中的蟾香馆为讲堂授课。1935年，学会迁至东门里文庙明伦堂中。长期以来，学会培养出许多著名学人，享誉南北。

◆辅仁书院开新风

"文昌在天，文明之光。地灵人杰，效师长；初学根本，实切强；精神腾跃，成文章。君不见，七十二沽水源远流长。"天津乡贤李叔同早年就读于辅仁书院（老城西北角文昌宫民族小学缘此发祥），清宣统二年（1910年）李叔同自日本学成归来（据林子青编著《弘一法师年谱》），特别为母校撰写了如上这首校歌并亲自谱曲。

"辅仁"语出《论语》曾子曰："君子以文会友，以友辅仁。"说起辅仁书院的创设可追溯到乾隆年间。成书于道光二十六年（1846年）的《津门保甲图说》中记载，西北角一带昔时从西向东有海潮庵、文昌宫、天安寺等。其实，文昌宫的前身乃文昌祠，后因年久失修逐渐破败。道光七年（1827年），乡绅名流侯肇安[乾隆四十八年（1783年）武举人，曾任山东武定营守备]、王天锡、梅成栋等人发起并捐款重建文昌宫，同时于海潮庵旧址创设了辅仁书院，成为士子科举的预备场所。《天津县新志》卷二十四中收录有《辅仁书院碑记》，碑立于道光八年（1828年），据碑文载："道光七年岁在丁亥之春，余自保阳奉命观察天津，下车未久，值郡人士重修文昌宫落成，二月三日恭奉帝君诞辰，率属设祭，周视殿庑，规模焕若，时董其役者，为邑绅侯君肇安、王进士天锡、梅举人成栋，适来白曰：'庙宇既成，拟将聚士林会文其中，以立月课。'"

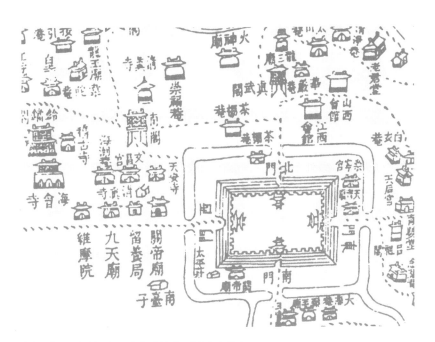

《津门保甲图说》中可见位于城外西侧的文昌宫

　　辅仁书院规章制度严明，制定有《辅仁书院条规八则》《月课学规十六则》等。书院招收学童80名入学，每月初一、十五为学生上课两次，习经文、算学、英文、体质、音律、美术等课程。上午请名士授课，下午作文，太阳落山前交卷。课程主要由著名诗人、教育家、地方文献学家梅成栋担任主讲，文化教育名士沈兆沄、杨光仪、吴士俊、吴惠元等也曾在此授课。书院教学效果显著，据《辅仁书院碑记》表述，开学一年后，学生"人数络绎加增，其中二三翘楚，学有进境。转岁列优等者七，游泮者九，未可谓无成效也"。随后，书院得到官方资金支持，十余年间书院不收学子分文，循循善诱，成绩斐然，开创了天津教育史的佳话，也称得上是素质教育的率先楷模。

　　光绪二十八年、二十九年（1902—1903）岁末年初，文昌宫辅仁书院内成立了北洋校士馆，成为天津学子"岁考"的重要场所。

清人郝福森在《津门闻见录》中还记有书院的几许故事，有竹枝词道："辅仁书院文昌会，会课工夫须要长。半世寒酸无发迹，一当首事便辉煌。"

光绪三十一年（1905年）科举被废除，当年农历四月三十日，天津教育家胡玉荪在此创建了天津最早的师范学校——天河师范学堂（天津初级师范学堂），最初招收简易科一班，后又招完全科一班，旨在为天津、河间两府培养小学师资人才。光绪三十三年（1907年）撤销简易科，增设高级理化科，学校随之更名为天津两级师范学堂。宣统二年（1910年），学堂归直隶省管辖，改称直隶省第一师范学堂，并在老城东南角草厂庵开设了分课堂。

◆文昌宫学校育贤达

据2012年9月29日的《天津教育报》报道，在地铁1号线建设施工中，拆除文昌宫民族小学门前商业店堂时发现了一通文昌宫古碑。此碑碑身2米多高，无字，但碑额间刻有"永垂不朽"字样，周边饰有龙纹雕刻。它的发现再一次揭示了这所小学与文昌宫、辅仁书院的历史渊源，这一点我们在前文《辅仁书院开新风》中已述。

再来读读民国时期的《天津地理买卖杂字》，其中道："如意庵，韦驮庙，北小道子药王庙；双庙街，吕祖堂，文昌宫里是学堂。"《辅仁书院开新风》中曾提及文昌宫辅仁书院里的师范学堂，清宣统二年（1910年）改为直隶省立第一师范学堂。1914年，这所学堂迁到河北公园（今中山公园），文昌宫中的学校随之成为其附属小学，招生人数逐年扩大，后达到六个年级，并在1916年开始招收女学生，男女合班。到了1933年，这所小学更名为河北省立天津师范学校附属小学第一部，至1948年在校生达1100多名。

文昌宫辅仁书院曾培育出一位杰出人物——李叔同。李叔同生于光绪六年（1880年），他15岁之前一直在李家大院学习，并未走进社会学堂。李叔同于光绪二十一年（1895年）考入书院，系统学习诗文、制艺、英文、算术等课程。当时正是书院历史上的第二次振兴发展期，知名举人周锡瑠也在此讲授，教学质量首屈一指，学子纷纷慕名而来，以进入"辅仁"为荣。李叔同自幼饱读经史诗文，学问扎实，才华横溢，每次作文时，他的文章常常名列前茅，屡获赞誉，其试卷至今还珍存在天津博物馆中。

宣统三年（1911年）3月，李叔同自日本东京美术学校毕业后回到天津，在直隶高等工业学堂任图画教员。李叔同对母校一

李叔同从日本回到天津后，几次在德义楼饭店（日租界）与严修、林墨青雅聚讨论津沽文事

往情深，短暂居津期间应邀为母校谱写了校歌。其过程，毕业于文昌宫小学的宋廷璋曾在《李叔同早年撰写的一首小学校歌》一文（收录于天津古籍出版社 1988 年版《李叔同——弘一法师》一书）中有所回忆。上海音乐出版社 1990 年出版的《李叔同——弘一法师歌曲全集》中也见此校歌，正式歌名为《直隶省立第一师范附属小学校歌》。歌中字里行间彰显着李叔同对家乡"七十二沽水"的脉脉深情。

再有，文昌宫小学也是著名书画家胡定九立身执教的地方。胡定九早年研习海派诸家，1917 年毕业于第一师范学堂。他绘画题材广泛，人物、花鸟、走兽、山水等无所不涉，后来长期在文昌宫小学等处从事美术、音乐教育工作，誉满津门。值得一提的是，文昌宫小学的师生都很崇敬校友李叔同，胡定九当年教唱校歌时总是要自豪地予以介绍。胡定九的学生众多，如宋廷璋、龚望、郭绍纲、张仁芝、刘炳森、于复千等。

新中国成立后，学校改称第八区第二十三小学，1959 年通过教育资源整合成为红桥区西北角回民小学。新时代的文昌宫民族小学已迁入文昌宫旧址附近的新校区，校训依旧延续着津沽文脉——勤朴。

◆杨柳青的"崇阁蒙雨"

津西名镇杨柳青曾广植杨柳，旧称"古柳口"，此地紧邻南运河、子牙河、大清河等，漕船涌集，市井繁荣，曾享有北方"小苏杭"的美誉。历史上的杨柳青素以学风蔚然、才子如云著称，乡人多俗信文昌星君，文昌阁、戏楼、牌坊并称"杨柳青三宗宝"。

杨柳青文昌阁位于南运河岸边，始建于明万历四年（1576年）之时，为六角三层砖木结构亭式楼阁，设计精巧，设计过程中吸收了湖北黄鹤楼、江西滕王阁等经典楼阁的建筑风格，集其精华于一身。文昌阁、文昌庙一般都建在地势较高的地方，当初，杨柳青文昌阁在选定地址后，镇上百姓考

杨柳青文昌阁

虑到地势较为低洼，为坚固基础，纷纷自发义务掘土奠基，不久便齐心协力垫起一座丈余高的土丘，又将基础夯实后才动工兴建。

清乾隆《天津府志》中称杨柳青文昌阁"明季建，崇祯七年重建"。历史上每逢战乱，文昌阁一带常会驻扎军兵，目的是方便登高瞭望，所以该阁屡遭破坏。天启二年（1622年），山东徐鸿儒白莲教起义，当他败走蓟北时也路过文昌阁进行休整，不久追兵赶来，驻兵在逃离前放火烧毁了文昌阁。至崇祯七年（1634年）文昌阁才得以修葺，阁内至今还保留着标有"崇祯七年重修"字样的千秋带。咸丰三年（1853年），因太平天国军北伐，部分军兵

又驻扎文昌阁，后在转移过程中再次对文昌阁实施劫掠。五六年后，当地的有识之士又一次集资修建复原。1941年，文昌阁也经历了整修。据所遗《劝募监修文昌》中道："自民国肇建以来，内乱不已，迭起纷争，阁内驻扎军队，破坏摧毁不堪言状。"此次修建的资金主要来自乡人安锦亭的捐赠。从民心所向，到数次重修建，这无不彰显着当地民众浓厚的崇文情结。

文昌阁高15米有余，为砖砌基座（地基与阁总高近20米），正面设券门，阁内有木制踏梯。二层的正面开有木隔扇门，另五面为砖墙，墙上有八角形、圆形透窗。三层较为开敞，每面均有隔扇门窗，还有木结构回廊，学子在此可凭栏远眺，希冀仕途一片光明，心旷神怡。值得一提的是，阁顶为六角攒尖式，在六脊瓦顶上的6只吞脊兽各衔一脊，正中设球形宝珠，造型别具一格，可谓奇巧生动。特别是六脊檐角所悬的铜铃，风儿徐来，"叮咚"声声悠远，更显文昌阁之清幽高雅。

文昌阁内首层供孔圣人，中层祈文昌帝君，顶层还有魁星（魁星踢斗，主文笔兴衰）。每逢立春与立秋前后，地方名流、文人墨客等都要来文昌阁雅聚，拈香跪拜，谈论诗文。在农历二月初三文昌诞辰日，这里还要举办"敬惜字纸"（当地俗称"吃字纸"）活动。

远在文昌阁四周取土留下的坑洼后来被辟为池塘，种植了莲荷、芦苇等。阁的正门一反坐北朝南的惯例，而是向北开，其原因是该阁地处镇南，向北开意在求文昌护佑此地。文昌阁是昔时全镇制高点，学人登临可见帆影、蔬园、柳烟、街巷，风光尽收眼底。尤其是在晨暮时分或细雨天，常见远方云烟缭绕，似空中楼阁，"崇阁蒙雨"成为著名的杨柳青十景之一。

◆崇文书院出翰林

若问起津西古镇杨柳青的魅力为何，相信读者会罗列出诸如御河杨柳、多彩年画、经典民居、赶大营故事等一系列人文元素，其实还有重要的一点，那便是杨柳青人崇文兴学的历史积淀。

放眼国内，文昌庙宇殿阁之所在往往会像磁石一般，成为聚合民气大兴学风的宝地，始建于明代的杨柳青文昌阁也同样如此。文昌阁虽历经沧桑风雨，但始终是当地的文化教育中心。人才，乃立业兴邦之本，为培养更多栋梁，清光绪四年（1878年）在地方绅士名流石元俊、刘光先、石作祯、周爱莲、王文彬、戴冠庆、朱宝光、王大为等人的倡议与运筹下，得天津县知事王炳燮支持，崇文书院在杨柳青文昌阁内成立了。

石家对崇文书院的创办可谓不遗余力。石氏是杨柳青大户人家，其先人早在雍正年间就从山东往来天津一带经营船运，自乾隆五十年（1785年）前后落户杨柳青。石万程善于经营，家族很快发迹起来。道光三年（1823年）石家分家各立堂名。尊美堂一支的石元俊在咸丰十一年（1861年）科考中举，但他以父老弟幼为借口并未去任职工部郎中。石元俊致力经营，生意兴隆，资产巨增，进而成为清末著名的天津八大家之一，名重四方。始建于光绪元年（1875年）的石家大院规模宏大，建筑华美，有"华北第一民宅"的美誉。

当时，文昌阁一带地处幽静，四周有红墙围护，有荷塘苇塘

河北胜芳与天津一衣带水，那里也有文昌阁

环绕，院中古木参天，绿树成荫，仅有一座小桥与外界相通，俨如世外桃源，是文人学子读书学习的绝佳场所。崇文书院特别聘请镇内大儒高善观[道光二十四年（1844年）举人]为山长（书院讲学者的旧称，相当于院长），又邀高雁依、周恒昌、刘文蔚、解开元、尹澄甫等镇上的博学之士参与管理、授课。书院招收学童数十人，实行按月考核，鼓励上进。另外，南北文人墨客也经常慕名来此集会、讲学，或登临作赋，或酬唱应和，小镇文化之盛可见一斑。

杨柳青乡试的考场也设在文昌阁崇文书院。历史上，书院曾培养出不少人才，比如当地出过两位翰林。一是刘学谦，光绪十二年（1886年）考中丙戌科进士，授翰林院庶吉士，后到外埠为官。再是杜彤，光绪十八年（1892年）考中壬辰科进士，授翰林院庶吉士，后任新疆提学使。近年，津地有识之士几次赴新疆开展赶大营寻踪活动，过程中又新发现了杨柳青乡贤郑联鹏的史料。光绪二十五年（1899年）年仅18岁的郑联鹏考中举人，随即深得袁世凯赏识，保举他去了日本留学。郑联鹏留学6年，回国后于光绪三十一年（1905年）戴着假辫子进京参加殿试，得中进士，也被授翰林院庶吉士，之后又成为内阁中书，授正四品官衔。后来，郑联鹏赴新疆任职，民国时期曾任新疆焉耆县县长、昌吉县县长等，并被委任为外交官出使过阿富汗。

科举废除，新学堂兴起，光绪三十一年（1905年）崇文书院改为天津县私立第二中学堂。

◆文昌阁的劝善灯箱画

岁月有情，杨柳青文昌阁崇文书院的灯箱画从清末遗存至今，实可谓津沽历史文化的幸事。正月十五闹元宵逛灯会素来是民俗生活大戏，古镇百姓更不待言。从除夕开始，文昌阁便开始张灯结彩庆新春了。杨柳青是中国木版年画之乡，饱享天时地利人和，当地艺人很早就曾为文昌阁绘制过系列专用灯箱画（壁灯画），灯中图画内容取材于尊孔重教的传统故事，雅意十足。

清光绪年间，书院师生与乡民决定再绘制一套灯箱画，以祝节庆、倡文风。这套灯箱共24件，灯中每幅画的内容都出自著名的劝善书《文昌帝君阴骘文》中的格言，如"窦氏济人高折五枝

杨柳青文昌阁灯箱画《慈祥为国救民》

之桂""慈祥为国救民""救危如救密罗之雀"等。根据这些句子，镇上的名画师阎玉桐等应邀历时半年创作完成。接下来，书院遴选了24名优秀师生，在每幅画上题书文字。其中，《文昌帝君阴骘文》之句一律用隶书写，释文讲解与落款要用小楷写，其目的是达到整齐划一更显敬重。

劝善，勉励为善；努力为善。其文、其词、其歌由来已久，《韩非子·守道》中即云："圣王之立法也，其赏足以劝善，其威足以胜暴，其备足以完法。"文昌文化中的劝善文主要有《文昌帝君阴骘文》《文帝孝经》《文昌帝君劝敬字纸文》等，在历史上流传甚广，其核心是：天虽不言，但于冥冥之中监督人们的善恶行为，而降赏罚，旨在劝化世人，引导人心向善。

缘此而生的文昌阁灯箱画也是颇为耐读的，比如《慈祥为国救民》的画中故事说：北宋的范忠宣公（范纯仁）得知庆州遭了灾，他计划打开粮库赈济灾民，可周围的官吏说此事要请示朝廷才可。范忠宣公闻听此言道，人七天不吃粮食就会饿死，等到准奏了也无济于事了。他于是对旁人说，如果朝廷怪罪下来，自己将会顶罪，绝不连累大家。当地黎民因此得救。后来，范忠宣公好人好报，官至宰相，人称他是亲民爱民的"布衣宰相"。再如《舍药材以拯疾苦》中描绘了张彦明行医的故事。他精通医术，为穷苦百姓看病不收分文，为富人诊治也不太计较银两，且无论谁请都会马上赶去。有时候赶上风雪交加的夜晚，家人常会劝阻他外出，但张彦明认为病人躺在病榻上很难受，一定要尽快前往解除疾苦。话说一天城中失火，火烧连营，损失惨重，却唯有他家平安无事。后来，张彦明的子孙都顺利考取了功名。

每逢过大年期间，杨柳青文昌阁的围墙里里外外会各张挂12件灯箱画，当地百姓、各方学子纷纷前来观赏，无不拍手叫好，崇文书院以及灯箱画名传四方，更为古镇年景平添了最耀眼的亮色。历经风雨，如今，24件灯箱画中有18件幸存下来，化作津沽崇文情结的重要遗产标志。

◆文昌殿与学堂

清末民初以来，天津天后宫已逐渐发展成为以妈祖（天后）民间信仰为核心的，同时又是"群神杂居"的一座庙宇，派生出许多附属民俗神，最多时达121尊，从一定程度上满足了各阶层民众的期盼祈愿之需，这也反映了天津地域文化吸纳与包容的特征。其中，自有文昌帝君的位置。

当时，文昌殿在天后宫院内西南一隅（大致相当于现财神殿址），面积不大，与"疙疸刘爷"相邻。1936年版《天津皇会考纪》中有载："再里为一小间文昌殿，殿内仅系一文昌帝君之塑像。"

依庙兴学、近庙办学是旧年中国教育的一大现象，天后宫文昌殿旁也诞生过一所重要的学校。清末民初正是天津近代教育兴旺发展的重要时期，各级专业技术学校方兴未艾，如知名的北洋大学堂、直隶高等工艺学堂、北洋女子师范学堂等，也包括天后宫中的天津民立初等商业学堂。这所学校由天津商会创办，后又名天津县第一初等商业学校。天津商会是近代中国影响较大的社会团体之一，在促进城市发展，尤其是商业经济发展方面做出过突出贡献。兴学，可谓其功绩之一，且成就显著。

经商会筹措资金，并在天后宫的积极配合下，民立初等商业学堂于光绪三十三年（1907年11月29日）冬正式开学，地址在天后宫文昌殿西侧。据天津档案馆编《天津商会档案汇编》、王守恂撰《天津政俗沿革记》等文史资料记载，学校计划招生40人，生源来自优秀的小学毕业生，若人数不足，可从他处招生考取。学校的课程包括读经、修身、商业地理、新关则例、珠算、笔算、尺牍、中外簿记、习字、英文、体操等。学校规章严明，规定"学生三年毕业发给文凭"，学生入学"概不收费"，但如"未毕业以前无故退学，按每月三元罚款，以示限制"。学校以造就商业人才为宗旨，学生毕业后若愿意深造，可以保送到商业中学；若愿意谋生，可推荐到各洋行实习，但必须要达到良好或及格的成绩。学校的"所有常年经费，除由庙租酌提外，统由职等（商会）筹摊"，年终，一切开支清册要送到商务总会审核，再转商部存案。

顺便一说，妈祖与文昌、与学堂唇齿相依的关系，天津此例并非个案。比如，在福建连城县莒溪镇璧洲村，至今还原汁原味

　清末民初天后宫里里外外都很热闹

地保留着优秀古建筑——永隆桥、文昌阁、天后宫，三者紧邻。科举年代的文昌阁中设有私塾，民国初年又设立了学校，教书育人，名闻乡里。再如，在台湾北港朝天宫中有配殿凌虚阁、聚奎阁，内中祭祀三官大帝和"五文昌"。在台南鹿耳门天后宫正殿内主祀妈祖，配祀有文昌帝君、关帝、观音、三官大帝、财神等。

民俗接续，如今的天津天后宫南配殿中新塑供奉有文昌星君、魁星像等。另外，关帝殿中端坐的关公圣像也是一身文气，他气宇轩昂，正手捧宝卷，神情专注的样子。这里要说到"五文昌"的话题。民间俗信"五文昌"是可同样主宰文运的诸神，即文昌帝君、魁星、朱衣神君、孚佑帝君（吕祖）、文衡帝君（关帝）。关帝乃儒、释、道均尊的神明，儒家尊称关羽为关圣帝君、文衡帝君等。

◆ 葛沽津东书院

津南古镇"海下"葛沽北临海河，东临渤海，盐业、渔业发达，自明代天津设卫筑城以来就成为漕运商埠码头，南粮北调，北盐南运，市井热闹繁荣。经济富庶必然促进文化的积淀与民生的多彩。

葛沽历史上素有"九桥十八庙"之说，这其中自少不了文昌庙，坊间旧有俗话："穷三官，富药王，不穷不富是文昌。"文昌庙约建于明代，大殿为砖木结构，面阔三间。早在清康熙、雍正、乾隆三朝，葛沽泥沽村周氏一门三兄弟周人龙、周人骥、周人麒接连成为翰林，他们不仅为官清正廉明，且学识渊博，才华横溢，皆有诗书文章流传。由此，葛沽的文学之风、经学之术、礼仪之教大兴名扬。又传，文昌庙内早在雍正十年（1732年）就有书画社出现，到乾隆三十二年（1767年）被葛沽巡检署内新设的溪桥翰墨堂取而代之。

大致在同治、光绪交年之际，苏善恒、郭延沛、张鹤龄、苏式勋等贤达有感葛沽文风日盛，于是倡议在文昌阁内筹建津东书院。据《津南区志·大事记》载："是年，李鸿章批准在葛沽建立津东书院，并书写匾额。"时间在同治十三年（1874年）之际。另外，当地文史资料也有1877年建院一说。

书院是在文昌庙、药王庙、长寿寺的基础上建立起来的，既是教育机构，又是学术研究之所。书院最初招收学童七八十人，严格按照当时的《钦定学堂章程》办学。课程分必修、选修两类，前者有修身、读经、中文、算术、历史、地理、体操等课程，后者加授图画、手工、唱游中的一两个学科。葛沽的进士任孝庭、举人张金藻曾在书院担当主讲。

每天早上，全体师生要齐唱校歌："东临渤海，北带白河，五水流域经过……改建学校协和，钟毓灵秀多……"不仅如此，校园中还曾流传《白

鹿与文昌、禄神都有关联

河少年之歌》，一般是在学生放学时在鼓号伴奏下边走边唱的："既饮白河水，即为白河民。异族来侵犯，甘愿舍此身。是，是，是！真，真，真！既真高声呼：要做白河少年人！"

辛亥革命后，津东书院由天津县接管，改名葛沽镇官立二等学堂。1927年，学校又变更为天津县葛沽镇官立小学校。1947年初，葛沽镇的几位有识之士看到本乡优秀的小学毕业生要远赴天津市区求学，甚为不便，缘此招募民间资金，在这所小学中加开了初中班，初期招学生20人，专职教师4人，一人兼授数门课程，学制三年，校址仍在文昌庙旧址。次年初，初中班与小学校分离，迁址成立私立津东中学，由龚如鉴出任校长。

1949年1月天津解放后，津东中学历经多次更名。新中国成立初的几年，因葛沽中学是天津近郊唯一一所中学，从1950年开始天津县所属的东丽、西青、北辰、津南四区，以及市区内，乃至邻近外埠地区的学生也纷纷来此求学。学校规模不断扩大，1951年已开满三个年级。文昌佑护，薪火相传代有传人，这所学校后来成为知名的葛沽一中。

◆ 书坊与祖师文昌

祖师崇拜源于从业人员对行业创始人或其中杰出人物的尊敬，反映了劳动者、经营者期盼安居乐业的心态与愿望。文昌星君是中国书坊、纸行、刻字业崇祈敬奉的祖师，老天津相关行业同样崇祈。于此，我们有必要回眸一下天津往昔的书坊。

　　进入清代以后，天津已成为北方重要的商业城市和华北地区的经济中心，相形之下的文化教育事业也尽得风气之先，不断进步。自天津文庙开办卫学以来，各类教育教学机构如雨后春笋，康熙年间又出现了更高一级的书院。学校对教材需求量的增加，为书坊出版的兴起与发展提供了沃土。如光绪七年（1881年）天津直隶书局设立；光绪二十年（1894年）书法家华世奎出资开办了宝文堂，除专营古旧书籍之外，还兼售华氏刻书及其他名家刻本。

　　官府刻书、书坊刻书、私人刻书是天津书籍出版印行的三大系统，昔时的书坊多位于老城东门里文庙附近的东马路、东北角，以及相连的大胡同一带。《辛丑条约》以后，南北各地的达官显贵与文人墨客多到天津隐居、寓居，兴学之风也随之更为兴盛，书坊、书局业有了新景象。直隶书局与时俱进，自光绪末年在北马路设立了分号，随即，知名的商务印书馆、中华书局、文明书局等也陆续来津开办分支机构，依旧选址于东门里、东北角、大胡同等地，由此进一步提升了此地的文风。

　　值得一提的是，受"师夷长技"洋务风的影响，商务印书馆曾出版严复在北洋水师学堂讲授英语语法的《英文汉诂》一书，很有影响。直隶书局也代销寄售商务版的教科书。上海、北京等地的新书在天津及时流通，为津地文化事业的发展带来了生机与活力。作为口岸的天津城市腹地广阔，远涉三北，天津的书坊书局近水楼台，从三岔河口发货供应三北市场，加之东北角、大胡同一带熙攘的商业氛围，着实为图书出版销售带来了广阔空间。

　　估衣街上有翰墨斋、德聚魁、戴月轩、文美斋等多家南纸局，他们经营文具纸张的同时兼顾线装书籍经销。其中最知名的是文美斋，店内文书纸、毛边纸、生熟宣纸一应俱全，名贵的雨雪笺、湖笔、徽墨、端砚等也是琳琅满目，文人墨客无不趋之若鹜。文

老天津的商务印书馆（图左）

美斋出版印行的各类精美画册更值得称道，该号于光绪二十八年（1902年）采用石印技术印行的《百美图咏》和《语石斋画谱》曾博得广泛好评。文美斋不断提高编辑与出版水准，在宣统三年（1911年）向社会隆重推出了张兆祥所绘的《百花诗笺谱》，名传大江南北，堪称洛阳纸贵的精品。对于各类读本教材，文美斋也有所及，在光绪年间先是木版印制了《四书备旨》《古文观止》等，后又石印，发行量很大。

那么，书坊、纸行缘何尊崇文昌为行业祖师呢？民间传说，秦始皇在焚书坑儒的时候，一些文人在冥冥之中得到了文昌星君的佑护与帮助，才得以将许多书籍快速妥善转移到了深山中，不少文人与书籍因此免遭厄运。所以，后世与文化息息相关的一些行业便奉文昌为祖师了。老年间，天津的书商在农历二月初三文昌诞辰日前后，常常要聚在一起举办仪式，祈祷或演剧酬神，希冀事业兴旺、文化发达。

◆《大福星》与禄神

民俗画中的福禄寿三星

国家级非物质文化遗产天津杨柳青年画起源于明代末年，因为当时的年画正是萌芽发展阶段，所以若能流传至今的作品堪称弥足珍贵了。在杨柳青木版年画博物馆中珍藏着一幅明代立轴年画，名叫《大福星》，是馆藏年代最早、尺幅最大的孤本之作。《大福星》又称《三星在户》，乃纯手工绘制的有福星、禄星、寿星的中堂画，

整体风格还延续着北宋工笔画的特点，比如人物刻画注重真实感，形象非常生动。此后，杨柳青年画才逐渐融合了木版画的精华，形成半印半绘的技艺。

禄星，为神话传说中主管功名利禄的星官。高官厚禄素来是士人心之所向，禄神崇拜缘此产生。禄神，不仅是科举考试中文运的保护神，也是许多喜爱文化、崇尚人才的民众心中的吉祥神、文神。

历史上，关于禄星、禄神的由来说法莫衷一是，大致有文昌星说，俗信可保佑考生金榜题名；有封神榜中的比干说，主管文运；有道士（送子神张仙）说，他身怀绝技，弹射百发百中。似乎，前两种说法在民间得到了更多采信。

　　禄星即文昌星，源于《史记·天官书》。司马迁在其中说到禄星时的大意是：北斗七星正前方有六颗星，统称文昌宫，六星中的最末一颗就是主管官禄的禄星。古代天文学家认为，星辰运行规律能体现社会秩序，与人间有很多共同点，如此，那些星官的名称与人间的官职也是有所对应的。早在西汉，禄星就被赋予了主管功名利禄的职责，但那时其地位并不高，司马迁不是也将禄星排在了文昌宫中的最末一位吗？隋代，自科举制度兴起，禄星便开始走红了，因为禄星毕竟能给"都要争过独木桥"的众学子带来一线希望。

　　关于比干，古代传说他为轩辕氏的后裔，在世时非常聪慧，能力超凡，人品上佳，后来还成为商纣王的丞相。比干逝后被封为文曲星，成了文人的保护神。之所以封号，意在教育文臣学子要学习比干，要能干能谏。中国神话中的很多仙圣都有多个称号，有些是正位的，有些是加封的，如比干也被誉为国神、财神等，且与福星、寿星并称为福禄寿三星。

　　后来，禄星演化为拟人神，这又与源于唐宋时代四川梓潼的梓潼帝君（张亚子）的附会传说、历史故事密切相关，待另叙。

　　在民间，禄星被认为是送子张仙一说出现相对较晚。明人郎瑛于嘉靖年间编撰的《七修类稿》是一部笔记体著作，其中记载：北宋文学家苏洵20多岁时曾梦见过张仙，他向别人讲述梦境时说，张仙手持弯弓向天射击，连发两弹，苏洵不解其意，连忙询问，但张仙并未直接作答，转眼间隐身而去。苏洵自认为这是生子的好兆头，于是开始供奉张仙神像，不久果然得子苏轼、苏辙。后来两兄弟参加同年科考，双双高中，一时轰动朝野，直到此刻苏洵才恍然大悟早先那梦。苏洵为此还写过一首名为《张仙赞》的长诗，以表谢意。张仙随之声名大振，受到文人士子的敬拜。

◆民俗画中的文昌与瑞兽

长久以来，以禄神文昌为题材的传统木版年画在全国流传很广，同样是天津杨柳青年画、民间风俗画的重要题材，特别是福、禄、寿三星的形象大量出现在画中，百姓喜闻乐见。我们看到，图中的禄神常常是身着官服官帽的样子，手里还拿着如意、元宝等吉祥物，有时，他也会与鹿相伴。

文昌是主宰文运的民俗神。关于读书学习的本质，孔圣人早有言："学也，禄在其中。"相形之下"书中自有万钟粟""书中自有颜如玉""书中自有黄金屋"之类的说法，则更明了地表述了传统观念中读书的功利性所在。老天津人教育孩子时常会说："今儿不好好念书，以后你就等着要（讨）饭去吧！"虽是动气，但话糙理不糙。

若想成功，必须要过科举关，与之紧密相关的是，期盼科举及第、升官（晋爵）发财成为民间崇祈文昌、崇祈禄神的重要民俗主题，倒也顺理成章。其实，"禄"与"福"本就形影相随，"禄"在《说文解字》中释为"禄福也"。在封建社会中，若官越做越大，俸禄也就越来越多，"高官厚禄"即为此意。官禄、前程是学子士人们心之向往的，有鉴于此，文昌、禄神的形象大量出现在民间绘画中，占主导地位，此外，他们的身影又与"鲤跃龙门""金榜题名""当朝一品""连升三级""马上封侯""指日高升"等吉祥图案相配合，组合出最圆满、最美好的祈禄吉图，契合民情，久盛不衰。

五子夺魁

那么，天津民俗画中的文昌、禄神常与鹿为伴又有什么说道呢？这实际上是谐音借代之法，也就是以鹿来比拟禄神。鹿很可爱，在儒、道、释三种文化以及民间信仰中素来是受青睐的动物，是人们心目中的仁兽、灵兽，寓意健康长寿等。科举制度出现后，鹿又逐渐具有了功名利禄的内涵，进而成为禄神的象征。民俗画中的鹿，有时是禄神的坐骑，或者是被禄神抚摸着，用以更好烘托加官进禄、官运通达的主题。

这样的吉祥图人见人爱，常用于书斋悬挂、文具美术、民间工艺等。顺便还要提及的是，如"连中三元""五子夺魁""春风及第""魁星踢斗""麟吐玉书"等图案，也是常见的祈文运、祈禄神的经典。

再有，在神话故事、民间绘画中，以及天津的一些文昌宫庙里，文昌身边会有天聋、地哑两个侍童随行。天聋、地哑一个掌管文人禄运的册子，另一个手持文昌的宝印，二位组合在一起的意思是：能知者不能言，能言者不能知。文昌掌管文章科举，关系到芸芸众生的富贵贫贱等，所以保密问题很重要，正所谓天机不可泄露也。

◆敬畏文化，敬惜字纸

文字的形成是社会发展进入文明的重要标志，谈及汉字起源，流传最广的是仓颉造字的传说。中国人敬重文化、敬惜字纸的美德源远流长，孔子的弟子仲由（字子路）很早就有《夫子论敬惜字纸之功》传世，其中称："溯为上古，世无文字，文明未肇，人皆穴居。文字者乃古圣仓颉夫子奉黄帝之命，而广集禽鸟兽类之足迹与龟文等，苦心孤诣，研究而制成者也，俾使万世免结绳之苦，其功莫大也，古昔之记事今观书典而可悉知，河山

文昌帝君阴骘文

远隔之遥，以文字可通彼我之情……"

敬惜字纸的风俗在宋朝已经出现，到了明清时代，受科举制度的影响，人们出于对文化与文字的崇敬，当然也融入了士人们对功名利禄的追求，以及民间俗信等因素，敬惜字纸之风广泛流播到祭仓颉、尊孔子、祈文昌的民间生活中。

如影随形的是，民间出现了各种相关的劝善书（惜字律）等，如《文昌帝君功过格》《文昌帝君劝敬字纸文》便是其中的重要篇目。《文昌帝君功过格》中云："作字端楷，不以字书放湿处霉烂，不轻笔乱写，不涂抹好书，不用字纸糊窗壁、包物、抹桌、拭秽及做纸捻，不扯碎扔弃践踏字纸……"进而又不厌其烦地劝说道：要努力著述、编辑、刊印圣贤经典与优秀书籍等传播世间，同时，要尊重保护好书，敬惜字纸，要焚烧销毁内容不健康的不良书籍。另外，老师与长者要循循善诱，尽心教育子弟行善事，尊重知识，正身修德。师友之间也要以德行文章相互劝勉。在《文昌帝君劝敬字纸文》里还阐明了敬惜字纸、尊重善书与士子科举功名之间的关系。

老天津文风蔚然，普通百姓，特别是读书人出于对孔子、对文昌的尊敬，是不敢随意糟蹋字纸的。民间组织有"惜字社""敬字会""文昌会"等，他们经常派人提着标有"敬惜字纸""珍惜文字"等字样的容器（如竹笼等），走街串巷收集废旧字纸，然后统一集中在"字库"或"惜字塔"中择机焚化，随之产生的灰烬还要收拢留好。

每逢农历二月初三文昌圣诞之日，津沽文人学子们个个身着盛装，齐聚老城西北角文昌宫、杨柳青文昌阁（或所在地临近的文昌祭祀场所）等处，庄严隆重地举行祭典。待祭礼结束，由一群学士抬着装满纸灰字灰的箱子，在礼乐的伴奏下结队沿街而行，再将灰烬撒入河海中。这一活动也俗称为"送字灰"或"送字纸"。另外，六月初六是西北角文昌宫附近稽古寺的曝经会日，逢此也很热闹，文昌宫的学人抓住时机尽量多收集废字纸、旧书等。其间，文昌宫特别在两廊备下酒食款待，以鼓励来交送字纸者的美德。类似的活动在祭仓颉、尊孔子的日子里也会举办。

第七辑

民间文艺

◆杨柳青才女白俊英

"天津城西杨柳青，有个美女白俊英，专学丹青会画画……"作家冯骥才在谈到中国民间文化遗产抢救时曾不无感慨和担忧地说，会用天津杨柳青土话唱《画扇面》的白俊英早已不在，杨柳青"缸鱼"年画如今也只有王学勤老人会画了。

2008年2月，红学家周汝昌在《今晚报》副刊《年画·大观茶园·荀派·王紫苓》一文中回忆："我几岁时，慈母就唱民间俗曲给我听：'天津城西杨柳青，有一个美人柏俊英'；'巧手丹青能绘画——这佳人，十九冬……'从那时起，我就把杨柳青的这位才女柏俊英和年画联系在了一起。后来我一直想在讲年画的书上寻找柏俊英这个美好的名字。"

中国扇面画源远流长，入清后已风行大江南北，民间扇画以天津杨柳青所制为最美，是这里年画艺术丰厚积淀的结果。杨柳青的历史上诞生了善绘扇面的才女白俊英（坊间也称柏俊英、翠英等）；诞生了说唱风格的民歌《画扇面》，并曾广泛流传于三北地区，至今脍炙人口。《画扇面》叙述了白俊

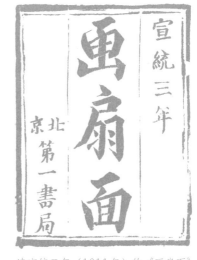

清宣统三年（1911年）的《画扇面》

英在扇面上以传统戏曲为素材，画出了许多忠孝仁义的故事，教化人们知荣辱，明廉耻，感恩德。

《画扇面》在长期的传唱过程中形成前后几个重要版本。一是只提到北京城，二是唱出了北京、盛京（沈阳）两座城，还有唱到天津城的。笔者收藏有民国中期由上海茂记书庄石印的《绣像新画扇面》唱本，此书自辽宁民间老艺人家中所获，其中收录的正是第二个版本，简明照录如下：

天津城西杨柳青，有个美女柏俊英，专学丹青会画画，这佳人年十九春，丈夫南学用功苦，眼看来到四月中。四月里立夏时少寒风，柏俊英坐房中赛蒸笼，手拿扇子仔细看，高丽纸上白生生，油漆骨子红点血，扇面以上缺少成工。八仙桌子放在当中，五样的颜色俱都现成，扇面铺在桌子上，细思想来暗叮咛，上边先画城两座，显一显奴手段敬敬明公。第一座北京城池来画上，九门九关甚威风，画上紫禁城一座，三宫六院画其中，金殿朝廷多画上，八大朝臣列西东。第二盛京关东来画上，老将军断赌才得安宁，东沟反了宋三好，陈大人率众领兵，众家英雄征东往，东边黎民才得太平。手拿扇子心烦闷，小奴家一看不得稀罕，虽然城池风景好，读书人也仔细看，耻笑奴家太不堪，忠孝节义不周全。忽然想起忠良画……忠孝节义全画了，柏俊英留神仔细看观，画完半面闲半面，心内思想暗详添，八出戏儿后边画，兑上了颜色甚是新鲜。头一出画上走雪山……八出戏儿全画毕，单等儿夫全了篇，金榜题名身荣贵，得取头名中状元，光宗耀祖高官做，合家欢乐福双全。

光绪元年（1875年）清军在吉林红石砬子镇压起事的宋三好，

根据这一史实可以看出，经添词、改编的《画扇面》第二个版本约出现在此后时间。这一时期，天津还流传有"三一座城池画天津"的版本。

有"神笔"之称的白俊英是不是确有其人呢？可谓莫衷一是，引人探究。按说像《画扇面》里唱到的或民间传说的，白俊英是了不起的杨柳青乡土画家，但方志、典籍中的原始生平依据至今尚未被人翻检出来，这也从一个侧面反映了部分民间艺术的"草根"特点。另外，自明代杨柳青年画发端以来，成功作品无数，但作者多不署款，如此又为"寻找"白俊英的可资线索带来盲点。

◆白俊英的身世

天津杨柳青才女白俊英到底有怎样的身世呢？学者马逸先在《杨柳青年画小史》中谈道："到了清光绪年前后，杨柳青涌现出一批农民画师，他们对杨柳青年画的发展及其艺术水平的提高起了积极的推动作用，其中有张俊庭……此外还有生卒年代不详的潘忠义和女画家白俊英。"或许是白俊英身在乡野，淳朴画匠，太民间了，是无法进入清代画家名录中的。

又说白俊英只是民间传说中塑造的人物，可能是清代乾隆、嘉庆年代人。张鸾搜集整理的民间故事描述，乾隆年间有一个财主在杨柳青戴廉增画店里买了一幅白俊英亲笔画的《莲年有鱼》带回家，后来那鲤鱼神奇地鲜活起来。

再一种说法，说白俊英是明末清初人，生于 1628 年，卒于

新画扇面

绣像版《画扇面》

1691年，字玉翠，号荷香子，在家中排行第二，人称二姐。并称白俊英祖籍吴门（今苏州吴县），她的父亲是明崇祯进士，在南京为官，后调任京城，因明末战乱全家定居杨柳青。可惜作者没有标明所根据的文献。比对年代发现，《画扇面》唱到的"张彦休妻"的故事一般认为出自乾隆年文学家、戏曲家袁栋的《白玉楼》。另外"五出画上拾捡柴，姜秋莲出门泪满腮"源于明末清初之后多年的戏曲《春秋配》，而此时白俊英早已不在世间。也许有更早的戏曲版本，也许这些唱词是于白俊英身后在传唱过程中被民间艺人不断添加的新词。

就白俊英的身世，笔者采访过多位博学的天津老一代历史文化专家，并几次到杨柳青实地调研，所获答案大多认为应该有这个人，但确切资料未见。《画扇面》写事实在，写人生动，就民歌创作而言凭空编造的成分不大，像陕北民歌里的兰花花（姬延玲），常常是有其人才唱其事的。

《画扇面》因版本不同、传唱的地区不同，加之方言、发声乃至以讹传讹等原因，白俊英也被经常唱成柏俊英、白仲英、白秀英、翠英、翠玲、白二姐等，甚至还将天津唱为北京。如东北版本"天津城西杨柳青，有个美女柏俊英"；陕西安塞版本"天津卫城西杨柳青，有一位美女名叫翠英"；山东版本"天津卫城西杨柳儿青，有一位女子名叫翠玲"；陕西绥德版本"北京那城西杨柳一苗青，有一个美女白仲英"等。现今，歌手杨一采集于陕北并演唱的《画扇面》开篇唱道："天津那个卫城西杨柳青，有一位女子名叫翠玲……"

《画扇面》在产生与发展过程中始终洋溢着田野的气息，口传心授，父领子作，自娱自乐，多变甚至混淆而成为一种常态是可以理解的。乡里乡亲，想唱就唱，唱错传错也无所谓。但万变不离其宗，一定是天津城西杨柳青的佳人白俊英才脍炙人口，才经典不衰。

我们再来看看民间传说中白俊英有怎样的故事。

杨柳青当地人对白俊英的身世以及画扇面的细节讲述得绘声绘色。传说，老年间杨柳青年画要数互为邻里的白家和安家画得最出色，白家小女白俊英和安家儿郎安雪从小青梅竹马，俊英画画，雪儿题字，堪称绝配。在俩孩子18岁那年就要办婚事的前几天，皇上南巡路过小镇要检阅画棚，家家都要挂出最好的画来。白家和安家的画尽产尽销，一时拿不出佳作，这可是要满门抄斩的罪过。圣上说到就到，情急之下的白俊英用金粉和几样颜色胸有成竹地画了一条飞龙，安雪原本要写"金龙飞舞"，却在慌乱之中落下了"舞"字，成了"金龙飞"。

出人意料的是，皇上见罢却龙颜大悦，当顺口念出"金龙飞"时，只见天空祥云乍现，金龙腾空而起……

◆《画扇面》与神话故事

民间传说，某年有皇上路过杨柳青，且要检阅画棚，临近婚期的白俊英、安雪二人情急之下匆忙画出《金龙图》，岂料甚得圣上赏识，于是安雪被召进御画院。

安雪进京前的晚上，心中忐忑的白俊英特别为他画了几把扇子。先画紫禁城，城内金銮宝殿文武满朝，三宫六院美女成群；再画精彩大戏表现忠孝节义；又画杨柳青风情。白俊英试探着让

《莲年有余》最经典

安雪选择一把，安雪爱乡情切，带上了杨柳青风情画，这才让她放心。身在京城的安雪眷恋着白俊英，不被金钱和官职所动，后来回到家乡，夫妻二人与年画相伴终生。

另外的传说云，乾隆年间津西胜芳镇的富户薛大人船过杨柳青时被河边的《画扇面》小调所吸引，于是停船上岸，这里的美画让他惊羡不已。他更喜欢白俊英亲笔画的《莲年有余》，买了一幅带回家中。说也神了，有天晚上薛大人依稀见到画中的胖小子动了动身子，从画上跳了下来，小童子东瞧瞧西看看，然后嫩声嫩气地对老两口说，爷爷奶奶要是想吃鱼，我会逮，你们拿个木盆来吧。待老两口一定神，那胖小子又跳回画里。

薛大人连忙找来木盆，对画上的胖小子开玩笑地说，你的话我们当真啦，木盆在这，我们就等着吃鱼啦。转天清晨，薛大人惊奇地发现盆里果真有一条活蹦乱跳的大鲤鱼。从此，薛家每天都有鱼吃。

人心不足蛇吞象，时间一长薛大人就往歪处琢磨了。他让胖小子每天给他家一筐鱼，鱼说来就来。进而，薛大人想让别人池塘里的鱼全都归他，好赚大钱。就在他美滋滋地打着如意算盘的空儿，只听见"唰"的一声，再抬头看那年画竟变成了白纸，薛大人也急得一命呜呼了。事后人们传言，薛家的铜臭气玷污了娃娃和金鱼的灵性，那胖小子抱着鲤鱼回杨柳青找白俊英去了。

《渔盆的故事》在1959年曾被改编为动画片《渔童》，深受青少年欢迎。故事的发生与杨柳青年画和白俊英有关。传说清末年间有个渔翁在杨柳青南运河畔以打鱼为生，一天晚间见到河里升起金色火光，于是驾船前往打捞上来一个白瓷盆，盆底的画就是白俊英所绘的娃娃和鲤鱼。夜里，渔翁看到画中的渔童举着鱼竿钓起了小金鱼，溅出的水珠落在盆边变成了粒粒金豆子，渔翁得以安家立业，并在后来保护渔盆未落到洋人手里……

不仅民间传说故事丰富、多趣，天津说唱艺术中也有不少《画扇面》的内容。

《画扇面》不仅在光绪年间出现了艺人添加的"盛京"版本，其实在"天津教案"发生后，津沽还流传着"三一座城池画天津"的版本，其中以盲艺人牛亭山的说唱最为著名。

在原《画扇面》的内容基础上，这一版本先唱天津的精粹风物与便捷交通："三一座城池画天津，能人制造算盘城……单街子，娘娘宫，估衣街的买卖数不清，四门的鼓楼就在当中。天津卫马路修得宽，四面钟的洋货样样都全，洋楼盖下了无其数。自来水，电线杆，电灯电话紧后边，要来了地图又把电车安。扇面上画梁家园，望海楼便在三岔河口前……往上海，三五天，火车还有火轮船，来来往往赚的都是中国钱。"

同治九年（1870年）直隶总督曾国藩奉命来津办理"天津教案"，他综合当时的局势，先对英国、美国、俄国进行赔偿，也未与法国开战，计划同法国单独交涉。随后，天津人民反帝热潮更加高涨，《画扇面》也迎合时事唱了出来。

◆一曲唱响八方

话说清同治九年（1870年）"天津教案"爆发，震惊中外，百姓反帝热情高涨，随后民间也唱出了时事版的《画扇面》。

曲中道："外国人们定计分我江山……进京要夺权，侵犯了中国混乱江山……大乱就在同治九年，天津的黎民不得安然，黎民百姓遭涂炭。都大人，把脸翻，外国人们一命丧黄泉，天津的黎民们才得平安。五月佳节失落了机关，那才是外国人们的报应循环。又来了那不怕死的陈大帅，领黎民，到这边，上了浮桥过了关，火烧望海楼就在五月二十三……"这里的陈大帅就是记名提督陈国瑞。《清代通史》载，"天津教案"发生后，陈国瑞与奕谟对群众反帝运动给予了一定的支持。

该版本《画扇面》在说唱完北京、盛京、天津后，照旧回转唱起忠孝节义和八出戏："三座城池都画完，忠孝节义没画周全……忠孝节义都画完，白二姐越看越心酸，叫人们耻笑我太不堪，细思想，仔细观，调好了颜色再画一番，八出戏文画后边……"

《中国民间歌曲集成·天津卷》收录有老天津西郊和东郊的《画扇面》。西郊歌由牛亭山演唱（冯零、雪玲记录），分为三段，从"天津卫城西杨柳青（哪），有一个美女白俊英，专学丹青会画画（呀）"唱到"细思想，暗叮咛，一心要画上两座城，显一显手段敬敬明公"。东郊的歌由于润安演唱（王小村、钟文龙记录），仅一段，从"天津（呀）城西杨柳青，有一个美女白俊英，专学丹青会画画"唱到"心中想，暗叮咛，上面先画两座城……"

2008年出版的《中国民间歌曲集成》也将《画扇面》收录其中。

中华人民共和国成立前，尚未出现"天津时调"一词，当时称"唱时调"，除了几种鸳鸯调之外，还有以演唱曲目而定的曲调，如《画扇面》《十杯酒》《绣麒麟》《明月五更》等，均在天津流传。天津时调表演艺术家王毓宝就曾表演过《画扇面》。近年来，歌唱家李瑛在国际文化交流活动中多次演唱《画扇面》，将它推向了世界舞台。

《画扇面》也流传到了大江南北，唱响四面八方。自19世纪70年代以来，杨柳青人积极支援边疆，跟随左宗棠走进新疆，他们不仅带去了毛巾、肥皂、布袜、腿带、针线、茶、烟、糖、常用药等，还将包括《画扇面》在内的天津民间说唱，以及年画、秧歌、风筝、剪纸、春联、珠算、烹调、游艺等流播到西北地区。

"百艺进疆"还带动了"赶大营"沿线陕西、甘肃、山西、内蒙古等地经济与文化的发展。

百多年来，《画扇面》在陕西、甘肃、宁夏、内蒙古、山西、山东、河北、河南、安徽、北京和

　清末民初的说唱艺人

东北三省久盛不衰，半壁河山处处传唱，曲调近30种，仅陕北就至少有16种，由此演化出的表演形式更为繁多。早已具有西北风黄土情的陕北民歌《画扇面》的风格或轻快，或细腻，或柔婉。有时，每种曲调之间的旋律差别较大，似乎各有师承门派，加之不同演唱者多变、即兴的发挥，所以陕北《画扇面》的变化最为丰富，绥德、米脂、横山、佳县、安塞、延川、子长、子洲等地《画扇面》的歌词几乎没有完全一样的，但它们的内核都是天津杨柳青的才女白俊英与她的扇面美画。

◆乡间小调唱起来

老天津名曲《画扇面》很早就在陕北落地生根，可谓家喻户晓之作。曾在陕北插队十余年的作家王克明对当地风俗情真意切，他曾亲耳听过安塞艺人任志强的演唱，并原汁原味地做了记录。

曲中唱"天津卫城西杨柳青（吗那嘿），有一位美女名叫翠英……二一出画上二进宫（吗那嘿），杨宗保搬兵回到了朝中，三霄妹摆下黄河阵，萧天佐（呀吗）过洪州，来了元帅穆桂英（咳呃咿呀），打坏了番贼救出了公公。三一出画上女娇流（吗那嘿），李三娘担水面带忧愁，人说是苦实难受，王三姐（呀吗）飘绣球，张彦休妻白玉楼（咳呃咿呀），秦雪梅吊孝两眼儿泪流……"

在山东，不仅有临沂小调《画扇面》，苍山的艺人还将《画扇面》改编成鲁南民歌，在《画扇面》唱词的基础上，最后一段特别与时俱进地唱道："杨柳青的男女和老少，丹青画画手段高，他们的作品欧亚去，美国总统也来瞧一瞧，临走带去嫦娥奔月，董成招财也捎着。要问唱者名和姓，苍山宋庄的杜景顺。"吕剧是山东地方戏，它早先是清末年间一些乞丐在学唱《画扇面》等杂曲小调基础上的一种发展创新。吕剧最初的剧目就有《画扇面》。另外胶州小调秧歌也唱《画扇面》的调子。

《画扇面》书影

《画扇面》在内蒙古西部经过化装演唱，发展为欢快热闹的二人台。而山西的二人台《画扇面》则被演绎成"女画家杨柳清"的爱情故事了。安徽的皖北琴书中也可见源自《画扇面》的音乐元素。

在大运河畔，在窑洞里，在庙会上，《画扇面》的每一次传唱，其旋律也许都会发生变化，不同曲调的行云流水与酣畅淋漓，都为白俊英画扇面的故事留下了随性之快、乡土之美。

有许多古代故事之所以家喻户晓，就因为它们曾被戏曲很好演绎，或成为老幼熟知的民歌，《画扇面》又何尝不是呢。细心读者不难发现，《画扇面》唱的大多是戏出故事。

以民国年间流行在东北的《画扇面》为例，"忠孝节义全画了，柏俊英留神仔细看观，画完半面闲半面，心内思想暗详添，八出戏儿后边画，兑上了颜色甚是新鲜。头一出画上走雪山……"这里的量词没有使用"幅"或"片"，而是以"出"来表示，画了一出又一出，"八出戏儿全画毕，单等儿夫全了篇……"

20世纪五六十年代，东北三省传唱的《画扇面》中的"大戏"

更加丰富："头出画上走雪山，有个小姐曹氏玉莲，家院曹福活冻死，又来了，众八仙，迎接曹福上南天，哭坏了小姐曹氏玉莲。二出再画贤孝男，钟子期打柴不爱做官，白猿偷桃天书献，小沉香，劈华山，吴汉杀妻站潼关，哎，文王带人去访贤。三出画上节烈女姣流，李三娘磨房实忧愁，挨冻受饿实消瘦，王三姐，抛彩球，张彦休妻白玉楼，哎，秦雪梅吊孝节烈千秋。四出画上义气男，单雄信访友在河南，仗义疏财秦叔宝，为朋友，两肋酸，石秀杀嫂上梁山，哎，俞伯牙访友马鞍山前。五出画上拾捡柴，姜秋莲出门泪满腮，春发访友到郊外，舍银两，就走开，一朵鲜花他未摘，哎，诚言是君仗义疏财。六出画上朱春登，牧羊圈舍饭去修行，婆媳寻吃去讨饭，赵氏女，进芦棚，夫妻见面泪盈盈，哎，艰难困苦谁不知情。七出画上二进宫，李艳妃宫中多愁容，国家有难思良将，徐延昭，闯进宫，黑虎铜锤举在空，哎，杨波保国苦尽忠……"

◆ 民歌经典曲牌

东北地区传唱的《画扇面》中"大戏"的成分颇为有趣，上一篇从头出唱到了第七出，接续又唱："八出戏画得精，画个和尚叫唐僧，师徒路过无底洞，猪八戒，太稀松，全凭大圣孙悟空，哎，灵霄殿告状请来天兵。九出戏画上魏蜀吴，刘备枭雄三顾茅庐，请来先生诸葛亮，借荆州，谋东吴，周瑜定计请皇叔，哎，怒摔竹筒令箭才出。十出画上五雷阵，孙膑双拐没人敢陪，王翦下山平六国，大毛賁，斗雄威，孙膑进阵魂吓飞，哎，盗仙丹多亏金眼毛邃……"

《画扇面》里的出出大戏也在陕北唱着，如"二一出画上二进宫，正宫娘娘多愁容，国家有难思良将，徐千岁，巧计生，黑虎铜锤举在空，杨侍郎报国苦尽忠"。歌中每一段（一出戏）的第一句后三个字便是剧名，如三出画《牧羊圈》、四出画《唐太宗》、五出画《黄鹤楼》、六出画《走雪山》、七出画《明公断》等。

山东《画扇面》也完整保留有戏出唱词，如"五出小戏画上黄鹤楼，汉刘备吃酒犯了忧愁，东吴设下了美人计，曹操笑，刘备哭，周瑜摆宴请皇叔，拆开了竹节令箭现出"。

竞相传唱的《画扇面》后来逐渐成为一种民歌曲牌，唱者主要是半农半艺走乡串镇的人，以及卖针线、卖膏药、卖唱本的小贩等，他们手打响板，唱起来如同吆喝歌，很能招揽顾客。撂地说相声的在开场铺垫时也常用这个曲牌来"圆粘儿"。

在旧时民间，用《画扇面》曲牌唱的小调也叫《百忍图》。曾流行在天津西郊，由牛亭山、孙华洲演唱的《公道老爷劝善》中道："混沌初分世难晓，谁知道地厚天有多么高，日月穿梭催人老，要争名，把利捞，难免生死路一条，八个字造就定是难逃。树大根深长得牢，人受教调武艺高，井淘三遍吃甜水，劝明公，忍为高，千万别跟那歹人学，劝君子回头你为善最好。"

中华人民共和国成立后，《画扇面》曲牌被天津曲艺团的曲艺作家陈寿荪改编成《农民乐》曲牌，被单弦和曲艺剧吸收。单弦曲牌可分为叙述曲牌、抒情曲牌、特殊用途曲牌，《农民乐》属于抒情曲牌中带有欢快喜剧色彩的那一类。如20世纪60年代的"棵棵绿竹叶儿尖，满山叠翠荡漾无边。社员们锄草在田里面，听那劳动歌儿唱得欢。丰收景象在眼前，伟大祖国好河山"。民歌说唱

《画扇面》原来的教化意味浓郁，在演变成曲牌之后便以宣传和抒发欢快情感为主了。

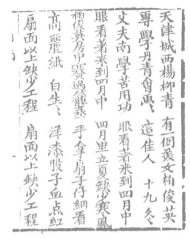

《画扇面》唱词

近年，北京密云五亩地村的农民还尝试用民歌《绣枕头》的曲调来唱《画扇面》的老词。时下流行乐坛的一名歌手传承并演唱了陕北民歌《画扇面》，嘹亮高亢，总能听出些黄土情的韵味来："天津那个卫城西杨柳青，依呀喂，有一位女子名叫翠玲，从小小学到会画画，小佳人十九春，丈夫是南京读书人，哎哟，月儿到了四月半中。四月里天立夏无寒风，依呀喂，小二姐高楼摆下龙阵，手拿扇面仔细看……五色那颜料摆得现成，扇子放在桌面上，仔细想不消停，画出北京一座城，哎哟，画在那扇面上显显那手能，第一幅画出北京城，依呀喂……二一幅画出俞伯牙，依呀喂……八一幅画出水晶宫，依呀喂，来了一位和尚他是唐僧，他去西天取真经，猪八戒小沙僧，还有开路的孙悟空，哎哟，一路上遇到了九妖十八洞……"

◆钱慧安与天津年画

清代光绪年间，应天津杨柳青齐健隆、爱竹斋等年画庄的邀请，当时蜚声艺坛的海派画家钱慧安乘船来到天津，以职业画家的身份进行年画彩稿创作，开创了中国近代木版年画的新气象，佳话广传。

钱慧安，名贵昌，字吉生，祖籍浙江湖州，出生于江苏宝山清溪镇花园村。此地旧属江苏，今属上海浦东新区高桥镇。钱慧安别号清溪樵子、退一老人，因其画室名为双管楼，所以又号双管楼主。天资聪颖的钱慧安自少年时代就从民间画师的写真技艺中汲取营养，早年关注明代仇英、唐寅、陈洪绶的画风，继而学习费丹旭、改琦、上官周等名家，对清初《晚笑堂画传》更是心摹手追，受其影响颇深，终将诸家之法融会贯通。20多岁时，钱慧安已形成自己的人物画风格。

关于钱慧安客居天津的具体时间，史料多以"光绪年间"记载。画技正处于鼎盛期的钱慧安主要在齐健隆画店、爱竹斋等作坊进行年画彩稿创制。晚清文人沈太侔在民间采风文稿《画棚》中说："画出杨柳青，属天津，印版设色，俗呼'卫抹子'。早岁戏剧外，画中多有趣者，如雪园景、渔家乐、桃花源、乡村景、庆乐丰年、他骑骏马我骑驴是也。光绪中，钱慧安至彼（天津，笔者注），为出新裁，多拟典故及前人诗句，色改淡匀，高古俊逸。"

在杨柳青期间，钱慧安作为专业画家，与一般画师的兴致所致、偶尔为之大有不同，他孜孜以求地悉心创作了百余种画样，内容多为民间传说、古人诗句等百姓喜闻乐见的题材，享有"平民画家"的赞誉。其中比较著名的有《麻姑献寿》《钟馗嫁妹》《竹林七贤》《风尘三侠》《东山丝竹》《时还读我书》《风开露井桃》《三块瓦绊倒人》《如会银河》《桃源问津》《南村访友》《张敞画眉》《春风得意》《皆大欢喜》等样稿粉本，还有脍炙人口的《刘姥姥醉卧怡红院》《薛蘅芜讽和螃蟹咏》《史湘云偶填柳絮词》等红楼故事题材。

在钱慧安所绘的杨柳青年画中，他常常以普通民众的意识来诠释诗词、典故的意境，掇取民俗的细节，就是那些尊贵的佛祖神灵、帝王将相等也被钱慧安请下神坛，被赋予了当时人们理想中的形象美，融入了百姓生活，一幅幅生活气息浓郁的图画所以跃然纸上。

杨柳青浓厚、宽松的民间艺术氛围让钱慧安的绘画思想更加解放，对于杨柳青年画原有风格的革新正是钱慧安的最大贡献。

钱慧安绘《南村访友》

面对当时西方绘画理念的涌入，钱慧安既不全盘接受，也不一概排斥，而是取其精华，适当吸收。他在人物五官的表现上，以线条勾画后略加淡墨渲染，面容的立体感和质感出神入化。钱慧安在勾画侧面或半侧面人物轮廓时，也施以巧妙的透视处理，使得人物姿态更趋自然饱满。他在杨柳青年画中还尝试着用顿挫转折且富于装饰意味的"铁线描"来表现人物的衣纹以及配景花木等。钱慧安在不违背杨柳青年画的基本规律，不破除其艺术特征的前提下，将文人画的神韵、院体画的精髓成功扩展到杨柳青年画中。特别是在他的影响下，杨柳青年画打破了长期的对称式构图方式，主要色调风格也由浓艳转向淡雅，突出了文人画的诸多因素，令人耳目一新。

作为职业画家，如此革新之举往往要冒着画作无人问津的风险，需要一种勇气。钱慧安便具有这样的胆识。当时，社会新兴工商业得以蓬勃发展，刚刚摆脱小农经济的从业者的审美情趣也在不断变化，钱慧安的年画与时俱进地成为这一主要购买群体的喜闻乐见之作，表达了民众衣食无忧、享受天伦、祈盼美好的愿望与追求。更加丰富的杨柳青年画品种，特别是钱慧安的作品，经过与刻工的绝佳配合，其市场竞争力得以进一步提升，驰誉四方。

◆ 年画的种类与改良

东一张西一张，贴得屋里亮堂堂。过大年贴年画，喜庆热闹，20世纪二三十年代在天津，除了传统木版杨柳青年画外，常见的"洋纸"印刷年画也琳琅满目，办年货的市民里三层外三层地围在摊子前。

此等年画大致分为三类。第一类是石印美人图，多为海派高手绘制，画工精细，色彩明丽，画面以现代时装佳人为最，甚至

改良年画《刘二姐逛庙》

半含春意，弹眼落睛，投大众所好，最俏销。第二类是儿童题材。娃娃乐图常由杨柳青一派演变而来，或群孩活泼天真，或个孩稚趣可爱，妇孺无不津津乐道。第三类以传统生活、神话、故事、人物内容为主。其中又约分两种，一是家喻户晓的吉祥画，比如财神到、福禄寿三星、阖家欢乐、五子登科、花好月圆，以及老戏出画、四大名著图等，不胜枚举，可谓极尽能事。二是神怪图，比如封神榜、三侠五义人物，也不乏荒诞离奇低俗的画面。

　　1931年初，农历春节前后，鉴于当时废旧布新、文明日进的社会风气，《益世报》记者以宫南宫北大街为核心区，对当时的天津年画进行了一番市场调研，并提出了一些改良年画的中肯建议。

　　说到美女画，记者觉得切莫停留在脂粉交际花一统画面的情状中，应更广泛地表现古今中外女界名流，或是对家庭、社会、国家有益有功的女人。同时，所表现女子的职业范围也应扩大，比如种田、刺绣、烹饪、教师、职员等皆不失为好角色，这对提倡女权、推动社会进步大有裨益。第二类孩童画中应融入教育的重要所在，突出少年道德养成，提倡追求科学知识。还可以在画中配简单文字，像家庭教科书一样通俗易懂，寓教于乐，如此则功莫大焉。至于第三类，记者列举我国历史上许多圣贤豪杰，认为这些人物慷慨义烈可歌可泣的故事很多，可借鉴取材，定能满足年画需求，何必偏要画陈腐旧剧、神怪故事，记者甚至用"流毒无穷"来形容这类旧画的不良影响。就此，《益世报》发文呼吁有关部门要彻查年画印刷局、销售商，及时销毁旧印版，净化市场环境，提升大众民俗文化生活素养。

◆审查年画

旧时的年画（非传统木版年画，俗称洋画）多由民办商业印刷局、作坊印制，不同于如今为出版社正规出版发行。老天津，繁华地，绘画设计、印刷技术优势显著，在三北地区首屈一指，年画产量颇丰。当年较为知名的印刷局、画庄有华中、富华、华兴、隆福、庆隆等商号，每年夏秋之季都要提前安排年画生产，以迎新春。

进入20世纪30年代，天津城市生活移风易俗在提速，也在着力加强民众教育普及。具体到年画一门，它流行民间，有些商人过度追逐销量与利润，导致有些画面内容或低俗不雅，或封建迷信意味过重，其社会影响令人唏嘘。天津社会局、教育局等有关方面顾及画商利润受损，所以一直未采取有效措施整顿年画市场。

鉴于年画低劣内容有日益严重的趋势，为保护年画良性发展，1930年6月末，天津社会局的主要官员会同著名书画家赵松声、苏吉亨等商定，将联合本地书画界有识之士发起成立艺术改进会。计划该会第一步工作就是绘制一批符合现代新生活的画稿，交给年画商印刷发售。同时检查旧有年画，过程中若发现有历史价值的画作，仍会予以保留。

　　后来，审查年画之举主要由教育部门来承担。在1932年9月的审查中，上述印刷局出品的《家家有余》《小放牛》《罗章跪楼》《黄鹤楼》《喜荣归》《家庭欢乐》《博望坡》《夜战马超》《农家忙》《双喜即日到》《五福今天来》《连生贵子》《恩授兰孙》《三气周瑜》等19种年画获准注册印行，同时需要厂商在画面左下角标注"某年某月某日经河北省教育厅审定注册第某号"字样（当时河北省辖天津县），以便甄别。另有《渔家乐》《多福多寿》《三顾茅庐》等7种被要求修改后再行通过。驳回不得出版的有《天赐黄金》《太师少师》《水里得来聚宝盆》《活财神来到咱家》等十几种。

　　上文中的《罗章跪楼》又名《红霞关》，出自《秦英征西全传》中的故事。《博望坡》取材于《三国演义》博

改良年画上的时髦美人

望坡之战的情节。"恩授"是皇帝开恩授予的意思，"兰孙"与"桂子兰孙"相通，指攀桂折兰子孙考取了功名。《太师少师》为传统吉祥图，画大狮子怀抱幼狮，或两爪间有一幼狮，"狮"与"师"同音，狮子威严，寓意辈辈做高官。

旨在破除陈腐观念，提倡年画新貌，有益社会及儿童教育，1934年秋时河北省教育厅又一次令各家年画商把所出的画稿送交审查。教育厅每月开会审查一次，在当年11月初的编审例会上，收到华中、永兴、振记等印刷局送审年画或原稿共28件。此次筛选力度更大，经审查一次合格通过的仅有《八仙过海》一种，而有些画需修改画名后再印，比如《子孙有余》要修改为《活泼天真》，《游戏红楼》改《化装游戏》。未通过审查的有《宝聚财丰》《狸猫换太子》等。与此同时，天津教育管理部门也借势通过媒体吹风，即将开始对流行民间的连环画展开审查，期待取得成效。

◆ 美人图俏销

1916年12月30日的《益世报》以《精美绝伦之画片又到》为标题刊发一则新闻，文云：南洋兄弟烟草公司出品的各种香烟"均极精美，诚为国货之特色者"，其中尤以飞船牌、双喜牌两种香烟价廉味好，颇受顾客欢迎。当时，新年即将到来，南洋兄弟烟草公司特别随货向天津发来一批精美的月份牌广告画，权为市民恭贺新禧，权为广告推销。

南洋兄弟烟草公司由广东南海人简照南、简玉阶兄弟在清光绪三十一年（1905 年）创设于香港，1918 年经改组，公司向北洋政府注册，并将企业中心从香港移至上海。南洋兄弟烟草公司励精图治，与英美烟公司竞争抗衡，努力振兴国货，驰名南北。该公司一向注重广告宣传，在彩印月份牌画方面也不惜投入，比如1923 年的月份牌画预算就高达 4 万元大洋。

天津大码头，是北方龙头市场，南洋兄弟烟草公司格外看重。话说回头，1916 年岁末到津的新年月份牌画为周柏生画的《美女出浴图》，据当时的《益世报》报道，"昨已运到若干张，定例购吸自由，购烟四桶附赠一张"。此图可谓"精丽已绝"，画中美女"轻披罗帕，娇艳欲滴，出水芙蓉，未足为喻。昔人有句云'浴余不着衬衣单，写出冰肌玉骨寒'可为此图咏也"。

附有月历与商品广告的月份牌画自光绪二十二年（1896 年）诞生以来，先以中国古典故事为主要题材，以传统国画人物技法为表现手段，至于现代时尚美女图流行的高潮是进入 20 世纪 30 年代的事了。

言及"美女图"的萌芽期，便要提到开创擦笔水彩画技法的郑曼陀。早在 1914 年前后，郑曼陀便尝试画出《晚妆图》《女子读〈天演论〉》《贵妃出浴图》等，郑氏笔触细腻，色彩明丽，所绘人物立体感很强，效果堪比照片，令人耳目一新，顿开新派月份牌画先锋。擦笔水彩描摹一跃成了月份牌画的专用技法，其他画家也在跟进，周柏生、徐咏青以深厚功底融会贯通，迅速脱颖而出，与郑曼陀齐名，同享"月份牌画家三皇"美誉。周柏生是江苏常州人，早年师从宫廷画家黄山寿，有很好的工笔古装人物画实力。一时间，周柏生的商业美术画作洛阳纸贵，成为英美、南洋兄弟、华成、华美等众多烟草公司翘首以待的佳制。1916 年岁末被发行到津城的《美女出浴图》便是其中之一。到了 1917

时装美女图年画最热销

年，周柏生正式入职南洋兄弟烟草公司广告部从事创作。

月份牌画人见人爱，持续在天津市场走俏，供不应求。上海先施公司于1931年新年前夕在天津《北洋画报》刊出即将赠发月份牌画的消息与样图，并称：凡购货之主顾，均以此相赠。画中女士端庄秀丽，画技细腻清雅，惹人视线。

同一时期，位于天津估衣街的元隆绸缎庄也在报纸上向顾客贺年，同时派送月份牌画，广告曰："月份牌，中与外，无人不爱，形式有好歹，元隆有请比赛，虽赠送也能零卖，印刷精美非同那俗派。"

◆水西庄与花笺纸

传统雕版木版水印的各色花笺、彩笺、锦笺或古香古色，或生动鲜活，最为精致华美。老天津水西庄人文荟萃，往来于此的文化名流们对笺纸的挚爱又何尝不是呢？城南诗社与水西庄缘分颇深，1936年重阳节之际，城南诗社40多位社员再度雅集水西，他们以查莲坡先生的赏菊诗来分韵赋诗，当场抓阄，即席吟咏，盛极一时。

纵观故纸，除了常规的"红八行"素笺外，花笺、彩笺的品貌也很丰富，所印图样题材内容有花鸟、山水、人物、吉祥器物等，引人入胜。

笺纸上印有细细的八条红线，俗称红八行，以半生半熟的宣纸为佳，或配信封，早年市面上的南纸局、文具店多有出售。雅集中，陈实铭（南开大学教授）、陈守谦（浙江海宁四才子之一）、张同书（诗人）、严仁泽（严修之孙）、邢之襄（藏书家，曾任天津市政府秘书长）、陈兆光（南开大学讲师）、朱士焕（辑有《稷垣答问》等）、郭春龠（遗有《郭春龠对问》等）、胡季樵（辑有《续金华丛书》）等人皆选用了红八行笺。在这些素笺中，有的是没有四边粗线框的，而是细红线直贯上下。另外，王人文（曾任民国时期参议院议员）使用的是非印制的暗格八行笺。

据纸上标识可知，邢之襄所用红八行笺是上海九华堂厚记出品的。九华堂开办于清光绪十三年（1887年），是一家以制作经营笺纸、印泥、扇面、字画、木版水印品为主的老字号，尤以笺纸最是名家、学者所爱。1914年前后，九华堂重分股份，后来出现了"宝记""厚记"等，并在苏州、广州等地多设分号，驰誉南北。新中国成立后，九华堂与朵云轩合并。再有，胡季樵用的红八行笺是佩文斋南纸局所制的。

金梁（曾任北洋政府农商部次长）所用笺纸是红十行的，纸页中心有红色"鼎龠"二字，此笺介于素笺与花笺之间。"龠"即"脔"，古有"尝鼎一脔"之说，出自《吕氏春秋·察今》。鼎乃炊具，三足两耳；脔是切成块的肉，意为品尝鼎里的一片肉，就可知整个鼎里的肉味了。顺便一说，1925年12月7日，江苏金石书画家王季欢于上海曾创办有《鼎脔》美术周刊，专门介绍古玩收藏品，是当时较权威的艺术刊物。

从花笺方面看，姚彤章（曾任河北省第一博物院院长）所选的诗笺上淡印有虎伏（虎卧）图案。虎伏图起源甚早，素有龙腾虎伏一说，也是美玉造型的经典吉祥图。再有，张同书也选用了印有古玉图案的笺纸，名《隋玉麟符》。玉麟符是刻有麒麟的玉质符信，《隋书·樊子盖传》中记，隋炀帝为嘉奖樊子盖的功劳，特为其造玉麟符，以表殊遇。此笺为吴大澂的印作，吴大澂是清代著名的金石考古学家、书法家。

精美的《百花诗笺谱》

陈宝泉（曾任河北省教育厅厅长）所用的花卉笺名为《番南金蕊》，是采用黄山寿绘稿印制的。黄山寿毕生致力书画，书法学唐、北魏及清人郑燮、恽寿平等，深得神韵；国画人物、山水、花鸟等也无一不能。黄山寿曾任直隶同知（知府的副职，正五品）。

仁传藻（曾主政河北藁城等县）使用的花笺上可见《东坡履笠图》，更似一幅高古人物小品。《东坡履笠图》为传统文人画常见的题材，张大千也有佳作。另外，郭啸麓（曾任北洋政府国务院代秘书长、侨务局总裁）所用的花笺上是《刘海戏金蟾图》，为九华堂宝记出品。

赵元礼（城南诗社创建人之一，书法家）在此次雅集上所用的笺纸是特别定制的，页面有淡绿色的双钩字："明灯夜雨楼吟诗启事之笺。"明灯夜雨楼是赵元礼的书室名，寄意于听雨的真趣。1933年，齐白石在《白石诗草》付梓前曾请赵元礼等名流题词。白石老人为表答谢情谊，在当时已封笔山水画的情况下，破例以"明灯夜雨楼"为题，精心绘制了《明灯夜雨楼图》赠予赵元礼。

◆农人说唱道情

中华人民共和国成立后，在中国共产党的领导下，全国人民大干快上，热情高涨，随之也诞生了大量新民歌。20世纪50年代末天津属河北省辖。1958年7月河北人民出版社出版了布面精装本《河北新民歌》，甄选300多首民歌，其中有不少来自天津的作品，从多侧面反映了同时期的津地民风民情。

先说老武清夹道洼的故事。此地历来饱受水患之苦，如据《新天津报十周年纪念专号》载："民国十八年（1929年）春，武清杨村（夹道洼及周边）四十八村久苦水患（指北运河洪水），本报社长刘髯公君发起在杨村（夹道庄）修筑泄水闸一道，因募款之艰难，遂有新明义务戏筹款之举。于是泄水闸得告厥成功。四十八村人民赠送匾额一方，文曰'一方被德'。"到了50年代，经过当地百姓不断拼搏建设，当地生态环境大为改观。

《河北新民歌》中有作者胡庆祥所记录的武清地区改造夹道洼的事："六十里地夹道洼，千倾良田水底压，十年九不收，水旱风沙全都怕"，但见兴修水利规整沟渠后，"水浅插稻秧，水深插苇

栽藕养鱼虾……幸福日子抬头啦"。今日武清区尚存夹道村老地名。再有，来自宝坻的民歌也憧憬着李英庄低洼修整好以后的生活："家家户户卖余粮，飞鸽车子满街跑，坐着汽车下稻田。收音机声广播网，歌儿传遍咱家园。夜晚不用点油灯，电钮一拉似白天。苏杭二州不用去，自己家乡好风景。"

载歌载舞

　　新生活，新气象，自然影响到青年人的爱情婚恋观。有民歌写道："大树底下问姑娘，为啥还不配情郎？姑娘脸上红霞染，笑语过后把话讲"，说啥呢？一定等耕种好山治理好水，要让"青山绿水当花轿，满山花果当嫁妆"。河北文安旧年多洼淀，饱受水患影响，有些姑娘不得不嫁到了距离不远的天津。杨柳青作者宋瑞峰写歌一首："姑娘们说，苦战五十天，幸福没有边，改好文安洼，再不到天津找婆家。"

　　当时的工人、农民都在积极搞发明促发展。据1957年第11期《科学大众》报道，天津拖拉机制造厂试制成功新型煤气机，它是一种用无烟煤或木炭做燃料的动力机械。煤气机很快应用到农业生产，天津一作者就此写出了《农民称宝》歌，其中称："煤气机，真地道，拖拉机厂把它造，它的劲头真不小……园田作物有了它，蔬菜丰收吃不了；果园里边有了它，杏梨蜜桃吃个饱。"

天津西郊梨园头农民成功仿制出一种插秧船，大大减轻了农民在水中弯腰插秧的辛苦。津地作者刘洪刚写歌云："插秧船，插秧船，漂在水里轻如燕，手拿秧苗船上坐，一会就插一大片。"这被乡民比喻为"幸福船"的农具还被画入同题年画中，画上所绘插秧船类似不带腿的木制包箱单人沙发，有靠背，椅背上还可撑伞遮阳。插秧船平衡好滑行稳，农民坐在上面俯首即可栽秧。

勤俭节约，无私奉献，是那个时代社会风尚的主流。一首采录自天津民间的民歌唱："一凑十，十凑百，一人一分钱似海。买机器，修水渠，秋后家家都富余。"另一首歌表述："一粒米，不算多，一粒一粒堆成坡……一人节约一分钱，万人积累码成垛。"

天津老一代画家邵文锦、邓柯等还为《河北新民歌》中的一些民歌配画，可谓图文并茂。邵文锦自中央美术学院毕业后，1953年分配到天津美术工作室，在《天津画报》任编辑搞创作，他深入基层，积累了大量创作素材，并与杨柳青年画艺术深深结缘，创作了许多脍炙人口、影响深远的作品。

◆ 首届津门曲荟

中华人民共和国成立后，百花齐放、百家争鸣、推陈出新的文艺路线深入人心。曲艺在天津有着悠久历史，曲种流派繁多，为贯彻"双百方针"，满足群众文化需求，1962年10月天津市文

首届"津门曲荟"节目单

化局、中国曲艺工作者协会天津分会筹委会联合主办了第一届"津门曲荟"活动。

笔者收藏有当时的节目单，故纸册小巧玲珑，高21厘米，宽9.5厘米，方便观众携带边看节目边翻阅。信息显示，津门曲荟总体包括综合场、单弦专场、梅花大鼓专场、时调专场、京韵大鼓专场、相声专场、学员专场、评书及西河大鼓专场等，有的又细分一场、二场。曲荟节目丰富、演员阵容强大，有不少人后来成为著名表演艺术家。

比如，综合场中有天津时调《放风筝》，魏毓环（原文玉）演唱；乐亭大鼓《洪月娥做梦》，新韵霞演唱；单弦《小白菜》，石慧儒演唱；快板书《劫刑车》，李润杰演唱；京韵大鼓《光荣的航行》，小彩舞演唱；对口相声《珍珠衫》，常宝霆、白全福表演；梅花大鼓《傻泄》（又名《傻大姐泄机》），花五宝演唱；快板书《百鸟朝凤》，王凤山表演；京韵大鼓《愚公移山》，阎秋霞演唱；单弦《开吊杀嫂》，廉月儒演唱；乐亭大鼓《朱买臣休妻》，王佩臣演唱；对口相声《写对子》，马三立、赵佩茹表演。

单弦专场中有阎凤华演唱的《劫皇杠》、李艳萍的《花木兰》、谢舒扬自弹自唱的《武松探兄》、屈振庭的《碰碑》、石连城的《杜十娘》、新韵虹的《棒打薄情郎》、新小谭的《武松打虎》、桂月樵的《老少换妻》等。梅花大鼓专场有阎丽云演唱的《劝黛玉》、周麟阁的七音大鼓《黛玉思亲》、刘连玉的《王二姐思夫》、史文秀的《红叶题诗》、周文如的《安安送米》、花五宝的《杜十娘》等。时调专场有朱文良演唱的大数子《蚂蚱螂出殡》、朱凤霞的新鸳鸯调《闺怨》、谢韵秋的落五时调《叹情楼》、屈振庭的靠山调（老调）《大五更》，还有彩唱拉哈调、落尺反调、小板、叠落金钱（原文铁落）、二六板老鸳鸯调等其他节目。京韵大鼓专场中有刘凤霞演唱的《南阳关》、桑红林的《长坂坡》、金慧君的《马鞍山》、小岚云的《洪母骂畴》和《子期听琴》、阎秋霞的《宝玉娶亲》和《太虚幻境》、小彩舞的《七星灯》和《卧薪尝胆》、小映霞的《甘露寺》、林红玉的《金定骂城》等。

相声节目同样异彩纷呈，如苏文茂、朱相臣表演的《美名远扬》，郭荣启的《杠刀子》，刘文亨、刘文真的《宇宙锋》，常宝霆、白全福的《打砂锅》和《听广播》，马三立、赵佩茹的《买猴》和《醋点灯》，阎笑儒、尹寿山的《卖布头》，常连安的《武松打虎》，高英培、范振钰的《卖五器》等。评书、西河大鼓专场设在鸟市曲艺厅，评书如边豫棠表演的《秦琼卖马》、邵增涛的《双枪老太婆》、刘立福的《王者》、许连和的《打冈村》、冯玉春的《杨志卖刀》、王文玉的《伍秋月》等。西河大鼓如艳桂荣的《转幽州》、常起震的《花神庙》、郝艳霞的《日接三诏》、田荫亭的《智擒安乐侯》、王田霞的《薛刚赴宴》等。

小册中对节目的作者、改编者、整理者、伴奏者，以及演员当时所在的单位、团队等皆有详细记录，史料价值凸显。首届"津门曲荟"盛况空前，好评如潮，自此至 2000 年成功举办了十一届，成为天津"曲艺之乡"的重要标志。

◆面人儿五彩缤纷

天津乃民间艺术之乡，在源远流长的津沽历史文化长河中，杨柳青年画、泥人张、风筝魏等早已蜚声四海，此外还有"低调"的民间手艺精粹——面塑，每逢年节总少不了它的亮色。

中国面塑早在汉代就已出现，起初并没有被视为艺术或民俗玩意儿，"八仙""菩萨"等面塑常为祭礼仪式所需。后来，面塑以独特的魅力逐渐在民间普及，深入人心。传统面塑艺术所用的面料以白面和糯米面为主，掺和而成，加绵纸、蜂蜜，有黏性，经调色成各种彩面，再通过灵巧的手捏塑出栩栩如生的形象。20世纪初的天津民间已不乏手艺高超的面塑艺术家，他们与走街串巷的手艺人一同丰富着民俗文化生活。

"面人汤"早在20世纪二三十年代就驰誉京津地区，天津民间艺术家韩会来仰慕已久，他曾向"面人汤"第二代传人汤凤国求教过，颇得真传。笔者采访过韩先生，听过他的故事。

韩会来是地道的天津人，从小跟祖父在离家不远的老河北鸟市玩。河北鸟市俨若老天津市井风情画，热闹非凡，唱戏的、说相声的、说书的、唱大鼓的，他都见过，也都喜好过。的确，在许多天津民间艺术家的生活中都深切饱含着一种情结，得益于这座城市600多年的历史文化积淀。韩会来说："我上小学时就曾迷过泥塑和皮影，课堂上不听讲，捏小鸟、玩皮影，被老师没收过很多次。不知是否因为这，我后来还当上了文体委员。"参加工作以后，或许是命运的安排，韩会来幸运地成为宣传干事，在文工团半专业半业余地竟研究了20余年快板书。

艺术是相通的。韩会来的作品以中国仕女题材为主，对《红楼梦》人物情有独钟。笔者见《黛玉葬花》中的黛玉临风扶锄，双眉紧蹙，双唇微张，素面朝天，似乎发出"为什么这样，为什么"的哀叹，"风刀霜剑严相逼"的意境得以充分展现。作品《惜别》是韩会来根据裴艳玲的舞台剧《钟馗嫁妹》创作的。钟馗送别妹妹后难舍难离，想再看一眼她，却又不能回头，而身后的小妹跪在地上向钟馗背影扑去……韩会来以全新的艺术手段，将情感融于彩面中，刻画出面塑人物的艺术生命，一改过去钟馗一成不变的形象。

一般人认为面塑是雕虫小技，其实，仅仅看那一团团彩面在艺人手里（用黄蜡润过）塑形，搓、捏、揉、压、按、擦、拨等一系列娴熟技艺，就足以令人瞠目结舌。一代代天津民间艺术家又何尝没有如此巧技呢？

生趣盎然的面人儿

再有，西方雕塑艺术素具很高水平，天津民间艺术家也从中受益并融汇于面塑艺术中，在人物表情刻画方面更追求精准与传神。特别是神话人物等传统题材作品，精巧灵秀、色彩鲜艳，最能让外国人着迷。

韩会来曾说："外国人普遍认为天津的民俗民风别具特色，觉得购藏天津民间艺术品真是物有所值。"有一件事让韩会来一直记忆犹新，多年前，他创作的一套《惜春作画》面塑被西班牙客人以高价收藏。

在天津某知名饭店的画廊，来自美国的母女二人被韩会来的《天女散花》所吸引，但她们不晓得是用什么材料做成的。当服务员向二人说明并介绍是由天津艺术家亲手捏塑的时，美国朋友连称了不起。那母亲当即买下那件作品，女儿也喜欢，可母亲却如获至宝，表示让她女儿自己再买一件。无巧不成书，韩会来恰巧来到画廊，母女二人的诚意让他感到欣慰，答应连夜再塑一件，因为她们明晨就要回国了。韩会来通宵赶制，当黎明时分将《天女散花》送到美国母女手上时，二人激动欣喜之情溢于言表。她们说喜欢天津，更欣赏天津的民间文化和艺术家。一团彩面塑造出的形象，在外国人眼里如鬼斧神工一般，彰显着东方艺术的魅力。

◆糖塑，雕虫之技堪称绝

天津民间有太多的巧手艺人，他们构织着朴素、多彩的民俗生活。画糖人儿、吹糖人儿为民众喜闻乐见，更叫绝的还有立体糖塑，艺人手中的龙凤、秋虫、玫瑰无不玲珑剔透，惟妙惟肖。糖塑，也俗称立体糖画、立体糖艺、糖雕，是在糖画的基础上发展而来的，其中融合了雕和塑的艺术元素，有别于食品加工或餐饮行业的点缀装饰物，糖塑更精巧逼真，既可吃又可当有趣的玩具。

糖塑所选糖料以冰糖、蜂蜜为主，也有使用白砂糖的，但冰糖更有利于造型，透明度高，质地结实，口感更胜一筹。熬糖时的火候很关键，火大了颜色不好，火小了不好使用。据老手艺介绍，熬糖是技术活，没有范本，师傅

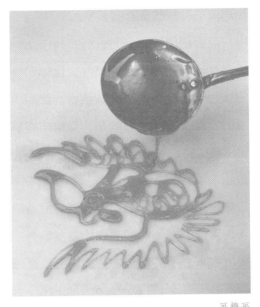

画糖画

也不会特意传授，完全要靠心领神会和长时间摸索。熬一锅糖料大约需要20分钟，过程中可添加红、黄、绿、黑等食色，形成彩色糖料，如同绘画的颜色，大大丰富了糖塑的艺术表现力。

传统糖画孕育了糖塑技艺，二者密不可分。旧时的糖画艺人有时也将所画的平面的昆虫、小鸭、小狗等糖画稍微加工点缀，用线吊挂，成为最初的"立体"糖塑。改革开放后，糖塑技艺逐渐发展成熟，并形成相对独立的民间艺术门类。举凡蝈蝈、螳螂、金鱼、青蛙、螃蟹、蝉、龙虾、花草、竹篮、玉米等造型，艺人们无所不能，晶莹剔透，活灵活现。

一块油润的白色大理石板好似糖塑艺人的"画纸"，因为大理石阴凉，吸热效果好，有利于热糖汁瞬间成型。糖塑常用工具有平头尺板、方形压板、糖勺等，材质是铜的或不锈钢的。那尺板长约30厘米，宽约3厘米。压板较小，如扑克牌大小。有些艺人还根据自己塑糖的需求，研究出各具特色的小模具，如螃蟹的外

壳形模子、蝈蝈身形模子等。

说到糖塑技法细节，行、抖、刮、抹、压等堪称一绝，各技法交互运用，让人眼花缭乱。比如塑一只螳螂，先出身形，小糖勺如画笔行糖，尺板刮抹结合，然后再用尺板的顶端压出螳螂腹部的纹理。趁糖余温尚在，又做出螳螂身形姿态与动感。接下来做四肢，这时要看艺人抖的手艺。这要靠悬腕抖糖、收糖的功夫，做起来收放自如，气定神闲。螳螂翅膀是抹出来的，薄如蝉翼。在做出螳螂头的外形后，艺人会细心给它压上小眼圈来提神。艺人将这些"零部件"用糖汁黏接组合，一只栩栩如生的螳螂就要跳出手掌心了。糖塑之所以称绝，是因为像这样一只螳螂或蝈蝈的诞生仅需3分钟左右。个中原因是，糖温不等人，最需要胸有成竹、造型精准。

天津有个糖塑艺术高手，他是张福海。张福海从小就喜欢画虫画草，后来他在胡同里喜欢上了老艺人的糖画，于是拜师学艺，画糖不止。糖塑让张福海更深刻领会到观察生活、提炼生活的真谛，一只小小的秋虫可以让他目不转睛地瞅上大半天，横刮竖抹的无数次失败给了他许多悟性。

就像画龙点睛一样，张福海用竹签蘸一点糖汁，在已组合完毕的螳螂头顶轻轻一点，随即悬臂拉扯出一根细细的糖丝，这就是触须。糖丝触须长约1尺，轻颤柔韧，风吹不倒。张福海说，这拉须技术是他从抖糖、粘糖的过程中一点点摸索出来的。为了给昆虫点出更传神的双眼圈，他自己还琢磨出一种专用的套管小工具。30多年来张福海心摹手追，"玉米蝈蝈""竹篮龙虾"等代表作在国内外多次获奖。

◆巧艺剪影

剪影，用剪刀和红绿彩纸或黑纸剪出人物、动物典型外轮廓，无内在结构，即通过"影"来表现形象。也许，你的老相册、旧书本里还夹着一两张年轻时的剪影像，故纸温暖，往昔情怀油然而生。

剪影是门老手艺，后来在民间曾销声匿迹。改革开放后，手艺人常常出现在天津热闹的街面上、公园里。铰剪影像的艺人多少有些艺术细胞，一把剪子，一叠纸，

剪影像

几乎成为他们谋生的全部家当。他们摆下摊子，有时还会在身后挂一块红布，上面贴满自己的作品（以头像剪影居多），权当广告。我小时候爱逛公园，特别是节假日，见树荫下剪影像的小摊周围总围满人。

若有兴趣，那请侧身站好，艺人一定神，敏锐的目光马上就能洞察你的外形与神态，随即用一张小纸剪出头部的侧影。观察力的敏锐、想象力的丰富、模仿力的高超、判断力的精准，是人像剪影的要诀与特点。每个人的模样看似普通，但那剪刀却能最

精练、最典型地表现出不同风采——发际、额头、鼻梁、唇形、下颌，线条匀称流畅，凹凸起伏，棱角分明，惟妙惟肖。尤其是那高翘的睫毛更活灵活现。我见过有人还能剪出通身侧影。剪影剪好后，一般会贴在浅色卡纸上，或再题上某年某月于劝业场、于水上公园留念等字样，大有意趣。

第八辑

闲情娱乐

◆到茶馆去听戏

茶，作为一种饮品，历史悠久，早已成为天津人生活中不可或缺的物质与精神的组成部分。茶文化以无尽的魅力陶冶人，入官场、入礼仪而达民间市井的宽街窄巷，大俗大雅，深蕴民风。

老天津人饮茶有内饮和外饮之说。在家中称之为内饮，在茶馆、浴池、茶摊、茶园等谓之外饮，内饮与外饮皆为兴盛。天津的茶馆除饮茶之外还兼有信息交流、劳务雇工、花鸟鱼市、娱乐休闲等多种功能。

黎明之时，茶馆的水就烧开了，伙计们挂上幌子后就陆续有老茶客前来。客人到门口有茶房远接高迎引领到座位，接过脱去的外衣，递上热手巾，再把茶沏好。饶有趣味的是，在午后及晚间说相声、评书、大鼓等曲艺演出前，前排的好座位（旧俗不分号位）多被茶房以扣碗的形式预先占下，用来招待那些常给他们小费的老茶客。

清末民初，随着城市的繁荣与百姓文化生活的提高，天津的戏曲演出活动已相当活跃，同时，几十家茶园相继落成，热闹的茶社逐渐成为人们的理想之选。天福茶园（马家口）、元升茶园（鼓楼北）、协盛茶园（侯家后）、袭胜轩（北大关西）之外，另有荟芳、庆和、丹桂、中华、天仙等茶园交相辉映。茶客与戏迷如潮，去园子里品茶听戏逐渐成为一种时尚。时尚化的茶客也从喝茶而慢慢提升为品茶，似乎更儒雅了些。

天津戏曲文化的鼎盛发展之中，旧式茶园已无法适应各种演出规模的不断扩大，一些茶园便开始进行相应的修缮改造，增设宽敞的舞台。有的茶园还同时易名为舞台、大舞台之类，如天仙茶园更名天仙舞台，大观茶园改称凤舞台等。虽然一些茶园的营业主旨相对变化为以听戏为主，以品茶为辅，面貌也今非昔比，但天津人仍习惯称之为茶园，可谓一往情深。

南市是茶园、戏院聚集之地

茶园可谓茗烟散馥、名角荟萃之处，从最初的梆子、皮黄、曲艺演出，到后来评戏、昆曲、京剧、文明戏（落子戏）等轮番献艺，异彩纷呈，掌声阵阵。演出之余，品茗小憩，津门的茶之香、水之美给演员们留下难忘的印象。老茶客、老戏迷对茶园更是赞不绝口，认为茶园乃茶缘，茶戏有缘。至1948年，天津市内各类茶园达120多家，茶园的演出活动对我国戏曲、曲艺艺术的进步，尤其是文明戏的发展起到了一定的推动作用。

再来回味茶庄、茶馆、茶园的楹联。天津老字号正兴德茶庄珍存着康有为的名联："霜雪万里孤臣老；光芒千年正气收。"当时，康有为以戊戌变法失败后无助无援的低调情感来反衬正兴德前程的无限广阔，寓意深远。"协和雅化自古为昭看闲歌三终不改当年旧谱；盛世元音于今未坠聆承平一片非同近日新声。""元气转鸿钧如闻盛世元音俾孝子忠臣各怀元善；升高调凤琯自有前庭升步合来今往古永庆升平。"在老天津元升茶园和协盛茶园的这二副嵌字联中，"元升"与"协盛"二字分别嵌在上下联，妙不可言。茶园中的优美唱腔、歌舞升平、天地人和的景象等被一一描绘得淋漓尽致，耐人寻味。

◆稽古社演《西游记》

京剧连台本戏是非物质文化遗产，谈此，一定要说到老天津最棒的连台本戏《西游记》。通过一份1941年12月16日的劝业场天华景大戏院的戏报获知，当天的午戏（早场）有《清河桥》《马上缘》《胭脂褶》《大侠白泰官》等；夜场上演《滚鼓山》《西游记》。天华景对演出可谓倾尽全力，"稽古社子弟科班全体学生一百余人日夜登场同时表演"。其中，后来成为京剧名家的张春华曾在《西游记》中扮演肚子鬼，贺永华也在其中饰演崔玉。

天津素以中国北方戏曲之乡闻名遐迩，京、评、梆在这座城市中有着深厚的传统，早在清光绪年间，梆子戏就已在天津方兴未艾。当时，天津有位姓顾的驯马师非常喜欢梆子戏，他服务于外国人和马场，成为富户后在紫竹林一带置地建屋、建花园，并创办稽古社，招收了几十名孩童学员组成科班。顾家花园内的天华锦小戏园也不日落成，学员们的技艺精进，演出好评如潮。

20世纪20年代，随着天津商业和娱乐中心向法租界、日租界的转移，顾氏的稽古社与天华锦逐渐衰微下来。但是，他们的名字已在一个人的心里留下了烙印，他就是劝业场的创办人高星桥。

天华景戏报

　　高星桥在1928年劝业场开业之时就将四楼的戏园命名为天华景。随后不到一年，高星桥之子高渤海在此组建戏班，并沿用了稽古社的名字。稽古社并非劝业场首创，但在这里得到了最优秀、最快速的发展，成为劝业场乃至天津文化娱乐业的一大品牌。

　　高星桥懂戏、爱戏且知人善任，很快结识了包括刘德珍在内的一些知名演员。此时正是京剧艺术发展的全盛时期，天津人对京剧如痴如醉。高星桥、高渤海父子调动全体演员的积极性，以发挥每个人的最大潜能，他们白天上演折子戏，晚上演出连台本戏，长短结合，效果显著，日日高朋满座。

　　《西游记》是天华景当年的重头戏，戏单标明的主要演员多达26人。天华景为打造这出戏真是费尽心思，特别在舞台布景方面尤为突出。唐僧师徒赴西天取经的过程中，背景时而崇山峻岭，时而水流湍急，他们不畏艰辛的形象被烘托得淋漓尽致。孙悟空大闹龙宫时，龙宫的景色玲珑剔透，玉树琼花，异彩纷呈。最让观众叫绝的是流沙河收沙僧一段，表演过程中还插映了天宫影院（劝业场"八大天"之一）带领演员在外景拍摄的电影画面，妙趣横生。

稽古社在劝业场创办以来，在天华景的一些演员的少年弟子相继入社学习，如张春华、刘俊华等。1936年，北京名角陈富康也将几十名艺徒带到稽古社。师傅用心，学员刻苦，天华景戏台生机盎然。像《西游记》这样的连台本戏在1940年前后已是稽古社"华"字辈演员完全可以胜任的了。戏单广告显示，在《西游记》的26名演员中，除了第一代"华"字辈子弟外，还有6名第二代"承"字辈学员也已登台。稽古社子弟班是民国天津最大最完备的科班，培养了众多京剧艺术表演人才。在高星桥的倾心打造下，天华景的发展如日中天，在天津家喻户晓。

1941年12月前后天华景大戏院午场和夜场的票价（银圆）相同，4楼、5楼一律4角，6楼只要3角，孩童也需购买全票，随票还代收1角茶水费。包厢票价较贵，为3元8角，茶水费在内。

天华景一直是中国演艺事业的重要舞台，骆玉笙、马三立、新凤霞等名角曾纷纷在此献艺。

◆皇帝热衷体育消闲

1860年天津开埠以来，随着外国人的纷至沓来，西方的休闲体育活动也随之出现在这座城市，从最先只是"老外"自娱自乐，很快扩展到本地的上流社会，相关的俱乐部渐有兴起，比如草地网球会、妇女草地网球会、马球会、板球会、高尔夫球会、垒球会、溜冰俱乐部等。

末代皇帝溥仪较早就喜欢上了网球。他从皇宫出来到天津静园，随后命人在院内修建了一块网球场地，又请来多位网球明星陪练。著名报人徐铸成早在1930年就在天津《大公报》主持采访编辑教育新闻和体育新闻。他在《报海旧闻》中回忆，1930年的一天，远东运动会网球单打冠亚军林宝华、邱飞海在英租界球场举行表演赛，看台上忽然有人说："看，像是宣统皇帝来了。"大家将目光聚焦到门口，"只见八九个人走向对面看台，簇拥着一个着黑色西装的人，三十上下年岁，瘦长条子，脸色灰里带黑，架着一副墨绿眼镜。后面伴随着两个少女，一个丰容盛鬋，一个纤弱苗条。不用说，那就是溥仪和他的皇后婉容和贵妃文绣了"。林宝华也曾数次当静园伴打，也算得一个上书房行走的师傅。

影响更大、参与人数更多的要数天津的赛马会，早在清同治二年（1863年）就从英租界兴起。光绪十二年（1886年）天津海关税务司的英国人德璀琳在佟楼以南的养心园筹建了一个新的赛马场。后来在此重建的赛马场被命名为天津英商赛马会。赛马会在社会上产生了很大影响，老少玩家趋之若鹜，谈论纷纷。每逢赛期，通往马场的道路热闹非凡，商业、娱乐业大小生意兴隆，出租汽车、人力车忙着招揽。同时，大小报刊竞相报道，有赛马程序、头马预测、广告、花边新闻等，好不热闹。繁荣的赛马会也为典当行、彩票行带来了好生意。

说到英商赛马场，有一件曾让天津照相业挺吹牛的事。当年的鼎章照相馆驰誉津城，设备与技术颇具优势，曾为英租界赛马场抢拍镜头，甚至可凭跑马撞线瞬间的照片来定胜负，足见其精准，就连赌马的人看了照片也心服口服，更让外国摄影师望尘莫及。

溥仪怎会放得下这份热闹呢？1930年4月中下旬，溥仪和婉容出外3次，其中两次到马场游玩。他们在1930年5月又数次到马场道一带消闲，有时还要到起士林吃饭或到各大商场购物，好不尽兴。1930年10月婉容又陪溥仪到赛马场玩过一次，之后意犹未尽的溥仪

溥仪在天津静园练习打高尔夫

又让几个妹妹到中原公司为他买东西。

叱咤民国风云的黎元洪在1916年和1922年两次出任北洋政府大总统。1923年曹锟贿选，黎元洪下野，6月，他回到津门"避风港"寓居，逍遥安逸。黎元洪喜欢穿西装、吃西餐，对现代休闲体育也抱有足够的兴趣，来津后，黎元洪在天津的住宅内建了一个网球场，经常在下午打1小时的网球。

◆回力球，玩的是心跳

1934年9月20日的天津《大公报》上有一整版广告很吸引人——世界上最快速度之球戏。这则信息迅速震撼津城，一座回力球场即将在海河畔意租界内开张纳客。

　　回力球原本是西班牙北部山区的一种游戏，西班牙语称之为"快乐的节日"，后来传到美洲和东南亚演化成一项兼有竞猜性质的比赛。1931年，意大利驻华公使齐亚诺来到天津，他借鉴回力球在上海的成功经验，在意租界意国花园（现民族路与自由道交口）划出6亩多地，筹集股本100万元，由叶庸方任经理主持兴建回力球场。球场于1935年开业后，大大增加了租界当局的经济收入。好戏还在后面……

　　老天津意租界的回力球场由意大利建筑师包乃第联合瑞士建筑师设计，是四层钢混结构的塔式建筑，风格堪称摩登。形似灯塔的塔楼高达36米，是当时意租界的标志性建筑之一。为突出球赛特点，球场的外檐墙裙装饰有运动图样的浮雕，引人入胜。球场内不仅有意式餐厅、风情酒吧、豪华舞厅等，在4楼还设有屋顶花园，成为民国天津著名的交际娱乐会所。

　　当时的回力球竞赛方式完全依据西方惯例，分为单打和双打。单打有6名球员出场，球衣上有不同号码，以先得5分者为胜；双

　旧津意租界风貌，图左为回力球场

打有12名球员，两人合作。每场称为一盘，每晚进行8—16盘。观众根据球员的号码购票下注，如果选中可以获得数倍回报。球票分为独赢票、双独赢票、位置票、联位票，等等。每逢周末还有红蓝（两队）大赛，每季度另要加赛一次（后为每月一次）香槟赛，更加紧张刺激。

比赛如磁石一般吸引着众多中外看客，如何下注成了茶余饭后的热议，随处可闻。"今天我一定买2号运动员，他准赢。"一旁的茶客却不以为然，"等着瞧吧，2号赢？不可能！我押4号，他要是输了我请你吃西餐"。每天开球前，马可波罗广场人山人海，竞猜者、观者蜂拥而至，球场内尖叫声、欢呼声不绝于耳。

不同号码的世界顶级运动员将球奋力抽向墙壁，精彩对弈。一网之隔的观者如潮，尖叫声、呐喊声几乎爆棚。5号选手一个鱼跃，竟然接住了2号发出的边线球，然后大力回抽，2号猝不及防……5号的最终胜利让许多投注者意外，他们又一次垂头丧气地走出球场，嘴里还不停地叨念着："这怎么可能，真是见鬼了。"当年的竞猜不乏黑幕，但也有俗话说，认赌服输。

说来有趣，球场上的外国球员个个英俊潇洒，身强体健，特别能吸引女子的目光，到回力球场去看球也成为20世纪30年代天津时髦女士的一大嗜好。更有富家的小姐钟情某位运动员，不仅逢场必到，还拼命地下注，秋波频送，甚至还经常闹出一些花边新闻来。

1941年，利华大楼的主人李亚溥与正金银行买办魏采臣联手买下了回力球场，两年后，李亚溥又以重金收购了球场的全部资产，改称海莱运动场。1947年天津市市长张廷谔下令停止球赛。新中国成立后，回力球场被重新改造为大剧场，成为全国第一家工人文化俱乐部。

◆高尔夫曾经叫"野球"

近代天津开埠以来外国租界相继设立，城市里华洋杂处，风气追潮头，各类好玩的西式休闲体育活动率先得以展开，一些相关的协会与俱乐部建立起来，其中就包括时髦的高尔夫球会。

参阅《天津近代体育要事记述》中表述，清光绪二十七年（1901年）在津的俄国侨民组建了天津高尔夫球会，并在俄租界建成了有9洞的高尔夫球场。球场主要对在津的外国人以及与外国人关系密切的华人开放，实行会员制，不接待散客。另据《天津通志·租界志》中"体育"一章记，光绪三十年（1904年）天津高尔夫球会从德国军队那里买下了一处兵营做会所，同时将球场球洞增加到18洞。从转年开始，每逢春季举行一次公开赛，直到1923年。关于此，1964年出版的《天津历史资料》中对历次冠军得主有所记载。

辛亥革命以后，津地设有华北高尔夫球会、天津高尔夫球会等社团组织，到了1922年上述两家球会的球场合并，此后还在1925年春季举办过华北地区高尔夫球锦标赛，《天津通志》中说其"对世界各个被人承认的高尔夫球会所有业余会员开放"，并专门设立了"狄更森银杯"。在首次比赛中，天津的瓦克尔夺冠，北京的舒麦兹居亚。顺便一说，"狄更森"是当年在津的一英国洋行的老板，天津徐州道即原英租界的"狄更生道"。

早年，高尔夫球在津有"野球"的别称。学者潘鼎、周宏升曾对天津近代高尔夫运动进行过调研，通过相关资料得知，在1917年出版的《京津两市图》中，天津俄租界东南角标注有"野球场"字样，其位置与文字资料中的位置描述是吻合的，即天津河东津塘路与十四经路、十五经路的交会处，原大王庄木材四场一带。1937年"七七事变"后日军占领天津，球场改为飞机场。

末代皇帝在天津也爱玩高尔夫球

　　位于天津马场道西端的英国乡谊俱乐部（现干部俱乐部）赫赫有名，这里也是昔日可玩高尔夫球的地方。此间的赛马会（马场）和乡谊会颇具历史，是直隶总督李鸿章于1886年前后将这片地赠予天津海关税务司德璀琳的。1900年义和团运动爆发，马场被焚毁。战后，英商赛马会在这一带又重建了游艺部和赛马场，设计凸显英国田园情趣，其中便有高尔夫球场、网球场、池塘等，是上流人士休闲玩乐的好地方。

◆民间也玩"迷你球"

　　正经的高尔夫球可谓贵族运动，实有阳春白雪之感，除了洋商买办、显贵名流，一般百姓很难接触到。有趣的是，到了20世

时髦女子在天津惠中饭店玩迷你高尔夫球

纪30年代，"迷你高尔夫"在上海、天津等沿海大城市迅速红火起来。

当时，小型高尔夫也称微高尔夫、小考而夫、小野球、穴球，更显现出体能类休闲活动的特点，其设备主要由球盘、球具和障碍物组成，球杆、球与正式所用一致。迷你球场占地面积较小，二三百平方米甚至更小也可以。比如，老上海有球场宣传它是"夏天晚上最有味之运动"，或鼓动市民"天晴了，请到最精美之小球场玩玩小考而夫"等。

再说天津城，法租界领事馆道（今承德道）上的六国饭店很知名，1931年6月六国饭店在楼顶开办了设备精良的迷你高尔夫球场（草球场）。这里的价格是每局4角（银圆），10局3元，可售套票。在当年，这个球场算是最具规模与品位的佳处了。球场空气清新，特别是在夏季，凉风习习，煞是惬意。

1932年7月一处新型的高尔夫练习场在惠中饭店楼顶开业。这一户外小球场的妙处便是更接近于正规的大场，此间摒弃了常见的球盘，而是全场铺沙，用草木分割规划出方块，成为各个打球的区域，每区中设两三个障碍物，或假山，或木屋，或水沟，或小桥。露天球场还装设了电灯，晚间明如白昼，经营优势明显，备受时尚人士的欢迎。另外，同一时期天津还有英租界达文波路（今建设路）的小球场、英租界中街（今解放北路）维多利亚旅馆中的小球场等，但经营时间相对较短。

北宁公园也有小高尔夫球场，更具园林风光优势，它占地约5亩，场内盘数有18盘，其规模之大在京津地区屈指可数。场地设计可谓煞费苦心，其中每盘每处皆为北宁铁路沿线车站及当地名胜实景缩微，如前门站设计为城楼模型，天津站为大沽炮台，滦河站为滦河大桥，山海关站为长城，葫芦岛站为狮子山，营口站为轮渡码头，沈阳站为沈阳车站外貌等，不一而足，让人消闲之余又如同坐火车，可看各地锦绣风光。球场每盘都有两个球道，难易度不同。曾有记者采访报道称，最特别是第六盘"北戴河"、第八盘"山海关"、第十六盘"通辽"等，相对更不易打，比如打到"山海关长城"时，球必须从两道城墙上飞过才能入洞，不然就得过两道城门方可成功。

◆球场忙招揽

20世纪30年代，在沿海大城市兴盛一时的小型高尔夫活动更近乎消闲娱乐，经营者当然愿意广大民众参与，好赚到更多钞票。促销，势在必行。

1931年4月位于天津天祥市场南门旁的天祥野球场开业了，长方形的球场面积不大，在这里练习打球每局仅需2角（银圆），可称得上平民化了。另外，法租界樊主教路（今新华路）上的永安饭店3楼有美记高尔夫，开业于1931年6月。美记球场后来居上，他们所设场地障碍物很贴近中国传统，亭台楼阁，凉亭水榭，俨若景观，以"各穴点缀之美"领先于同行，居各球场之冠。在这里玩，每局5角（银圆），青年学生凭证件在上午9时到下午5时享受半价优惠。

仍说1931年，在天津日租界芙蓉街（今河北路）上又开了一家迷你小球场，场内设有9洞，每局价格2角。为了揽客，球场推出了6局1元的套票。这里的布置颇具东瀛情调，球盘中是绿色的锯末，似青草，让人仿佛身在草坪上。再看北宁公园的小高尔夫球场，因设计独特，且有园林美景自然优势，其票价为4角，比市内几家稍贵一点，铁路职工可享半价。

俗话说同行是冤家，在当时的《大公报》《北洋画报》上常可见美记高尔夫、六国饭店球场等商家连篇累牍打广告，如美记宣称"设备完美、布置富贵……各界女士趁兴乎来"。鉴于一些评论家认为迷你高尔夫的开展有利于正式高尔夫的推广，于是《北洋画报》几次辟专版对相关活动进行宣传，大有星火燎原之势。

女子打高尔夫球的形象出现在香烟包装上

30 年代天津的洋行或时髦商场里可以买到进口的高尔夫球杆、高尔夫球，但价格不菲。鉴于此，有些聪明人便到铁工厂定制，每根球杆二三元（银圆）不等。至于球，别无选择，只有舶来品，比如 1930 年一打球（12 个）的价格为 10 元左右。随着迷你高尔夫越来越热，到了第二年，一打球的价格便涨到了 20 元上下。再说开办小球场，据当时的新闻报道介绍，开办一家设备齐全且规模较大的球场大致需要 1000 元，如果是家庭化的简易小场仅需 100 多元。

高尔夫球在津的迅速走红也影响到近在咫尺的京城圈。昔日，中山公园、东长安街等地也开设了迷你球场。天津、北京都举办过小高尔夫比赛。由于没有相关的组织引导，迷你高尔夫始终停留在娱乐项目中，1937 年抗战全面爆发后便不再流行。

◆红男绿女"嘣嚓嚓"

清末民初，沿海开放城市的租界夜晚不时飘来曼妙的舞曲，映画着"嘣嚓嚓"一双双甜蜜人影。像这样的舞会中不乏社会名流或追求时尚的中国男女，他们挑战着"男女授受不亲"的旧观念，舞步与身体的接触为他们带来了新生活的享受。

1897 年 11 月 4 日，上海，500 多名中外时尚男女云集洋务局大厅，在数百盏彩灯下相拥、携手，在磨光打蜡的地板上挪移着舞步，虽然偶有脚尖对碰或滑过了步点，但是欣赏那地板上婆娑的派对光影已经足够了。这是国人首次举办的交际舞会，由此，交际舞与时尚形影相随，迅速传遍广州、天津等南北城市。

其实就在同一时期，也是天津开埠之初，津城英租界里已经开始了英伦歌舞剧表演，原汁原味。此后，俄罗斯芭蕾舞团也访问过天津。

现代歌舞剧在天津逐渐升温，时尚氛围吸引着各界目光。光绪三十三年（1907年）德语歌剧《图兰朵》在天津的德国俱乐部上演，精彩的表演一时让德国人以为回到了家乡。此后，有不少外国表演团体纷纷到访天津，演出精彩不迭。

1925年、1926年，美国丹尼斯舞蹈团先后两次来到天津，公演了美国、西班牙、埃及、印度、日本等国的风情舞蹈。俄玛·邓肯（"现代舞之母"伊莎多拉·邓肯的弟子）率领著名的莫斯科歌舞团于1927年也莅临天津，他们的演出吸引了不少上流阶层的观众。"招牌代表全津第一西餐"的大华饭店是集餐饮娱乐于一身的消闲会所，1927年8月末，闻名欧美的波兰赤脚舞舞蹈家丝丽娜姐妹来到这里。

时间到了1934年夏天，春和戏院为了增加票房，邀请俄国舞蹈演员在京剧演出间隙表演《草裙舞》，观众无不称奇。1941年，天华景稽古社班主高渤海为了排演好新派京剧《侠盗罗宾汉》，专门请来匈牙利舞蹈家巴罗泰教授演员芭蕾舞、踢踏舞，剧中欧陆风情的群舞表演得以大获成功。

自20世纪20年代中期，现代交际舞也滑着舞步来了。

天津的平安饭店、起士林西餐厅、利顺德饭店、大华饭店等餐饮娱乐场所附设交际舞场如雨后春笋，名闺淑媛与成功男士蜂拥而至。虽然舞票只有区区1元钱，但那酒水的价格很惊人，可是舞客并没有把这放在眼里，他们留恋着舞池，轻叹着伊人憔悴，通宵达旦。

位于英租界赛马场附近英国乡谊俱乐部（今干部俱乐部）的2楼舞厅总有委婉动听的音乐飘出，那里宽敞气派的舞池装设有最摩登的弹簧木地板，可容纳300人左右共舞。不仅仅是外国人，天津的达官显贵、淑媛明星也趋之若

红男绿女来跳舞

鹜，常常以来此聚会为时髦。流行中孕育着商机，1927年初，广东人李赞侯等在法租界内开办了国人在天津自营的第一家舞场，名叫福禄林。

曼妙的乐曲，香艳的脂粉，还有高跟鞋轻触弹簧地板的声响，让天津的时髦客到了晚间再也坐不住了。

刚刚进入1929年，利顺德饭店就举行了一场规模空前的舞会，当时的《大公报》是这样说的："中外古今，杂陈一室，五光十色，应接不暇。"从那天傍晚开始，饭店门前便没了车位，人头攒动，门口还有洋人向宾客兜售节目单。据报道，那天来了中外不少大人物，中国银行行长卞白眉、外交家颜惠庆也在其中。

悠扬的乐曲声中，几十对男女翩翩起舞，风韵无限。舞场一边的戏台上表演着中外舞蹈，循序渐进。最先出场的是日本舞，

演员的对话颇为风趣。德国的乡土舞《丰收节》接踵而至，身着民族服装的演员挽臂起舞，不时用皮靴敲打着地板为节拍，动感十足。

接下来是中国舞，从丰腴美丽的杨贵妃妙舞开始，表演者将中国历代经典服饰一一展示给观众，及至1929年的最新款，俨如服装秀。最后在《夜深沉》的伴奏中有仙女拂袖起舞散花，名曰衣带舞。稍后出场的英国传统化装舞蹈莫里斯舞、苏格兰民族舞、美国舞等皆博得了阵阵喝彩，掌声不断。这场让人意犹未尽的舞会与表演大获成功，天津众多媒体抓住时尚新闻广为报道，好评如潮。

1931年，得少帅张学良支持，天津最时尚摩登的中原公司巴黎舞场隆重开幕，来自北京、上海的舞女们个个如花似玉，舞技超群，她们如同磁石一般吸引着天津人的眼球，有"一元三跳"的特惠，谁不愿意捧个角儿呢？

胡曼丽、林莉莉、林幼幼、郝幼娜堪称巴黎舞场的四朵金花，其中的胡曼丽是津派舞星的当家人物，她曾与王宝莲等京派舞女竞争，从一定意义上促进了交际舞娱乐的进步。其实，30年代的禁舞声始终不断，一边是有伤风化的疾呼，一边却是社会文明发展的言论，时尚的舞步在夹缝中没有停歇，在天津，交际舞培训班、跳舞学校相继开办，舞客迭出，舞场上的慢三、快三、狐步等均可见行家里手，让人眼花缭乱。

当花季年岁的赵四小姐在天津的舞会上牵手张学良时，英雄、美人便结下了一生的情缘，佳话传流。天津舞场的类似新闻也不断被大小媒体炒作，成了人们茶余饭后的谈资。

随着西洋舞蹈在天津的不断传播，求学者、热衷者大增，培训机构缘此相继出现。1927年7月的一家报纸连续广告称：跳舞家梵天阁女士"绮年玉貌，舞学精深，在津授徒以百计，历在平安天升等院及大华饭店献技，取费一元至三元，而观者无不争先恐后"。小白楼一带也有几家俄国侨民开办的学校，专教当时流行的交际舞、芭蕾舞等。与此同时，大小跳舞场在城市中方兴未艾。

◆禁舞风波

20世纪30年代交际舞、化装舞会让天津外国租界内的舞场热闹不已。1936年天津的法国俱乐部（今青年宫）再次上演了一场趣味舞会。据当时的一张合影照片大致可知，几位气质高雅的女士皆为天津大公司高管的夫人，人物背景上的时钟显示的时间是凌晨3时多，管中窥豹，可见当年舞场的笙歌夜夜。

其实，自近代以来交际舞登陆中国开始，传统礼教下的保守人士、泥古名流便不断拍案而起，嗤其有伤风化之声时大时小，旷日持久，其实这也是近代中西文化碰撞的表现之一。

福禄林饭店跳舞场
曾引起轩然大波

话回1927年，天津曾发生了声势浩大的禁舞风波，风从何起？正是当年开业的福禄林饭店舞场。1927年5月中旬，以严修、华世奎、徐世光、赵元礼等为代表的天津12位名流，以忧虑的口吻致函福禄林，指责跳舞虽是新潮，但"于大庭广场中男女偎抱，旋转蹲踢，两体只隔一丝，而汗液浸淫，热度之射激，其视野合之翻云覆雨，相去几何"。信函中还将跳舞与当时的自由恋爱思潮等关联起来，认为"毁坏名节，伤风败俗"，他们力倡禁止。

几天后，有赞成跳舞的文人便在《大公报》发表文章，对如上观点出质疑，由此，历时两个多月的大讨论在报纸上、在天津城展开，甚至影响到外埠。

福禄林迫于压力，舞停了。但国民饭店等舞场不买账，反而更加热闹。如此再一次惹恼了名流们，他们竟然抬出"阎王老子"来压国民饭店。不屈的国民饭店给出几条理由：跳舞合乎世界潮流，是商业使然，符合法律。再起的风声反而让时髦族产生了逆反心理，他们跳舞更加狂热，让人始料不及。不少媒体观点认为跳舞是正当的文明的普通娱乐游戏，与廉耻无关。旋涡与风波中的舞步丝毫没有停歇，照旧流行。

◆溜冰场上有冰舞

溜冰早在清末就已在天津的外国租界内兴起，当时的外国人俗称为"跑凌鞋"，光绪年间出版的《津门杂记》是这样描述在冰面上潇洒的"老外"的："所谓跑凌鞋者，履下包以滑铁，游行冰

冰舞婀娜

上为戏，两足如飞，缓疾自然，纵横如意，不致倾跌，洋人亦乐为之，借以舒畅气血，甚妙。"对这一娱乐，天津人虽然好奇，却是冷眼旁观，不乏调侃："往来冰上走如风，鞋底钢条制造工，跌倒人前成一笑，头南脚北手西东。"

　　租界的冰场还成就了天津第一家西洋乐队。从19世纪下半叶到20世纪初，英国人罗伯特·赫德在中国海关担任总税务司达45年之久，颇有影响。赫德还是一位超级音乐迷，写歌、演奏样样精通，光绪十一年（1885年）他在天津组织了西洋铜管乐队，招募了多位天津的音乐青年，开创了中国人组成西洋管乐队的先河。赫德的乐队除了在他工作时常常在院中奏乐作陪、在家庭舞会中担任伴奏外，还曾被请进清宫在外交场合演奏。光绪三十年（1904年）光绪皇帝接见德国王子时，在席间奏乐的就是赫德乐队。不仅如此，乐队还在草地网球俱乐部、英国工部局动物园、英国花园等地演奏，特别是到了冬天，乐队在每天下午也会在溜冰场上演奏助兴，博得了阵阵掌声。

兼具体育健身、休闲娱乐的西式溜冰活动等也融入了近代天津市民的生活中。1928年1月9日，意租界意国花园溜冰场对外开放，到1929年末，南开中学、南开大学、英租界英国球场等处也先后建成溜冰场。

北宁公园水面多，素有"九湖"之美，这也为天津的划船、滑冰爱好者提供了得天独厚的舞台。1932年1月31日，一场由北宁体育会组织的别开生面的化装溜冰大会在北宁公园举办。当日，冰场门前早早就搭起了高高的彩牌坊，场内还装饰有大量彩旗，在万树凋零的冬日里显得格外热闹，也吸引了数百民众前来观演观赛。冰场分为左右两池，分别设有裁判席。

上午9时，本次大会的会长王奉瑞宣布开幕，随着音乐响起，约150名（一说约170名）参演选手悉数带妆登场，结队环行一周向观众致意。集体合影过后，溜冰表演赛正式开始。除了常规的中西装扮之外，还有追新求异者饰成憨头憨脑的乡村婆娘、面容凶煞的神话人物、衣衫褴褛的江湖乞丐等，可谓光怪陆离，引人笑意。参演者尽力展示着各种冰上技巧，时而跃起，点出四溅的冰凌；时而妙舞，滑出美丽的弧线，博得了观众的阵阵掌声。据当时的新闻报道称，参演者中的一对俄籍夫妇"表演最佳，其一种兴高采烈情况，非笔墨所能形容"。

溜冰会重在广泛参与、表演娱乐，但为了增加精彩看点，组织者仍象征性地设置了一些奖级，并在最后向优胜者颁发了奖品。下午3时，溜冰会在意犹未尽之中圆满落幕。

主办溜冰会的北宁体育会为北宁铁路局的一些有识之士于

1931年初创办，旨在丰富职工工余体育活动。北宁体育会设有足球队、篮球队、排球队、网球队等，各队曾广泛参与天津的各类赛事，其中的足球队更是在20世纪30年代异军突起，成为津门足坛的佼佼者，屡获国内外殊荣。

老天津的冰场上曾留下许多文化名流的身影，文学大师巴金的哥哥李尧林（李林）便是其中之一。1930年至1937年，李尧林在南开中学担任英文教师，他多才多艺，尤其喜好溜冰，经常光顾天津的高级溜冰场。李尧林的学生、朋友后来写过一些纪念文章说，李老师的溜冰花样让学生们惊叹，人们很难想象一位出生在四川的青年在天津的溜冰场表现出那么多的花样——倒滑、侧滑、外滑转圈……悠然自得。

到冰场玩或参加化装溜冰会毕竟是洋气的、小众的，那条件拮据的年轻人怎么玩呢？

昔时，海河、运河、子牙河、公园的冰面上四处可见撑冰排子玩的人，或独划或比赛或追逐，一派生龙活虎。所谓冰排子，即用几块木条或竹条拼接成"排子"，在排子下安装两根三角铁（或粗铁丝），角铁单边触冰好似冰刀。冰排子不在大，能坐下一两个人即可。双手各握一根钢钎，用力向后撑，飞快向前滑。急停急转之时冰钎侧向或逆向点冰最能体现玩家的技巧。一个急转，冰钎尖戳擦出的冰凌碴四处飞溅，恰如乱花渐欲迷人眼。

青少年更愿意踩上自制的冰鞋在冰雪上飞驰，他们的"冰鞋"其实就是木板条或竹片条，木板底下最好钉上铁丝，最好在顶端再拧上两个螺丝，可用来"刹车"。竹片条踩在一只脚下，另一只脚蹬地，这足以让大男孩充满活力。直到中华人民共和国成立之初，跑冰鞋依旧盛行天津，一些公园还专门组织过专项群体活动。

◆别墅里的盛宴乐舞

在20世纪30年代的天津马场道上，有一处大名鼎鼎的"私人会所"，那里不仅有精美的西餐，还常常亮出"今晚大跳舞会，明日跳舞茶会"的广告，可谓香气四溢，夜夜笙歌。这栋豪华别墅便是西湖饭店。

西湖饭店的主人名叫雍剑秋（1875—1948），是誉满南北的实业家、慈善家。雍剑秋本是江苏高邮人，青少年时代辗转我国的上海、香港及新加坡求学，擅长英语、德语。1900年"庚子事变"，作为救济北方难民慈善团的翻译，雍剑秋来到北京，后来逐渐发迹。在辛亥革命前夕，雍剑秋曾短暂担任天津造币厂副厂长，这期间，他结识了德国军官包尔德，随即成为德商礼和洋行的买办，开始经销军火，不久成为国内最大的军火中介商，成为一代富商，还曾受到袁世凯的勋章奖励。

1918年，雍剑秋来到天津定居，投资实业，创办学校，迅速名闻津城。身为名流，身在洋场，少不了杯酒酬酢迎来送往，此时的雍剑秋暗暗思量，何不创办一家像模像样的自家饭店呢？既可展示中国的、天津的美食文化底蕴，又可赚洋人的钱。主意已定，1929年春，雍剑秋在马场道边（原171号位置，今不存）置地建屋。

1929年深秋，雍剑秋的这座英国庭院式建筑竣工，取名为西湖别墅。当时的新闻报道称："津门唯一之大建筑，乃巍然现其宏体于马厂道之首。"为什么不称作饭店呢？雍剑秋自有考虑。一是突出特色，有别于其他同业；二是唯恐社会不良之徒对商业经营者的勒索盘剥，如此别墅之名或多或少是可遮人耳目的。

1930 年元旦的《北洋画报》上刊有《记西湖别墅》一文，其中说："于英拓马厂道（即马场道，笔者注）旁，非租借地上，置地数亩，建有别墅，开园辟池，移花植木，本为个人修养之所，嗣以自奉素俭，颇嫌宅第略广，因使公开，以娱游人。后西侨有请赁居独间者，且津门人士，辄于公暇休假之日，结伴莅止者又甚众。雍氏决定辟宅为小型饭店，居旅客而售饮食焉。"

西湖别墅由雍剑秋之子雍鼎丞任经理，聘请复旦大

西湖别墅广告

学高才生赵道生（经营过著名的大华饭店）为副经理。全新的服务理念促进着饭店的发展，开业之初，西湖别墅在媒体广泛刊发广告，比如曾长期包下《北洋画报》一版位置，在报头处的名媛美女玉照下时常可见西湖别墅"大饭店；大餐厅"的招揽，惹人注目。这里的饮食、西餐号称"第一精美，全埠无出其右者"，广告还不时特别配上白描图画，或时髦男女在圆桌前品味，或小夫妻在花园散步，可谓摩登浪漫。据雍剑秋的孙女雍载莹（出生在

西湖别墅）回忆，她家用人中的厨师有中餐和西餐的大师傅，还有专门负责采买、切菜的仆人。西湖别墅还是当时天津唯一一处弹簧地板跳舞场，且有西洋乐队伴奏，除周一外每晚均有舞会。逢年过节，这里更要举办跳舞大会以祝欢庆。"今有别墅，可供登临远眺及饮食舞息之需，吾知必为津门人士所乐趋也。"

这家号称中国人在华北自办的唯一的西式大饭店生意十分兴隆，各界名流纷至沓来，比如梅兰芳就曾两次在此下榻。1929年12月19日，美国大学同学会在西湖别墅召开年会，邀请梅兰芳到会演说。梅兰芳因为将赴美访问演出，所以非常愿意参加该活动。梅兰芳演讲的内容为《中国戏剧概略》，由杨豹灵担任翻译，受到中外来宾的欢迎。不久后的12月28日，梅兰芳准备赴美演出，先由津赴沪，再由沪转美。梅氏到津后当晚，点名下榻在西湖别墅。当晚由《天津商报》在西湖别墅举办盛宴，包括市长崔廷献在内的200多名各界人士莅临，晚宴盛况还由商报报馆摄制成电影，"颇极一时之盛"。梅氏两度下榻该饭店，对这里"极端赞美云"。又如，1930年4月21日到24日晚，有联美艺舞团在该舞场演出，节目五花八门，各尽其致。25日，侨津美国政军商各界，设盛大宴会，欢迎美国驻华新公使展森氏。26日，又有外国人所组织的喜剧音乐会，在该饭店开一场大跳舞会，并演出喜剧。这一时期的中外社交界大宴会，几乎都在西湖别墅举行，其影响力可见一斑。

雍剑秋在天津另有多处房产，如现今马场道上的一所三层洋楼（建于1920年）等，但雍剑秋在天津近30年的绝大部分时光都是在西湖别墅度过的。晚年，雍剑秋不惜重金投资教育，热衷公益，从事慈善事业。1918年至1937年的天津历次公益捐款中，他个人捐款经常位列榜首，曾连续当选为天津慈善联合会的常务委员。同时，中西女中、汇文中学、南开中学、新学书院等都得到过他的关注与支持。

◆老上海明月社北上天津

20世纪30年代初红遍大江南北的明月歌剧社是中国近现代首家专业歌舞商业演出团体，由黎锦晖（1891—1967）创办。该团源于1927年黎锦晖在上海开设的中华歌舞学校。黎锦晖创作了我国第一首流行歌曲《毛毛雨》，从而成为中国流行音乐的重要奠基人之一。明月歌剧社中不仅诞生了"金嗓子"周璇，王人美、徐来、白虹、聂耳等艺术家也是从这里发展起来的。

话说1930年4月，黎锦晖以"明月歌舞团音乐会"之名带团北上，在北平各高校巡演成功后，黎氏率众明星第一次来到北方文化艺术的先锋城市——天津，或许当时明月团的知名度尚属一般，所以津城媒体对此报道不多。

明月歌舞团第二次到津是同年9月1日。途经天津前往东三省演出的明月团原无在津演出的计划，但经春和大戏院（址法租界马家口，今工人剧场）经理高士奇再三诚意邀请，明月团特别改变行程，在津加演4天。黎锦晖因身体不适加之事务繁忙仍在北平，并未抵津，明月团在津的排练演出由其弟黎锦光负责。

值得一提的是，明月歌舞团音乐会在津期间正式更名为明月歌剧社，并圆满完成启用新名后的首次演出。春和戏院的座无虚席与热情掌声深深感染着演员们，明月社全新上演了《月明之夜》

明月社歌舞表演

《最后的胜利》《新婚之夜》等剧目。演出之余，多名演员还饶有趣味地来到春和戏院附近的同生照相馆拍照，准备制作明信片使用。9月5日，明月社从天津转赴沈阳。

10月24日自东北三省载誉而归的明月社再次莅临春和戏院演出，黎锦晖与夫人徐来携王人美、黎莉莉、薛玲仙、胡笳、许曼莉、白虹等众多明星一同前来，盛况空前。此番进津，明月社的每位女演员都特备了一身五颜六色的新款绒衣，以及蓝色的呢帽，显得更加富有活力。明月社剧目以黎锦晖创作的歌舞为主，除前述之外，还有《小小画家》《百花仙子》《觉悟少年》《春天的快乐》《小小画眉鸟》《三蝴蝶》《桃花江》等，内容涉及宣传打倒帝国主义、歌颂民主、赞美正义善良等。

黎锦晖在天津发表了谈话，专门阐述了他以及组建明月社的理念。他说："这几年来我的工作只是在封建势力的护城河上搭一座桥，希望大家能迅速地、安全地从这桥上走过而到达真正艺术的田园里……我又何尝不想避免一班人的轻视和谩骂，早早地独自跳到河的对岸，追随许多音乐家之后，那时或能成功几个所谓

名贵的作品，可是这样一来，我们越走越远，越要离开这大多数不愿意改变他们的脾胃，而且目前只配有购买一把胡琴或一支笛子能力的农工群众了。"黎锦晖认为歌舞是最大众化的艺术，其本质不是供特殊阶级享乐的，只有通俗才能普及。由此不难看出，明月社旨在为普及歌舞艺术搭建桥梁，为普通民众服务，"犹如皓月当空，千里共婵娟，人人能欣赏"。

黎锦晖还前往南开大学拜会了张伯苓，宾主就儿童文艺、小学实验教育等话题相谈甚欢。黎锦晖特别在10月30日的早场推出优待学生的廉价票，意在使更多的天津少年得到熏陶。

◆"环请"与"求雨"

天津是块福地，上海音乐才子黎锦晖1930年在津结识了名演员严华，并将她收于麾下。严华以精湛的演技很快成为明月社的台柱子，一曲脍炙人口的《桃花江》也让他享有了"桃花太子"的美誉。严华后来与周璇结为夫妻。

1930年10月24日随明月歌剧社来津的黎锦晖夫人、上海滩大红大紫的明星徐来下榻日租界寿街（今兴安路）北洋饭店。

徐来自1929年底嫁给黎锦晖之后，甘愿做贤妻良母，已无意演出，这对天津观众不能不说是件憾事。缘此，黎氏夫妇的10多位在津好友联合来到旅社拜访、请愿，恳请徐来演唱《桃花江》以飨观众，但徐来说非黎锦晖伴奏不唱。在徐来迟迟不肯的情况下，大家手拉手围成一圈，将徐来困在圈中，来了个"环请主

大明星徐来

义"，她不答应便不得而出。

最终，徐来被盛情打动，应允演唱经典的《毛毛雨》，众人欢声雷动。如此"环请"也被天津文人幽默地称为"求雨"。旋即，10月30日的《北洋画报》在头版报头下刊发了徐来的大幅明星照，并以"今晚在春和表演《毛毛雨》之标准美人"来标榜宣传。黎夫人的献唱当然引来春和戏院的空前爆满，一时间传为天津艺坛佳话。

无巧不成书，一直苦苦追求徐来的唐生明当时也在天津。唐生明时任国民革命军第四集团军第八军副军长、代理军长，声名显赫。唐生明一心想见到梦中情人，于是来到北洋饭店，借口邀女孩子们外出游玩。当唐生明见到徐来时，发现她成熟端庄了许多，心中更产生了一种别样的感觉……天津一晤让唐生明越发爱上了徐来，于是决心要得到她。后来的1935年，已身在上海明星影片公司的徐来看破红尘退出演艺界并与黎锦晖分手，终于嫁给了唐生明。

明月社在津演出大获成功，黎锦晖夫妇在10月31日晚间约请20多位好友在法租界圣路易十二路（今营口道），当时天津最知名的大华西餐饭店举办庆祝晚宴。席间，众多演员欢唱不已，徐来也再次献歌，而且是休息了几分钟后又唱了一曲。大家把酒畅叙，歌声舞影热闹至极，直到夜半时分才依依不舍地散去。

这段时间，天津的媒体特别是《北洋画报》对明月社给予了高度关注，竞相报道，吸引读者。《北洋画报》还特别邀请王人美、黎莉莉、王润琴、胡笳等明星到编辑部参观。几位美女到春和戏院对面的仙宫理发店美发也成为报纸上的花边新闻。与此同时，为明月社提供舞台、为天津观众带来欢乐的春和戏院接连在报纸上刊发广告，着力宣传。

明月社的大部分演员是11月2日乘早班火车回北平的。徐来、王人美、黎莉莉、王润琴、胡笳等在津又逗留几天，于11月5日返京，恰与刚刚在天津参加赈灾义演结束回京的梅兰芳同车。临行前，王人美等4位明星专程前往北洋画报社告辞，并在报社门前合影留念。黎锦晖因未尽事宜仍留在天津。

1931年以来，明月歌剧社相继易名联华影业公司音乐歌舞班、明月歌舞剧社等，培养演艺人才，录制唱片，对传播新式歌舞艺术起到了积极作用，黎派音乐也风靡海内外。

◆ 放映"电光影戏"

天津的电影放映业肇始于清光绪二十四年（1898年），法国百代电影公司在天津法租界大法国路（今解放北路）开设了天升茶社游艺场，开始使用手摇放映机放映无声电影短片，每场只有10分钟左右。

当时，"电光影戏"或"活动电光影戏"绝对是时髦的代言。光绪三十一年（1905年），英商快利洋行在6月16日的天津《大公报》上刊登了"活动电光影戏出售"广告，文称："兹由外洋运到新式电影机器一副，并影片60余套，其景致异常可观。"不经意间，"电影"一词的首次使用引起了读者的兴致。

宣统元年（1909年），天津第一座影院——平安电影院在法租界海大道（今大沽北路与滨江道交口）落成，它是由印度人巴厘创办的。宣统三年（1911年），天津人周紫云在紫竹林（今吉林路与承德道交口一带）建成权仙电影院，成为天津首家由国人自己开办的影院，随后的广告称："本园开演电影，津地中外绅商同声叫好。"

随着"电影"一词的流行，电影与电影院在天津方兴未艾，从外国人的俱乐部、达官显贵的宅邸，到茶园、戏园的变革改造，及至专业场所，大小影院逐渐遍布繁华街区，较为知名的有平安电影院（开设于1909年，后音乐厅）、光陆电影院（1916年，后北京影院）、蛱蝶电影院（1923年，后大光明影院）等。天津红火的市场环境也吸引了美国好莱坞制片商，有的还专门在津设立了分公司。

老天津劝业场一带聚集多家时尚影院

平安电影院的原址在解放桥以南，是天津第一家由外国人开设的影院。此后，平安两次迁址，1922年又一次选址英租界小白楼一带建成了仿古罗马剧场式的影院，成为当年津城最豪华的放映场。影院右侧门内设有宽敞的大厅，进口地毯铺地，舞台两侧还有花亭（豪华包厢），中外名流常在花亭里观看美国最时髦的影片。1929年的最后一天，这里放映了天津电影史上的第一部有声电影《歌舞升平》，令人耳目一新。1935年12月19日一直只放映进口片的平安影院受票房所迫，首次上映了国产片《天伦》。

位于法租界樊主教路（今新华路）的明星大戏院开业于1927年2月。笔者曾见1929年5月印行的《明星影录》，封面上是摩登女子揽星图，实属前卫大胆的创意。20世纪40年代初，国内还没有译制片，放映外国电影大多要靠打字幕，明星影院率先引进了"译意风"耳机，观众可花钱租借，边观影边有汉语对白传来，既便捷又新潮。

◆桃园村游艺场

如今天津外国语大学南侧有桃园村大街，清末民初的时候这一带尚属德租界，1917年被收回后改称特别一区。桃园村原为荒地，因邻近陶园（今新华中学址）而谐音得名。

陶园是晚清遗老、民国实业家、藏书家陶湘的私家花园。花园于民国初期建成，最初繁花似锦，景色秀丽，每到夏天便会租给商人当游艺场，孩童游艺设备、成人消闲活动一应俱全，还有

老天津繁华区有不少游艺场

禽兽小馆、魔术表演、灯会焰火等，很受市民欢迎。值得一提的是，陶园还设有专车提供接送服务。

此间的游艺场又称新桃园，1929年8月初天津《益世报》记者与几位朋友到这里游玩，也权为社会调查。记者称，快到桃园村时过土路见周边还是郊野乡村的样子，途经一小牌坊、小堤是片大水坑，游艺场就设在此周边。新桃园游艺场的票价是3角大洋，晚间若在水中燃放烟火盒子（盒子灯）需要加价1角。记者看到场内大致有20多处摊贩，招揽吆喝声不绝于耳。比如有玩汽枪射彩的，可以赢取玩具、香烟、瓷器等。有卖面食水饺的，但苍蝇乱飞，卫生状况差。

进新桃园门不远有处小戏台，台周围搭遮着苇席，台上背景挂着敦庆隆绸缎庄（估衣街老字号）的广告布，可惜当日并无演出。不远处砖墙内有一院落，院中设台，台上演着杂技、相声、绕口令、新装文明戏等。另一处戏园棚子相对大些，场中有用木板隔成的几间包厢，其次是八仙桌位置以及普通的小方凳座位。记者进去观瞧，发现观众不足百人，有衣着不整穿短衣的，有穿西装长袍的，各色人等喧闹嘈杂。那一刻台上正演京剧《牧虎关》，据闻接下来是压轴戏《玉堂春》，由赵碧云登台。此人在津几处戏院曾与章遏云（著名旦角）、张妙闻（小兰芬）等搭戏当配角，多少有点小名气。有告知，本场演出结束后还要放焰火热闹热闹。

据《益世报》记者观察分析，当年的新桃园游艺场正在走下坡路，尤其在戏曲演出方面更为明显。传说那些年红遍天津城的花旦名角鲜牡丹（李财、桂雅秋）曾一度在这里撑场子，她的演出引来满坑满谷的观众。正是在记者探访前的7月，鲜牡丹因不满所在戏班领班的压榨，毅然投奔了天津妇女协会。此后，失去台柱子的游艺场客流大不如昨。再一个原因是同时期劝业场"天外天"、中原公司屋顶花园等大小游艺场林立天津闹市，各家都在网罗演员、压低票价，竞争导致新桃园相形见绌。

约1930年，因纠纷日甚，陶家不再租给商户而交由官办，营业收入支持文教卫生事业。

◆抓彩局

中国传统的博彩游戏约兴起于清乾隆年间，徐珂在《清稗类钞》中说，太平军中曾流行以玩麻将牌来论谁喝酒，进而发展到金钱输赢。此风后来传到民间，再由南方影响到天津城。

其实，现代意义上的彩票源自西方，在清末年间流入我国。老天津作为北方经济发达的大都市，为博彩游戏提供了土壤，许多衣食无忧的彩迷出现了，并乐此不疲。

彩票常由专门从事彩票生意的票行或服务业店铺及个人代为推销，票行一般提取4%的金额，有时还要向中奖者索取赏金。早在宣统二年（1910年），天津长春栈票行的广告即云："湖北大票，头彩五万；安徽正票、副票，正票头彩四万元，副票头彩一万元。屡中大彩，四远驰名。"

就这样，抓彩游戏逐渐在天津民间兴起，彩票的品种也五花八门，甚至让彩迷们眼花缭乱。

辛亥革命以后，什么航空公路建设奖券、伦敦大香槟、英商大香槟、美国慈善香槟、福乐丽、开滦小香槟、上海爱多小香槟等彩票五花八门，奖金从几十万元至几千元不等。各票行还纷纷开展外埠函购业务，并承诺信到即复，决不延误。有趣的是，在老版杨柳青年画中有一幅《新刻彩票局》，上有文字："时兴设立抓彩局，第一堪比状元郎；小本可得十倍利，夫荣子贵把名扬。"

旧时最盛行的是赛马会彩票。自清光绪年间天津海关税务司德璀琳修建英商赛马场以来的几十年中，津城出现了多家大大小小的马会组织，马会发行的彩票炙手可热，可称得上是一种时髦消遣。普通马票每张1元或2元，面额最大的是香槟票，售价10元。

如何摇奖呢？如赛前售出1000张彩票，出马3匹，将1至3号球投入一大铜球内，当众摇出马号。再将1至1000号球投入另一大铜球内，摇出彩票号。摇出的号球如分别是2号和868号，以此类推摇出每匹马对应的不同票号。如果2号马胜出，那么868号彩票即中大奖。赛会接二连三，前瞻预测输赢的话题成为一些媒体

昔日人头攒动的老天津赛马场

重要内容，"大香槟彩票头奖独中五万"之类的广告更是刺目抢眼。

马会彩票黑幕重重，舞弊诡计多多。比如暗藏彩号法，就是在摇奖的时候趁着大众不注意，悄悄把事先藏在手里、袖口里的与自己的马票号相同的号球摇出，然后再象征性地摇出其他号。还有假输马的花样，就是安排具有一定实力的良马在比赛中故意输掉几次，给人以一种假象，人们当然不会理睬此马的号码。于是，真正的大戏上演了，忽在某天，"劣马"直取头名，但马主、骑马师等设局人事先已买下该马的马票，从而捞取了巨额奖金。假脱缰也是骗术之一，就是为防止某马获胜而买通马主、骑马师，在比赛途中故意让那匹马脱缰，当回到起点再跑时马已经乏力了。

当然，不少投注者也意识到有时会有人操纵比赛，却绝少认为这是欺诈，反而更激发了竞猜过程中的求胜欲望，或许，他们认为心跳的感觉很刺激。

聚元票行是20世纪二三十年代津城首屈一指的彩票行销专业户，分别在法租界绿牌电车道（今滨江道）和英租界广东道（今唐山道）设总行、分行。聚元以经营彩票不断致富，后来发展成为银号（钱庄）。

◆小画片与大明星

旧时，香烟盒里常附带一张小烟画，俗称香烟牌子，它实际上是烟草企业为吸引顾客而推出的一种广告赠品。小烟画的画面内容以中国古典故事、民俗生活、仕女人物、名胜古迹、美人明星、花鸟鱼虫、文博艺术等为主，雅俗共赏，也特别成为孩子们的一样玩具。比如有的厂商推出过孩童闲乐图系列小画片，其中一张是小孩在玩顶碗顶缸游戏，见画中一童子正趴在窄窄的条凳上，下半身悬空，头上顶着一个大大的双刀牌香烟盒，貌似上演着杂技。一旁的妈妈和小弟在惊奇地看着，连连叫好。

到了20世纪六七十年代，天津男孩爱玩"毛号儿"小画片，可谓"海陆空齐上阵"，玩法也不少。

比如每人拍一次，拍到最后一张的少年为赢家。或者，胜方可以接着拍，直到毛号儿拍不过来为止，下一人接着拍。还有"留一"的玩法，就是一人拍一下，拍过来倒数第2张的为赢，这又可以演化为"留二""留三"等。这些玩法中有时可以运用"过桥儿"的小技巧，就是自己不拍或者轻拍（假拍），将难度留给下一位。也可以相互约定，拍时要翻过多少张，偶然性比较大。

另外，玩毛号儿也可以用手去"扇"。比较常见的稍有难度的玩法叫"靠号儿"。一沓毛号儿横向立在掌心，双方先约定好最后抓住几张，然后手背手心来回翻转，看准机会向前向上挫出，看准这一组毛号儿在空中的状态，果断抓住所要的几张。就这样，青少年们乐在其中，其乐无穷。

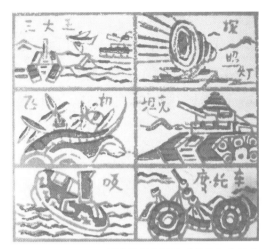

男孩子喜欢玩的"战斗"毛号儿

历来哪一种游戏活动中都不乏强人，有的少年每天能赢很多毛号儿，玩的时候拿出来都是旧的脏兮兮的，但这是一种"资本"，他可以自豪地显摆："这些都是我赢的。"过去，普通人家的生活都不富裕，孩子们还可以拿着赢来的毛号儿去找小贩换把鞋刷子、换个小瓷碗等廉价的日用小百货，小贩获利，双方合适。

到了80年代，天津孩子爱玩的小毛号儿已经变成《封神榜》《变形金刚》等题材了，比如元始天尊是片儿中的老大，法力无边。这时的少年们似乎一下子懂得了钱的"魔力"，赢不过咋办？用钱去找别的高手买他几张"大牌"。

改革开放犹如一夜春风来，千树万树梨花开，各种言情片、武打片纷至沓来，美女明星闪耀，当时不知迷醉了多少少男少女。相形之下，让人眼花缭乱的美女明星小画片（以背带不干胶的居多）从广东等地传入北方，遍布津城大街小巷，成为青少年炙手可热的宝贝玩意儿。

曾几何时，街边的小摊上都卖歌星影星靓照的不干胶小画片，最受欢迎的明星如翁美玲、邓丽君、林青霞、张曼玉、成龙、汤镇业、刘德华等。

一张画片也就方寸大小，若干张小照为一版（张），每张不干胶一般是16开的，一沓沓摆在小摊上，孩子们可以边挑边欣赏，买一张买半张都可以。说实话，那时候的印刷水平良莠不齐，很多画面印得模模糊糊，但总比前些年绿蓝灰的单调色耀眼。

少年们买来，剪开，一小块一小块地到处粘贴。铅笔盒上、课本上、书包上，乃至家里的白墙上、家具上、床头、镜子上到处都是，再加上同时期兴起的猛龙怪兽、变形金刚图案的转印花"水贴"，甚至达到了光怪陆离、乱眼烦人的状态。后来，老师和家长明令禁止玩这种不干胶，但收效甚微。追星，追梦，似乎让少男少女们有些难以自拔。

◆左手双卡机，右手打游戏

改革开放让百姓生活的幸福指数一下子提升起来。20世纪80年代，天津时髦小青年有"三宝"——喇叭裤、蛤蟆镜、手提式录音机，这也成为街头巷尾最亮的风景。

"燕舞，燕舞，一曲歌来一段情——"青年人对家电的梦想由此揭开了，能拥有一台手提式录音机是许多人望眼欲穿的大事。稍微有些档次的是双卡四只喇叭双声道还带三波段收音功能的机器，炙手可热。那时的手提式双卡录音机就数原装夏普牌"777"最牛气，若能拥有一台，真让人羡慕至极。

双卡，最适宜翻录磁带。那时候，邓丽君的甜美歌声已逐渐在民间传唱，少男少女翻录得到一盘磁带，要比现如今看一场巨星演唱会还得意，还兴奋。但最初的时候，少年们大多是背着家长暗暗叫好的，绝不敢声张。因为他们或多或少模糊知道一点刚刚过去的"严打"岁月。手提便携式录音机满街跑，也成了那个年代值得怀念的风尚。小青年常拎着录音机到各大公园游玩，一路上放着"路边的野花"，嘻哈着，欢笑着。在草地上铺开一张塑料布，中间端端正正地摆上录音机，伴着午餐肉、香面包的滋味，听着"你到我身边"，哼着"池塘边的榕树上"，那是一份憧憬……

改革开放的春风照样吹拂着游戏产业的萌生，小玩家们第一次知道并开始享受起通过显示终端来玩电子游戏。当时，给人印象最深的是"小霸王"游戏机。五色斑斓，甚至光怪陆离的带着西风气息的游戏一下子闯入了青少年的生活。游戏机与电视机相连接，也让那个年代的电视有了别样的、全新的娱乐功用。有些

《超级玛丽》一晃成了老游戏

三四十岁的老小孩也痴迷，经常在深夜裹着棉被对着电视游戏兴奋不已。不久，街机、大型游戏机也随之出现，最流行的当数格斗游戏，"任天堂"在80年代初就推出过经典的《玛利奥》《大金刚》等。"打打杀杀"中很快出现了《街头霸王》，它堪称市面上的"无敌英雄"。还有始于80年代末的《魂斗罗》，更是炙手可热。

好像彩云身上绕的呼啦圈又称健身圈，20世纪50年代流行于欧美等国，自80年代传入我国以后，因其轻便美观，练习时占地不大，很快成为一项老少皆宜的休闲娱乐（运动）项目。

当时，普通的呼啦圈结构很简单，就是细细的一根塑料管围成一个圈。讲究的还会在圈里的管中加点小珠子，摇起来会发出有节奏的声响。呼啦圈风靡大街小巷，小不点儿、大姑娘、新媳妇无人不爱，人手一个，或一人多个。晨练或晚练，人们腰间套着呼啦圈，得意地摇着，或轻盈，或笨拙，权且一乐。有单人转的，有组队转的，还有一个人身上套好几个圈一起转的。曾有一度，学校体育课也以玩呼啦圈为主打，还有各种各样的比赛。90年代，休闲娱乐花样百出，呼啦圈在不知不觉中偃旗息鼓了。近年来，呼啦圈又悄然回到我们身边，相随的口号已换成了"减肥瘦身"的标榜。

后　记

记得是1989年的秋天，为了创作一组油画，我随身携带着一架老式照相机，只身一人在天津老城厢断断续续地转悠了半个多月，徒步在窄窄的胡同，脚下的颠簸与震颤着实让我这城外的孩子真切地感到了她生命与价值的存在，我被老城迷住了。我拍摄了许多胡同里巷，特别是屋门、院门的画面，按下快门那一瞬间的光亮与思考至今仍让我难以忘怀。

很喜欢自己当年创作的《门的记忆》那组油画，其中一幅曾长期挂在我老屋的床头，每每望到它，总会顿生一丝感动，是对老天津的情结吗？1992年春，我绘制了《老城色彩》系列，还进入了中国美术馆展出。

1999年岁末，当我得知百年老街——估衣街即将拆迁改造的消息，忽地想起小时候推着铁环跑到估衣街、北门外一带疯玩的情景。恋旧的心理促使我接连数遭专程到街上"闲逛"，说不出是怎样的心绪。也正是在此期间，我或深或浅地体会了估衣街、竹竿巷、针市街以及谦祥益、青云栈、瑞蚨祥等老街老店的文脉与价值，留下了一些珍贵的镜头。

2001年和2003年，我几次参与了对老城厢的文物普查和保护工作，几乎走遍了此间的街巷、民居。特别是在2003年那挥汗如雨的几个月中，能够零距离伴随600岁的老城走完她最后的日子，已成为我有生以来最有意义的时光之一。

有先哲说："凡是值得思考的事情，没有不是被人思考过的；我们必须做的，只是试图重新加以思考。"我是个在城外居住的孩子，虽然时常心系着老天津的风土人情，可我总觉得在对她的研究上自己是门外汉。为了不至于荒废时光，更为了一种情结，我踏着前贤们若隐若现的足迹，对厢风卫俗进行探访寻踪，朝花夕拾。我这人爱钻牛角尖，多年来总试图在"年深岁久，人不相认"的一些前尘往事、沽里掌故、风物精粹中挖掘出新的选题，写出点文字来，以期获得新的认识。

我不满足于常见的、旧有的"冷饭"资料，更不想"掉书袋"，想给读者不一样的、接地气的、与时俱进的文字和悦读感受，所以三十年前竟不知深浅地开始了故纸、旧物的收藏与研究，其目的只有一个——我需要第一手的"鲜活"。

一个人，独行侠，挖掘资料更需要灵感和缘分。一年夏天，在天津老城里危改工地的废土堆上，一个敞着盖的旧皮箱不经意间让我眼前一亮，箱盖内粘贴的一张老字号的广告依旧是那么艳丽，我特别拍摄下了现场的情景后，为保持广告的完整，索性拖着破皮箱一路大汗淋漓地回家了。收入有限的我发给各地藏友的征求信息上，总是以"研究之用，切勿高价"为前提，但在时下，这句话所起到的作用是微乎其微的。

一页页故纸、一幅幅旧照，或一段段旧闻，常让我如醉如痴，它们透射出的岁月沧桑与历史信息一次又一次触碰着我的心弦。我必须沉下心来研究它、重新发现它，有时，文图资料中哪怕是几个字眼的标识，要解读清其中的来龙去脉也非易事。夜晚读书、敲稿子"畅游时空"的快乐与感怀，思路困阻与肩背酸痛的苦楚，此刻又难以一一道来。

就这样，一步步走来，有些路，虽然走得很难，甚至塞翁失马，但我的生活很充实。希望自己笔下的点点滴滴能汇入历史文化长河，留住城市民生记忆，按百姓俗话叫"没白活"。

谢谢读者朋友们！

由国庆

2023 年 9 月 29 日